○

하나님은 어느 시대에나 침례교 안에 젊은 개혁주의자들을 일으켜 주셨습니다. 그들은 때로 침례교회 안에서 도외시 당하기도 했지만 침례교회의 주도적인 근본뿌리가 특수침례교회의 개혁주의 구원관에 있다는 것이 역사적 사실이기에 완전히 무시 할 수는 없었습니다.

이런 시대에 젊은 침례교 목회자들이 침례교의 개혁신학에 관심을 갖고 연구하고 책을 발간하는 것은 하나님의 신선한 역사라고 생각됩니다.

특별히 금번 번역된 책은 장로교회의 개혁신학과 침례교회의 개혁신학은 어떤 면에서 차이를 보이기에 다른 교단을 형성하고 있는가 하는 좀 더 진전된 의문을 다루고 있습니다. 침례교는 왜 장로교회가 주장하는 covenant children 이라는 개념을 받아들이지 않고도 covenant theology를 믿어왔는가를 잘 보여주고 있습니다.

이 책이 젊은 세대의 목회자들에게 참례교의 개혁신학의 천재성과 개신교의 탁월성을 보여주는 책임을 확신하며 적극 추천합니다.

전 침신대 역사신학교수
강남중앙침례교회 제2대 담임목사 피영민

○

여기에 부흥과 성장의 여파로 온갖 몸살을 앓고 있는 한국교회를 향한 경고를 담은 책이 번역되었다. 물론 한국교회를 직접 겨냥한 책은 아니다. 그렇지만 교회와 교인의 자격을 심각하게 고민한 선배들의 고민과 투쟁을 정리하여 한국교회와 교인의 신분을 성찰하도록 인도하는 책이다.

저자는 특수 침례교 또는 칼빈신학을 따르는 침례교 신학자이다. 선택을 확고하게 고백함에서 칼빈과 개혁신학의 전통을 따르지만, 언약론과 이에 기초한 교회론에 근거하여 유아세례가 성경적이지 않다고 확신한다. 칼빈과 장로교신학은 옛 언약과 새 언약을 은혜언약의 두 경륜으로 보면서 언약 백성인 성도와 그들의 자녀들이 (유아)세례를 받게 하지만, 은혜언약의 본질에 참여함 없이도 회심 받지 않은 사람들이 은혜언약 안에도 있다는 혼합된 교회론을 주장한다는 것이다. 그러나 침례교는 구원을 주지 못하는 옛 언약과 새 언약 사이에 본질의 동일성은 거부하며, 부르심을 받아 믿음을 고백하는 택자만을 포함하는 은혜언약과 택자로만 구성된 보이지 않는 교회의 개념을 지지한다. 본서는 주석적 접근도 하지만, 주로 17세기 청교도들의 언약신학을 연구하고 비교하는 방식을 취한다. 특히 유아세례를 인정한 언약신학은 보이는 교회로서 국가교회의 모델을 중세로부터 전수받아 성경적인 은혜언약과 조화시키려는 것이 패착의 원인이라고 본다.

추천자는 유아세례를 고백하고 인정하지만, 저자가 특수 침례교의 입장을 분명하게 외롭게 표방하면서 세례나 침례를 무절제하게 남발하는 한국교회와 한국침례교회를 향하여 반성할 메시지를 던지며, 역자와 출판사가 이런 메시지를 고군분투하면서 한국교회에 번역하여 전하기 때문에 본서를 기꺼이 추천한다.

고려신학대학교 교의학 은퇴교수 유해무

○

17세기 초 신약성경적 교회를 세우려는 영국 청교도들에 의해 시작된 침례교회는 400여년이 지난 지금, 약 8,000만 명의 신도를 보유한 세계 최대 개신교단이 되었다. 침례교회는 수적인 성장뿐만 아니라, 윌리엄 캐리, 찰스 스

펄전, 월터 라우센부쉬, 마틴 루터 킹, 칼 헨리, 빌리 그래함 등의 인물들을
통해 근·현대 기독교계를 선도하는 역할도 하였다. 교단이 건전하게 성장
하던 17세부터 20세기 초까지 300년 동안 침례교회가 추구한 신학은 개혁주
의였다. 침례교회는 그러나 개혁주의를 성경에 대한 올바른 해석을 제공해
주는 신학체계로 받아들였지, 그것을 결코 진리로 여기지는 않았다. 침례교
인들은 항상 성경만이 진리이고 모든 신학과 교리는 성경에 의해 판단 받아
야 한다고 믿었다. 이러한 침례교회의 기본적 입장은 언약신학을 이해하는
데에서도 잘 드러난다.

파스칼 드놀트에 의하면, 침례교인들은 구약시대에 시작된 하나님의 은혜
언약은 예수 그리스도로 인해 성취되었기 때문에, 하나님의 언약 백성들의
공동체, 즉 교회는 신자들의 모임이 되어야 한다고 믿었다. 반면에 유아세례
주의자들은 언약신학을 교조적으로 적용하여 할례를 유아세례로, 이스라엘
을 교회로 대치하였다는 것이다. 드놀트는 같은 개혁주의 언약신학을 믿는
장로교회와 침례교회가 서로 다른 교회관을 가지게 된 이유는 바로 언약신
학을 다르게 해석하였기 때문인데, 즉 장로교회는 구약의 이스라엘 백성이
신약의 교회와 동일시되어 이스라엘 백성 가운데 구원 받지 못한 자가 포함
되어 있듯이, 교회도 신자와 불신자가 혼합된 공동체가 될 수밖에 없다고 믿
었다. 반면에 침례교회는 구약에서 시작된 하나님의 언약은 신약에서 성취
되었기 때문에, 신약시대의 교회는 신자들의 모임이 되어야 하며, 침례는 신
앙을 고백한 사람만이 받아야 한다는 개념을 갖게 되었다는 것이다.

드놀트의 연구에 의해, 침례교인들은 은혜언약을 이해함에 있어 예수 그리
스도를 통한 은혜언약의 성취 측면을 매우 중요시하였음을 알 수 있다. 즉
침례교인들은 구약과 신약의 공통점과 차이점을 인식하였고, 그 기초 위에
서 언약신학을 확립하려 하였던 것이다. 침례교인들은 칼뱅의 언약신학을

받아들이되 절대 진리로 간주하지 않고, 그것을 성경에 올려놓아 재검토하여 성경적 언약신학을 정립하려 했던 것이다. 침례교회는 신학이 아니라 성경에서 출발한 성경중심주의 교회임이 다시 한 번 입증되었다.

장로교회의 영향이 절대적인 한국교회에서 장로교 언약신학과 다른 침례교 언약신학의 제시는 꽤 도전적인 일로 여겨지거나, 반대로 신선한 시도로 받아들여질 수 있을 것이다. 바라기는 본서로 인해 언약신학에 대한 관심과 연구를 촉발시켜, 장로교와 침례교 언약신학의 공통점과 차이점을 비교하면서, 하나님의 은혜언약에 대한 폭넓은 이해를 공유하는 계기가 되면 좋겠다. 특히 침례교단 차원에서는 성경적 개혁주의라는 침례교회의 주요 신앙 전통을 재인식하는 계기가 되길 바란다.

탁월하고 귀중한 책을 발견하고 출판해준 사랑하는 나의 제자요 성실한 하나님의 종 박대일 목사께 고마움을 표한다. 그리고 어려운 책을 잘 번역하여 많은 이들이 읽을 수 있도록 애쓴 김홍범 전도사에게 감사드린다. 침례교 개혁주의의 복원을 향한 두 사람의 열정이 그동안 감추어졌던 침례교 언약신학을 빛 가운데로 인도하여 많이 이들로 하여금 볼 수 있게 하였다.

2019년 7월 여름날, 하기동 연구실에서
침례신학대학교 교회사 교수 김용국

○

『언약신학의 정수』라는 이름으로 출간된 이 책의 원 제목은『침례교 언약신학의 특유함』(The Distinctiveness of Baptist Covenant Theology)이다. 장로교 신학자로서 필자는 이 책의 핵심 주장에 동의하지 않는다. 그럼에도 불구하고 이 책을 추천하는 이유는 그만큼 이 책이 주는 유익이 크기 때문이다. 첫째, 이 책은 무엇보다도 침례교인들에게 매우 유익한 책이다. 아마도 한국의 침례교인들은 대다수 장로교에 대해서 적대적인 생각을 가지고 있을 텐데 이 책을 읽다 보면 침례교와 장로교가 역사적으로 매우 밀접한 관계를 가지고 있다는 것을 확실히 인식하게 될 것이다. 둘째, 이 책은 장로교인들에게도 큰 유익이 될 것이다. 장로교 교리를 제대로 배우지 못한 이들은 이 책을 통하여 장로교 언약신학의 핵심 내용을 쉽게 배울 수 있을 것이다. 또한 언약신학에 대해서 상당한 지식을 가진 이들도 침례교 언약신학을 정확하게 이해함으로 개혁파 언약신학을 제대로 이해할 수 있을 것이다. 셋째, 이 책은 17세기 언약신학에 대한 여러 가지 유익한 역사적 정보들을 제공하고 있다. 특히 언약 신학에 있어서 존 오웬이 차지하고 있는 특별한 위치에 대한 통찰은 개신교 정통주의 신학을 보다 다양하게 이해할 수 있도록 도와준다. 결국 이 책을 읽게 되면 언약신학에 있어서 침례교 신학이 일반적인 생각보다 장로교 신학과 가깝다는 것을 알게 될 것이다. 또한 정확하게 어떤 점에서 분명하게 두 신학이 차이를 갖게 되는 것도 인식하게 될 것이다. 이 책을 통해 한국의 침례교회와 장로교회 모두가 유익을 얻기를 바란다.

고려신학대학교 역사신학 이성호교수

○

파스칼 드놀트의 『언약신학의 정수』가 번역되어 출간된 것을 기쁘게 생각합니다. 17세기 침례교가 태동했을 때 언약신학이 침례교의 사상에서 중요한 신학적 근간을 이루고 있었다는 사실을 아는 사람들은 많지 않습니다. 이 책은 그동안 기억 속에서 잊혔던 침례교의 언약신학을 상세하게 소개하여 줌으로써 다른 교파와 구별되는 침례교 선조들의 신학적 정체성을 이해하는

데 매우 중요한 정보를 제공하여 줍니다. 본서가 침례교의 역사와 신학뿐만 아니라 종교개혁 이후 언약신학의 발전에 관심이 있는 독자들 모두에게 큰 유익을 주리라 확신하면서 기쁜 마음으로 이 책을 추천합니다.

유정모 (햇불트리니티신학대학원대학교 교회사 교수)

○

불어를 쓰는 침례교주의자들, 적어도 (나와 같이) 유럽에서 온 사람들은 보통 침례교신앙이 드러나기 시작한 개혁주의 근원을 돌아보지 않는다. 그렇지 만 침례교신앙의 계보의 연속성은 의심할 여지가 없다. 언약신학에 대한 이 프랑스계 캐나다인 목사의 수준 높은 연구는 초기 침례교신학자들이 다른 개혁주의 신학자들과 펼친 논쟁을 기준으로 상세히 설명해 나감으로써 이 근원을 생생하게 드러낸다. 이 연구는 또한 초기 신학자들이 논쟁에 사용한 눈부신 논리들을 강조한다. 안타깝게도 침례교주의자들은 19세기에 올바른 신학에서 떨어져 나갔지만, 그 당시까지만 해도 올바른 신학의 영역에서 떨 어져 나가지 않고 있었다.

파스칼 드놀트는 이러한 탁월한 선임자들에 비해 부족하지 않다. 그는 신중 한 연구로 선임자들의 발자취를 따라가면서, 흔적도 없이 불행하게 사라진 저자들을 끄집어낸다. 나는 그 저자들로부터 많은 가르침을 받았다. 날카로 운 눈으로, 그는 선임자들의 통찰력을 더 다듬는다. 나는 제시된 체계적인 표현들과 명제들의 정확성에 특별히 감탄한다.

은혜언약의 본질과 경륜 사이의 유아세례주의자의 구분은 신자침례주의자의 관점으로 대체된다. 신자침례주의자의 관점은 은혜언약이 창세기 3장에서 계시되어 구약성경을 관통하여 예수 그리스도로 인하여 세워진다는 것이다.

또 파스칼 드놀트는 아마도 더 깊은 연구를 위해 긴장감을 유지하는 방법을 알고 있다. 그는 유명한 존 오웬이 어떻게 침례교주의자들과 함께하지 않고서도 언약신학에 대해서는 그들과 그토록 가까웠는가? 라는 풀리지 않은 수수께끼로 우리의 흥미를 자아낸다.

이 논쟁은 17세기에서 그랬던 것처럼 평화적으로 계속된다. 나는 오늘날 언약을 이해시키는 데 적합한 다른 책을 못 보았다. 고마움을 표한다!

헨리 블로허Henri Blocher
Honorary Dean
Faculté libre de théologie évangélique de Vaux-sur-Seine

○

나는 2002년에 파스칼 드놀트를 처음 만난 것으로 기억한다. 드놀트는 몬트리올에 있는 복음주의 신학교에서 열린 내 변증학 수업에 참석했다. 그는 나에게 굉장히 동안으로 비춰졌는데 나는 신학에 대한 그의 열정에 놀랐다. 그후에 그는 2004년에 내 설교학 수업을 신청했다. 나는 짧은 시간에 그에게 일어난 변화에 놀랐다. 그는 계속해서 모든 종류의 질문들을 하면서 나를 끊임없이 가로막았다. 분명히, 그의 마음은 하나님나라에 속한 것들에 푹 빠져 있었다. 사실, 그는 지속적인 개입으로 나의 설교학 수업이 목회신학 수업으로 바뀌는 데 일조했다.

그 시기에 그는 어느 날 밤 나에게 찾아와서 자신의 조언자가 되어 달라고 요청했다. 나는 정말 놀랐지만, 기쁘게 받아들였다. 내가 그를 아들로 생각하게 될 만큼 이것은 가장 복된 우정의 시작이었다.

그가 신학박사과정에 들어갔을 때, 나는 지도교수로 그를 지도했다. 파스칼

이 박사학위 주제를 가지고 처음 나를 찾아왔을 때, 나는 그가 나아가려고 했던 곳에 대해 확신이 서지 않았다. 그러나 몇 달이 흐르고, 나는 그가 연구하는 것처럼 이 주제의 세부사항들에 대해 점점 더 열정적이게 되었다.

말할 필요도 없이, 언약신학이 복음주의 기독교 가운데서 자리를 잡아가고 있는 때에, 이 주제가 현시점에서 적절하지 않다고 할 수도 있다. 삼십 년 전쯤 내가 언약신학을 이해하게 되었을 때, 이 신학은 성경에 맞는 논리적이고 일관성 있는 해석체계로 나에게 다가왔다. 언약신학은 새로운 개념은 아니다. 왜냐하면 우리는 언약에 대한 개념이 초대교회에서부터 시작되었다는 것을 밝혀낼 수 있기 때문이다. 그리고 언약신학에 대한 개념은 종교개혁시대에 우리 신앙의 선조들을 사로잡았던 접근방식이다. 또한 이 개념의 중요성은 그 어떤 교리도 다른 교리들과 끊어져서 존재하지 않는다는 사실로부터 나온다. 모든 교리들은 어떤 식으로든 연결되어 있다. 그래서 더 특별히, 언약신학은 교회와 침례에 대한 우리의 교리들에 영향을 미친다.

역사적으로 청교도들은 언약신학을 고수했다. 비록 그들이 성경의 언약들을 이해하는 데 어느 정도 차이점들이 있었지만 말이다. 개혁주의 신자침례주의자들과 유아세례주의자들이 다른 것이 바로 그 지점이다. 그래서 교회론과 침례교리에 있어서 그들이 갈라졌다.

이 교리의 세부적인 부분들을 이해하기 위해서, 성경의 자료들을 어떻게 이해해왔고 그 과정에서 어떤 변화들이 있어왔는지 언약신학의 발전을 자세히 들여다보는 것은 굉장히 중요한 것에 속한다. 이러한 분석이 이 책에서 제시된 파스칼의 논문의 내용을 이룬다. 어떤 사람이든지 그가 관심을 가지고 다룬 논의들이 명쾌하다는 인상과 자료들이 신중하고 지혜롭게 선택되었다는 인상을 받을 수밖에 없고, 그가 기술해 놓은 협력적인 마음에 감명을 받을 수밖에 없을 것이다. 그가 우리를 17세기 몇몇 작품들로 데려갈 때, 우리는 이렇게 가치 있고 좋은 작품들이 잊혀져버린 이유를 우리 자신에게 묻지 않을 수 없다.

몇몇 사람들이 파스칼의 논의와 결론에 동의하든지 그렇지 못하든지 간에, 모든 사람들이 이 주제에 대해 연구된 사실들이 중요하고 올바르다는 것과 가장 칭찬받을 만한 책이라는 사실을 인정하면서 이 책을 읽을 수밖에 없을 것이다.

파스칼 본인의 말에 따르면, 자신이 이 책을 기술하면서 바라는 것들 가운데 하나는 *17세기 신학자들의 논쟁들에 새로운 생명을 불어넣는 것*이라고 했다. 이 책을 읽은 후, 우리는 확실히 말할 수 있다. "이루었다."

레이몬드 페론Raymond Perron, Ph.D.
Église réformée baptiste de la Capitale
Quebec City, QC

○

파스칼 드놀트가 쓴 이 책은 너무나 오랫동안 많은 사람들을 혼란스럽게 만든 주제를 다룬 훌륭한 문헌에 더해진다. 1677/89 제2차 런던 신앙고백서(예를 들어, 제2차 런던 신앙고백서 제7장 3항)에 담겨 있는 17세기 특수침례교회 언약신학의 공식입장은 웨스트민스터 신앙고백서에 담겨진 내용을 수정한 판이었다. 그러나 공식입장이 다른 까닭은 무엇인가? 드놀트의 작업은 *1차 자료*에 접근하여 답을 찾아낸다. 바로 이것이 정확히 내가 그의 작업에 감사하는 이유이다. 초기 특수침례교주의자의 자료들은 우리 선조들의 신학을 이해하기 위한 우리의 출발 지점이다. 드놀트는 이러한 자료들로부터 언약신학에 대한 침례교의 공식적인 입장이 다르다는 것뿐만 아니라 그 이유에 대해서 보여준다. 공식적인 입장이 달랐다는 것에 주목하고 우리의 생각의 범위를 1689 신앙고백서에만 두면 그 이유에 답하기 너무 쉽다. 바로 이것이 수준 낮은 학문의 방법론이고 잘못된 역사신학방법이다. 드놀트의 방법은 오늘날 우리의 뿌리를 다시 발견하는 데 상당히 필요하고 올바른 동력이다. 그가 발견한 것들은 많은 사람들을 깨닫게 하고 그들에게 도전을 준다. 주된 차이는 침례의 대상에 초점이 맞춰진 것이 아니다. 비록 이것과 관련된 문제이긴 하지만 말이다. 드놀트에 따르면(나도 그가 맞다고 생각한다), 주된 차이는 언약신학을 바라보는 관점과 관련이 있다는 것이다. 그래서 이 주된 차이는 은혜언약의 정의에 관하여 그리고 이 정의의 빛 안에서 옛 언약과 새 언약 간의 차이들에 초점이 맞춰져 있다.

드놀트는 느헤미야 콕스를 "언약신학에 관하여 [17세기] 가장 중요한 침례교 신학자" 라고 부른다. 그가 확실히 옳다. 콕스는 아담부터 아브라함을 지나는 언약들을 주제로 삼아 논문들을 썼다. 그리고 콕스는 제2차 런던 신앙고백서의 공동편집자였을 것이다. 그래서 우리의 신앙고백서를 이해하려는 모든 노력은 반드시 콕스와 그가 작성한 작품들에서 시작되어야 한다. 이것이 드놀트가 우리를 위해서 작업한 일이다.

존 오웬의 히브리서 8장 6-13절 주석이 출판되었기에, 콕스가 옛 언약과 새 언약간의 차이에 대해서 기록하지 않았다는 것은 흥미롭다. 초기 침례교주의자들은 존 오웬의 작품(그리고 이 문제에 대한, 다른 유아세례주의자들의 작품)에 거의 대부분 동의하였다. 그렇지만, 그들은 다른 점들에 있어서 오웬이나 다른 유아세례주의자들과는 달랐다. 드놀트의 작품은 이러한 다른 차이들이 무엇인지 우리에게 드러내 보이고 그들이 언약신학에 대해 신자침례주의자들과 논쟁을 벌이는 방식에 대해서 보인다.

나는 진심으로 이 책을 모든 개혁주의 침례교 목사들에게 추천한다. 그리고 언약신학에 관심이 있는 모든 사람들에게도 추천한다. 형제들이여, 이 책은 필독서이다. 개혁주의 침례교 목사로서 내가 처음 침례교 관점으로 17세기 언약신학을 읽었을 때가 기억난다. 그것이 도전을 주었고 다시 새롭게 하였다. 언약신학을 체계화 할 수 있는 방법을 다시 생각하게 되었고 두 측면에서 나를 새롭게 하였다. 첫째, 이것은 나에게 창조에서 완성에 이르기까지 성경의 가르침들을 깊이 생각하는 올바른 교리체계를 가져다주었다. 둘째, 이것은 내가 우리 신앙고백서를 더 잘 이해하도록 도움을 주었다. 이 작품이 다른 많은 사람들에게도 같은 영향을 끼치길 바란다.

리차드 바셀로스Richard C. Barcellos, Ph.D.
Grace Reformed Baptist Church
Palmdale, CA

○

파스칼 드놀트는 17세기 영국 언약신학의 전문적인 차이들을 연구하고 설명해 낸 수고에 대해 충분한 감사를 받을 만하다. 그는 유아세례주의자와 특수침례교주의자의 이론과 실천에 있어서 차이를 만들어낸 의미 있는 요소들을 드러내 왔고 신학의 범주를 쉽게 설명하고 있다. 그는 언약신학에 대한 공식 진술들 안에서, 두 그룹들이 비슷한 점들과 중요한 분기점들을 가지고 있다는 것을 보여준다. 예를 들어, 그는 침례교주의자들이 자신들의 신앙고백서에 있는 행위언약의 개념을 못마땅하게 생각한다고 일반적으로 알려진 사실이 완전히 잘못된 것이라는 것을 보여준다. 사실 침례교주의자들은 언약신학에서 상대편인 유아세례주의자와 모든 면에서 같이한다. 그러나 그들은 은혜언약의 계시와 경륜에 대한 본질에 있어서 다르다. 이것이 침례교주의자의 교회론과 신자침례주의의 실천을 이끌어냈다. 이것은 중요한 일이고 더 널리 알려져야 마땅하다.

제임스 레니한James M. Renihan, Ph.D.
Dean, Professor of Historical Theology
Institute of Reformed Baptist Studies

o

나는 큰 기쁨으로 목사 파스칼 드놀트의 박사 논문을 추천한다. 목사 드놀트는 결국에 각자의 교회론과 주의 만찬과 침례교리에 다다르는 유아세례주의자와 개혁주의 침례교주의자의 언약신학 간의 주된 차이를 알아냈다. 그는 17세기 수많은 1차 자료들을 언급하면서, 유아세례주의자가 가지는 은혜언약에 대한 개념은 "한 언약은 두 경륜들 아래 있다 (구약/신약)"라는 구조로 이끄는 본질/경륜의 해석 위에 놓여진다는 것을 보여준다. 이 구조는 유아세례주의자로 하여금 아브라함/시내산 언약의 경륜에서 시작된 "성도들과 그들의 자녀들"이라는 생물학적인 요소를 새 언약의 경륜으로 옮기도록 한다. 그래서 이 구조는 유아세례가 할례인 것 같이 믿는 자와 믿지 않는 자들로 구성된 혼합된 교회를 허용한다. 더욱이, 그는 개혁주의 침례교주의자가 가지는 은혜언약의 구조가 "계시/완성"(약속/성취) 구조로 인해 세워졌다는 것을 보여준다. 은혜언약은 구약성경에서 "약속의 언약들"로 점진적으로 계시되었고 은혜언약의 약속이 성취된 것과 같이 신약성경에서 새 언약의 시행으로 완성되었다. 이것이 웨스트민스터 신앙고백서와 제2차 런던 신앙고백서의 언약신학들 간의 주된 차이이다.

17세기 유아세례주의자와 침례교주의자의 1차 자료들을 충분히 인용하면서, 목사 드놀트는 침례교주의자가 계시된/완성된 구조 위에서 존 오웬과 일치하다는 것을 보여준다. 비록 존 오웬은 유아세례주의자로 남아 있었지만 말이다. 드놀트의 이론은 침례교주의자들이 유아세례주의자들과 다르게 신자의 교회에서 "제자들만의 침례"를 세워나가는 방식으로 오웬과 같은 구조를 그 목적에 맞게 실행했다는 것이다. 그의 마지막 결론은 유아세례주의자가 유아세례를 실행하는 것이 "두 경륜 아래 있는 한 언약" 모형을 선택하고, 침례교주의자의 "계시된/완성된" 모형을 선택하지 못한 것에 영향을 주었다는 것이다. 이를 인식하든지 인식하지 못하든지 간에 말이다.

이 책의 가치는 은혜언약에 관하여 유아세례주의자와 침례교주의자의 모형들의 차이를 명확하게 한 것이다. 이 책은 언약신학에 대해 오늘날 침례교주의자들 간의 차이들을 일치시키기 위한 기초로 침례교주의자의 모형을 분명히 이야기하면서, 침례교주의자의 모형을 충분히 지지한다. 나는 이 책이 세대주의, 신율법주의theonomy, 페더럴비전Federal Vision의 오류들과 율법/복음의 오류들을 피하는 개혁주의 침례교회들을 세우는 데 기여하길 기도한다. 이 책은 관심 있는 모든 사람들이 읽을 만한 가치가 있다.

프레드 말론Fred A. Malone, Ph.D.
Author of The Baptism of Disciples Alone
First Baptist Church of Clinton, LA

○

언약신학의 장점은 언약신학이 성경 연구에 있어서 구속사의 포괄적이고 긴밀한 언약적 틀을 제공한다는 것이다. 이것이 중요한데 그 까닭은 포괄적이고 긴밀하다는 것이 모든 성경적인 신학체계에서 핵심이기 때문이다. 이것은 특별히 신구약의 다양한 언약들 간의 관계를 설명하려고 노력한 교리 체계에서 핵심이다. 파스칼 드놀트는 17세기 유아세례주의자와 침례교주의자의 언약신학 간의 역사적 차이를 보여줄 뿐만 아니라 그는 침례교언약주의의 틀을 체계화한 초기 신학자들이 모세 언약을 은혜언약으로 여기는 것을 모순으로 이해했다고 설명한다. 이 부조화는 자기 무게를 못 이겨 유아세례주의자의 언약신학을 무너져 내리도록 원인을 제공한다. 파스칼에 따르면, 초기 침례교주의자의 언약신학은 유아세례를 제외한 유아세례주의자의 언약신학과 일치하지 않았다. 초기 침례교주의자의 언약신학이 더 성경적이고 순수한 언약체계였고, 포괄적이고 긴밀하며 스스로 증명하는 언약체계였다. 파스칼은 주요 자료들에 대해 방대한 연구를 이해하기 쉽게 만들어 놓음으로써 초기 침례교주의자들의 언약적 관점을 계속해서 정확히 설명한다. 내가 생각하기에 이 책은 탁월하고 가치 있는 자료일 뿐 아니라, 나는 이 주제에 있어서 최고 중 하나라고 믿는다. 우리 언약의 주님께서 이 책을 언약신학을 공부하는 모든 학생들 손에 들려주시길 기도할 만큼 이 책은 신학 지식을 제공하고 가치 있는 책이다.

제프리 존슨Jeffrey D. Johnson
Author of The Fatal Flaw of the Theology Behind Infant Baptism

○

파스칼 드놀트는 17세기 침례교주의자와 유아세례주의자의 신학적 문서들을 신중하게 연구했다. 그의 노력은 침례교주의와 일반적으로 공유된 언약주의의 관계에 대한 탁월한 연구자료를 제공한다. 동시에 그는 새 언약의 본질에 대한 침례교의 구분되는 해설을 보여준다. 다시 말해, 새 언약의 모든 조건들은 그리스도의 사역으로 완성되었다. 그리고 새 언약의 중보자께서는 이를 받을 자들에게 무조건적으로 적용시키신다. 이것이 유아세례주의자와 침례교주의자 간의 가장 기본적인 차이다. 17세기 문서들에 대한 그의 세심한 연구는 신자침례를 지지하는, 탄탄하고 성경중심이며 언약적인 근거를 제공한다. 그리고 현재 언약주의와 침례교주의 사이에 일어나는 논쟁들에서도 주도적인 자리를 차지할 만하다.

토마스 네틀즈Thomas J. Nettles, Ph.D.
Professor of Historical Theology
The Southern Baptist Theological Seminary

○

옛 언약과 새 언약간의 관계의 문제는 새로운 것이 아니다. 이는 기독교의역사만큼 오래된 것이다. 그러나 "뜨거운 감자"가 된 것은 특별히 청교도 시대부터이다. 기독교 역사에서 청교도시대는 청교도의 행렬에서 침례교주의자들이 발생하는 것을 보여주었다. 그리고 침례교주의자는 청교도 선조들과 공동으로 많은 것을 공유하지만, 그들은 새 언약과 옛 언약의 관계 방식에 관한 문제에 있어서는 그들의 믿음의 선조들이나 형제들과 일치하지 않았다. 파스칼 드놀트의 이 새로운 연구는 침례교주의자와 그들의 동료인 청교도들 간의 역사적 논쟁에 대한 정확한 요약을 제공하고 아주 중요한 문제를 다루는 길을 보여주는 것에 가장 유용하다.

마이클 헤이킨Michael A.G. Haykin, Th.D.
Professor of Church History & Biblical Spirituality
The Southern Baptist Theological Seminary

언약신학의 정수

제5열람실은 '교회를 위한 신학을 공부하는 곳'이라는 의미를 지닌 침례신학대학교 독서 동아리였습니다. 이제는 교회에서 출판사 제5열람실로 다시 이 소망을 이어갑니다. 제5열람실은 종교개혁의 유산, 침례교가 가지고 있는 개혁신학과 신앙을 한국교회에 소개하고자 책을 만들어내고 있습니다. 우리가 펴낸 모든 책이 교회를 바로 세우는 기틀이 되기를 바랍니다.

THE DISTINCTIVENESS OF BAPTIST COVENANT THEOLOGY

언약신학의 정수

17세기 유아세례주의자 언약신학과 신자침례주의자 언약신학 비교

파스칼드놀트 지음 | 김홍범 옮김

PASCAL DENAULT

제5열람실

목차

요약

이 책은 언약신학을 다룬다. 성경에 접근하는 이 방식은 종교개혁Protestant Reformation에서 태어났다. 그 이후에 광범위하게, 특별히 17세기 청교도들에 의해 발전하게 되었다. 언약신학은 웨스트민스터 신앙고백서(1646)에서 간단히 언급하는 것 같이 개혁주의 사상의 근간이다.

개혁주의 청교도의 심장에는 계시, 삼위일체, 하나님의 주권, 타락, 인간의 죄, 하나님의 은혜, 그리스도의 위격과 사역에 대한 교리의 일치가 있었다. 그리고 율법에 대해서도 어느 정도의 일치가 있었다. 그렇지만, 침례교리와 마찬가지로 교회론에 관해서도 불일치하는 중요한 부분들이 있었다. 교회론과 침례교리는 고립되어 있다고 생각할 수 없다. 그 까닭은 이 두 교리는 기본적으로 신학적인 관계들을 가지고 있었기 때문이다. 청교도들이 교회와 침례에 대해서 다른 관점을 가지고 있었다는 사실은 성경의 언약들을 다른 방식으로 이해한 결과이다.

17세기 청교도들은 세 그룹, 장로교주의자와 독립회중주의자 그리고 침례교주의자로 나눌 수 있다. 첫 두 그룹은 유아세례주의자들인 반면, 세 번째 그룹은 신자침례주의자들이다. 언약신학으로 인한 차이점은 침례의 문제에 집중되었다. 유아세례주의자는 언약신학에 대해 한쪽의 이해를 지지하였고 침례교주의자는 언약신학에 대한 다른 쪽의 이해를 지지하였다. 이 연구의 목적은 서로 다른 두 접근방식을 드러내고 나란히 놓고 그 차이를 비교하는 것이다. 우리는 17세기 신학자들의 작품들을 살펴보아 그들의 논의에 새로운 생명을 불어넣기를 바란다. 가능한 많이, 우리는 유아세례주의자와 침례교주의자 신학자들의 특징을 정의하여, 독자들에게 이 두 그룹을 구분하는 분명한 이유를 제시하도록 노력할 것이다.

장로교주의자와 침례교주의자의 모든 차이의 근거는 기본적으로 언약신학이 다르다는 것에 있다. 서론에서는 이 가설을 더 유용한 것으로 발전시킨다. 언약신학의 발전을 간단히 살펴본 후에 우리는 이 연구를 위해 유용한 자료들을 살펴볼 것이다

제1장은 개혁주의자가 행위언약을 이해하는 방식을 설명한다. 이 장은 상당히 짧다. 그 까닭은 이 논문의 주제인 두 그룹의 신학자들 사이의 중요한 분기점이 여기에서는 발견되지 않았기 때문이다. 은혜언약에 대하여 설명하는 제2장은 아주 길다. 그 까닭은 유아세례주의자와 침례교주의자의 신앙의 근본을 드러내기 때문이다. 우리는 다른 두 그룹의 신학자들을 지지하는 양극단의 다른 두 사고방식들을 드러낼 것이다. 은혜언약에 대한 각 개념은 우리가 연구할 해석학적이고 신학적인 결론들을 가진다.

옛 언약과 새 언약에 관한 마지막 두 장들은 계속해서 제2장의 함축된 내용들을 이어나간다. 은혜언약은 장로교주의자들과 침례교주의자들 모두가 성경의 다른 언약들을 이해하는 방식을 결정했다. 새 언약과 관련하여 생각해야 할 것들과 문제들 대부분은 제2장에서 제시했기 때문에, 옛 언약을 다

루는 장이 더 길다. 옛 언약을 다루는 장은 은혜언약과 관련하여 아브라함 언약과 모세 언약을 다룬다. 우리는 대부분 침례교주의자들이 아브라함 언약과 모세 언약에 대한 장로교주의자들의 이해를 거절하는 방식과 침례교주의자들이 장로주의자들의 이해를 대신하는 방식을 볼 것이다. 이 장은 또 모세 언약의 본질을 다루고 새 언약과 행위언약과 관계된 방식을 다룰 것이다. 새 언약을 다루는 장은 이 언약이 새로운 것이라는 문제에 제한된다. 이것은 유아세례주의자와 침례교주의자의 은혜언약에 관한 각 사고체계에 집중함으로써 해결된다. 각 신학의 모형들이 새 언약에 적용될 때, 대조되는 각 신학적 모형들의 결과들이 극명하게 드러나게 된다. 이 연구의 목적은 독자가 유아세례주의자와 침례교주의자 신학자들 사이에 존재하는 근본적인 차이와 그들 각자가 도달한 최고점에 대한 분명한 이해를 갖는 것이다.

16, 17세기 잉글랜드분리주의 청교도들과 함께 큰 걸음을 뗀 침례교주의자는 존 칼빈의 가르침에 따라 제네바 종교개혁으로부터 직접 물려받은 장로교주의를 거절하였다. 그렇지만 이 같은 침례교주의자들은 스스로를 칼빈주의자라고 불렀다. 무엇이 장로교주의 칼빈주의와 침례교주의 칼빈주의를 구분했는가? 당신은 이것이 칼빈의 후예들이라고 불리는 사람의 입장과 침례교주의자들의 입장에서 굉장한 질문이라는 사실을 이해할 것이다. 이 질문에 대한 간단한 답변은 침례이다. 긴 답변은 침례를 함축하고 있는 신학, 즉 언약신학이다. 이 책에서 우리는 17세기 언약신학을 이해하는 완전히 다른 방식을 비교해 가면서 긴 답변을 연구할 것이다. 여기에서 비교는 유아세례주의자인 장로교의 주요한 이해와 어린자녀들의 세례를 거절하고 신자에게 침례를 베푸는 침례교주의자의 새로운 이해를 비교하는 것이다.

이 논문 작성은 감사해야 할 몇 사람들의 말 할 수 없는 지지와 도움이 없었다면 가능하지 않았을 것이다. 먼저, 이 책에 제시된 침례교 언약신학 위에 개혁주의 침례교회를 세우면서 큰 어려움을 겪은 성 제롬 복음주의 교회의 사랑하는 형제, 자매들에게 감사드린다. 나는 신학박사 학위를 얻기 위해 2007년에 이 연구를 시작했다. 나는 이 논문이 빨리 끝나고 쉬운 작업일 것이라고 생각했다. 2009년 겨울까지도 나는 여전히 해놓은 것이 단 하나도 없었다. 나는 다른 의무들로 굉장히 바빴다. 바로 이 시점에 교회는 나를 목사의 직무에서 4개월 동안 쉬도록 했다. 그래서 나는 이 작업을 완료하는 데 모든 것을 쏟아 부을 수 있다. 나는 17세기 신학자들의 문헌들을 통하여 그들과 대화하는 데 몇 주를 보냈다. 나는 원문을 볼 때, 돋보기를 가지고 그들의 작품들을 읽어내려갔다. 4달이 지날 때쯤에도 여전히 손도 못 댄 작품들이 남아 있었다. 그러나 나는 내가 말해야 할 것이 무엇인지를 알았다. 논문을 완성하는데 일 년이 조금 더 걸렸다. 논문을 작성하는 모든 시간 동안에, 교회는 무조건적으로 나를 기도로 지지해 주었고 우리 가정에 도움을 주었다. 이런 것들은 내가 큰 평안 안에서 작업하도록 해주었다. 오늘 여러분들께서 나에게 보여주신 사랑을 생각할 때, 나는 감격스럽고 진심으로 감사한다. 새 언약 안에서 여러분들과 연합되어 있다는 사실이 큰 기쁨이고, 존경을 표한다.

나는 나의 아내 캐롤린에게 고마운 마음을 전한다. 나는 아내와 함께 언약의 생명의 약속들과 의무들을 발견했다. 이런 수고 가운데 나를 참아준 아내는 나에게 큰 평안이었고 나와 우리 가족을 향한 당신의 사랑을 아주 분명히 보여주었다. 그리고 무엇보다도 우리를 먼저 사랑해주신 하나님을 향한 사랑을 드러내 주었다.

또 박사 레이몬드 페론Dr. Raymond Perron에게 특별한 감사의 말을 전한다. 그는 이 논문의 지도교수였을 뿐 아니라 참 목사이다. 이 연구를 계속 이어갈 수 있는 힘의 진짜 원천이었던 당신의 격려에 감사드린다. 사람들에게 잘 이야기해주고 하나님께 기도해주심에 감사드린다.

또 박사 제임스 레니한Dr. James M. Renihan께 감사드린다. 그는 신학과 침례교 역사에 대해 가르쳐 주셨을 뿐만 아니라 이 논문에 있어서 가장 핵심 문헌들을 찾을 수 있도록 해주셔서 참고문헌과 관련한 아주 큰 도움을 주었다. 특별히 이 책의 서문을 쓰고 있는 동안에, 나의 수많은 이메일과 질문들에 즉각적으로 답변해 주셔서 감사드린다. 박사 리차드 바셀로스Dr. Richard C. Barcellos께 감사드린다. 존 오웬의 작품들에 대한 나의 이해를 열어주셨고 많은 유용한 제안들로 이 논문을 더 완성도 있게 만들어주셨다. 나는 또한 언약과 침례교 신학을 더 잘 이해할 수 있도록 도와주신 다른 교수님들, 박사 프레드 말론Dr. Fred A. Malone, 박사 사무엘 왈드론Dr. Samuel E. Waldron과 박사 토마스 네틀스Dr. Thomas J. Nettles께도 감사드린다. 박사 메이네 벨드만Dr. Meine Veldman과 박사 마이클 헤이킨Dr. Michael A.G. Haykin께 감사드린다. 이 분들의 조언으로 이 논문의 몇몇 부분들의 체계를 다시 세우는 데 도움을 받았다. 나는 이 자리를 빌려 신학훈련을 받은 몬트리올 복음주의 신학교the Faculté de Théologie Évangélique de Montréal에 감사드린다. 특별히 하나님의 사람들 중 한 분이신 학장 박사 아마르 자바라Dr. Amar Djaballah께 감사드린다. 그는 나의 생각에 큰 영향을 끼쳤다. 또한 나는 형제 브랜든 아담스Brother Brandon Adams에게 감사드린다. 2013년 이 논문 초판 때부터, 언약신학에 관하여 나의 생각을 날카롭고 깊게 하는 데 도움을 주었다.

이 책 표지 디자인을 해주신 형제 가이 레루스Brother Guy Lerous에게 감사드린다. 나를 교도소의 교목으로 지체 없이 동의해 주신 형제 스티브 카일Brother Steve Cyr에게 감사드린다. 내가 자리를 비운 동안 설교해주신 모든 분들, 안토니 로빌라드Antoine Robillard와 리얼 씨에르Réal Cyr 그리고 퀘백의 개혁주의 침례교 총회에 속한 목사님들께 감사드린다. 자신의 컴퓨터로 17세기 중요한 작품들에 접근할 수 있도록 허락해주신 프랑코이스 코매울트François Comeault께 감사드린다. 그렇지 않았으면 나는 그 자료들에 접근하지 못했을 것이다. 그리고 그의 아내 린다 씨에르Linda Cyr께도 감사드린다. 이 책을 불어로 출판하기 위해서 그녀가 모든 영어 인용문들을 번역했다. 이 논문의 영어판을 준비해주신 맥 위필드Mac Wigfield와 그의 딸 엘리자벳Elizabeth에게 감사드린다.

나는 앞에서 언급한 모든 사람보다 모든 영광, 존귀, 찬양을 받으실 만한 오직 우리 하나님께 감사드린다. 하나님께서는 자기 자신의 생명과 같이 확실하고 영원한 언약의 영원한 중보자, 그리고 보증자 되시는 유일한 아들을 주셨다. 주님, 저는 주님의 은혜언약의 드러난 영광을 묵상하는 동안 압도당했고 변했습니다. 모든 찬양을 드립니다!

나는 이 논문을 주님의 충실한 사역자, 사랑하는 동료들 그리고 개혁주의 침례교주의자라는 이름을 자랑스러워하는 동료들에게 바치길 원한다. 나는 글을 써 내려가면서 여러분들이 은혜와 진리의 승리자라고 말하고 있었다. 나는 우리의 주님을 우리와 연합되고 우리 모두가 굉장히 소중히 여기는 언약이 아닌 다른 언약 아래 두길 원치 않는다.

파스칼 드놀트

St-Jérôme, Qc

www.unherautdansle.net

개정판 서문

침례교언약신학The Distinctiveness of Baptist Covenant Theology의 이번 개정판에는 2013년 첫 판에서 발견된 오자들은 없다. 이 서문에서는 수정된 부분들을 간략히 설명하겠다.

중요하기는 하지만, 비교적 사소한 변화들은 첫 번째 출판 이후에 언약신학을 주제로 삼은 새로운 작품들로 참고문헌을 갱신한 것과 관련이 있다. 우리는 불어에서 영어로 번역한 것을 더 읽기 쉽고 이해하기 쉽도록 수정하고 개선하였다. 또한 목사 사무엘 레니한Samuel Renihan의 도움이 되는 비평에 감사드린다. 나는 마치 특수침례교주의자들이 은혜언약과 옛 언약과 새 언약의 관계에 관하여 단지 하나의 일반적인 관점만 갖고 있다는 것처럼 보일 수 있는 나의 몇 가지 과장된 진술들을 바로 잡았다. 나는 몇몇 특수침례교주의자들에 의해 주장된 다른 여러 관점들을 드러내는 것에 초점을 맞추어서 이 책을 수정하지는 않았다. 그러나 나는 적어도 몇몇 다른 여러 관점들을 인정하고 있다는 긍정적 진술들을 어렴풋이 비추어왔다. 이 문제에 관하여, 독자들은 목사 레니한의 교리적 논문에서 가장 확실한 유익을 얻을 것이다. 그리고 나는 이 논문이 가까운 미래에 출판되기를 소망한다.

나는 내가 지금까지 드러낸 논점들에 대해 건전하게 비판한 장로교 목사들, 형제들과의 유익한 논의들로부터 큰 도움을 얻었다. 이것은 나로 하여금 보이는 교회/보이지 않는 교회의 차이를 더 날카롭게 이해하도록 하였다. 그리고 이로 인해 나는 이 책의 몇몇 부분을 다시 작성 하였다. 일반적인 유아세례주의자의 혼합된 보이는 교회에 대한 완전한 생각의 체계를 지지하지 않으면서, 나는 더 튼튼한 교회론에 이르렀고 내가 생각하기에 이 중요한 차이에 대해 나는 더 성경적이고 침례교적인 이해에 이르렀다. 나는 또한 약간 눈에 거슬리거나 불필요한 비판이라고 생각되는 유아세례주의에 대한 몇 가지 진술들을 수정하였다. 나는 여전히 유아세례주의자의 관점에 대한 비판을 하지만, 우리 선조들이 가졌던 평화의 마음으로 할 것이다. 독자들은 언약에 관한 장로교주의자와 특수침례교주의자의 관점의 차이를 요약한 새로운 비교도표를 보게 될 것이다. 이 새로운 도표가 개정판의 목적이라고 할 수 있다.

마지막으로 나는 개혁주의 침례교모임 가운데 많은 논의들로 인하여 논리적으로 치밀해졌다. 이 논쟁은 나로 하여금 더 정확하고 일관되게, 특별히 몇몇 점에 있어서 언약신학을 설명할 수 있는 힘을 주었다. 이 논의들 가운데서, 나는 행위언약이 그대로 다시 실행된 것처럼 모세 언약이 영원한 생명을 준다는 개념을 거절한다. 나는 모세 언약이 가나안에서의 생명에 철저히 제한되어 있고 새 언약으로 인해 주어진 하늘의 실체들과는 단지 모형적으로만 연결되어 있다는 이해에 이르렀다. 나는 이전부터 모세 언약을 가나안의 이스라엘을 위한 이 땅의 행위언약으로, 영원한 생명을 얻으시려는 그리스도를 위한 절대적인 행위언약으로 이해한 사무엘 페토의 관점을 지지해 왔다. 나는 예전부터 전자(이스라엘)가 모형적인 관점에서는 사실이라고 믿어왔다. 그러나 지금 나는 후자(그리스도)도 모형적인 관점에서 사실이라고 믿는다. 다른 말로, 그리스도께서는 옛 언약을 성취하신 것이 아니라 (구속언약) 성부 하나님과 자신 사이에 맺으신 행위언약인 새 언약을 성취하셨다. 구속언약에서 예시된 조건들은 옛 언약 안에서 단 하나도 규정되지 않았다.

내 생각에서 주된 문제는, 약속인 영원한 생명을 모세 언약의 고유한 것으로 부여하는 방식으로 한 언약 안에서 예표와 원형, 그림자와 실체를 섞어서 사용했다는 것이다. 나는 언약에 접근하는 이러한 혼합된 접근이 이 땅의 왕국과 하늘의 왕국, 옛 언약과 새 언약이 혼합되어 있는 내적/외적의 차이를 가지는 유아세례주의자의 핵심이라고 믿는다. 다시 말해 1689 언약사상은 옛 언약과 새 언약, 원형과 예표, 그림자와 실체의 근본적인 차이 위에 놓여있다. 그래서 1689 언약사상은 모형적으로 다시 세워진 모세 언약과 새로 세워진 그리스도의 언약 사이의 차이 위에 놓여있다. 모형적으로는 관련 있지만 본질적으로는 다르다.

이 책의 개정판은 내가 지지하는 콕스와 오웬의 관점을 반영한다. 중요한 논의들에 참여한 많은 형제들이 나를 분명한 이해에 이르게 해주었다. 나는 이 문제에 관하여 큰 도움을 준 형제 브랜든 아담스[Brandon Adams]에게 특별히 감사드린다. 그리고 나는 1689 언약사상을 변증함으로써 복음을 일으키려는 그의 모든 노력에 박수를 보낸다. 그의 웹사이트 www.1689federalism.com 에 방문하면 많은 유용한 자료들을 얻을 수 있을 것이다.

파스칼 드놀트,
St-Jérôme, Qc
May 2016

역자 서문

이 책을 대강 읽으면 17세기 유아세례주의자와 침례교주의자의 논쟁을 다룬 학술적인 논문으로 보일 것입니다. 어느 쪽의 논리가 더 치밀한가를 입증하는 논문으로 밖에 다가오지 않을 것입니다. 여러분들이 유아세례주의자의 입장에 서 있든지 또는 침례교주의자의 입장에 있든지 간에 어느 쪽이 논리적으로 더 치밀한가에 초점을 맞춰서 이 책을 읽지 않길 바랍니다. 특별히 한국침례교 상황에서, 이 책은 우리의 옛 신앙의 선배들이 이룬 빛나는 업적들을 아주 간략하고 체계적으로 잘 정리하여 소개하고 있습니다. 이 책은 이것만으로도 가치가 있습니다. 여기서 멈추지 않고 더 나아가서 이 책은 침례교가 정통개혁주의 유산을 가지고 있을 뿐만 아니라 장로교와 마찬가지로 그 개혁주의 정통 위에서 침례교만의 언약사상을 꽃피웠다는 것을 아주 논리적으로 말하고 있습니다. 그리고 침례교 언약사상이 더 성경적이라고 확신하고 있습니다. 번역자로서 개인적인 소망은 침례교의 개혁주의의 유산과 우리 옛 침례교 선조들의 놀라운 언약사상을 토양으로 삼아 한국침례교회 신학의 기초가 더 단단히 다져지는 것입니다.

이 책은 17세기 침례교 언약신학을 설명하기 위하여 동시대 유아세례주의 언약사상과 비교하는 방식을 택하였습니다. 침례교주의자의 입장을 중심으로 기술된 책이라는 한계가 있습니다. 그러나 서로를 비교하는 방식을 택한 것은 우리 형제인 장로교주의자를 무시하고 우리가 잘났다는 것을 드러내려는 것이 아니라 자신의 것을 더 잘 설명하기 위해 필요한 하나의 방식이라는 사실을 너그러운 마음으로 이해해주시길 바랍니다.

이 책을 출판하기로 계획하고 원저자와 연락이 되어 저작권 계약을 마쳤을 때 너무 기뻤습니다. 빨리 번역하여 이 책을 우리교회에 소개하고 싶었습니다. 그렇지만 번역을 하면서 이 책을 받아 든 우리 회중들의 얼굴이 떠오르면서 "정말 좋아할까?" 라는 의문이 들었습니다. "책이 너무 어려워서 그냥 책장에만 꽂아두지 않을까?" "신학생들이나 목회자들만 읽는 책이라고 생각하지는 않을까?"이런 생각들이 머리를 가득 채웠습니다.

이 책을 출판하기로 결정한 까닭은 이 책이 우리 회중들의 삶의 기초가 되는 교회를 더욱 단단히 세울 것이라는 확신이 있었기 때문입니다. 회중 여러분, 교회에 신자가 아닌 다른 사람들로 채워지면 딱 그만큼 교회는 세속적이고 약해질 것입니다. 교회에 참 신자가 아닌 사람들이 많아질수록 그만큼 설교는 세속적이 되고 참 믿음을 드러내고 확인하는 신자침례와 성도의 교제인 주의 만찬이 그 빛을 잃어 갈 것이며 말씀을 잘 실천하는지 확인하는 권징은 자연스럽게 사라지게 됩니다. 회중 여러분, "우리 교회의 회중은 누가 되어야 합니까?" 바로 하나님을 믿는 믿음을 고백한 신자만이 교회의 회중이 될 수 있습니다. "그 근거는 무엇입니까?" 바로 신구약 성경입니다. 너무 추상적인 대답입니다. 더 구체적으로 말해보면 바로 언약입니다. 우리는 1689 제2차 런던신앙고백서 제7장에서 침례교 언약에 대해서 공부하였습니다.

'언약 신학의 정수'로 번역된 이 책은 언약에 대해서 더 구체적으로 설명하고 "교회의 구성원은 누구인가?"라는 질문에 대해 명쾌한 답을 제시합니다. 이 책이 논문이라서 딱딱하지만 차근차근 읽어보시면, 중요한 교회의 본질, "누가 교회의 회중이 되어야 하는가?"라는 질문의 명쾌한 답을 얻을 수 있을 것입니다. 그리고 덤으로 언약적인 관점으로 신구약 전체를 꿰뚫는 하나님의 손길도 보실 수 있는 통찰력도 얻을 것이라 확신합니다.

이 책은 노은하나교회 성도들과 회중들의 기도와 출판사 제5열람실을 물질로 후원해 주시고 기도해주시는 분들 덕분에 만들어졌습니다. 감사드립니다. 그리고 책을 처음 소개해 준 도경석전도사님, 함께 번역본을 읽고 고민해 주신 새언약교회 최필승목사님, 좋은씨앗 이재웅부장님, 노은하나교회 박대일목사님과 방인성전도사님께 감사를 드립니다. 이 분들의 수고로 결실을 맺을 수 있었습니다. 마지막으로 이 책을 출판할 수 있도록 계약을 맡아준 김성화 전도사님께 감사드립니다.

노은하나교회 회중
김홍범

THE DISTINCTIVENESS OF BAPTIST COVENANT THEOLOGY

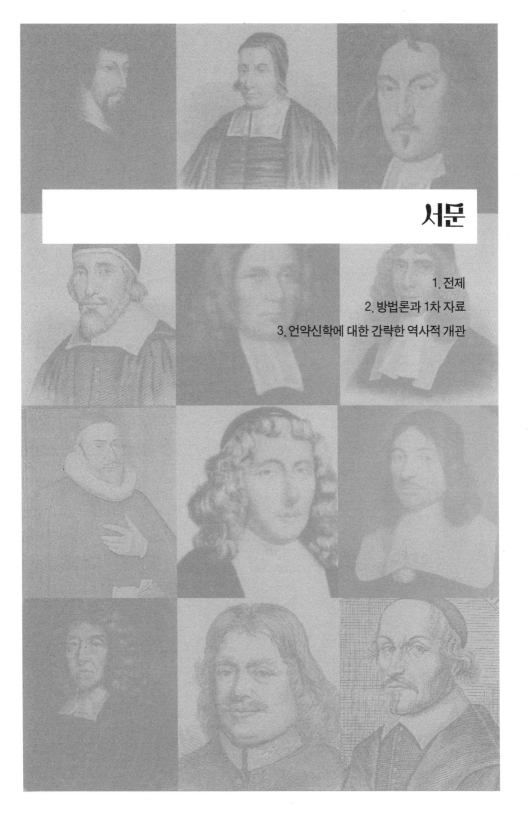

서문

서문

17세기 침례교주의자와 유아세례주의 장로교주의자 신학에 있어서 아주 가까웠다는 것은 의심의 여지가 전혀 없다.

웨스트민스터 신앙고백서와 제2차 런던 신앙고백서의 본질은 거의 일치하는데 이는 이 두 신앙고백서가 아주 비슷하다는 명백한 증거이다. 그럼에도 불구하고 우리는 이 연구에서 무엇이 침례교주의자와 유아세례주의자를 일치시키는가를 연구하는 것이 아니라[1] 오히려 이 두 그룹을 구분하는 것이 무엇인지를 연구해 나갈 것이다.

---

[1] 다른 곳에서 특별한 언급이 없다면, 우리는 유아세례주의자라는 말을 17세기에 스스로 잉글랜드장로교인이라고 생각하는 그리스도인들을 정의하는 말로 쓸 것이다. 그 까닭은 이 논문에서 우리가 앞으로 발전시킬 주제에 관하여 침례교주의자들이 주로 그들과 논쟁하였기 때문이다. 이같이, 우리는 침례교주의자라는 말도 특별히 17세기 영국 침례교인들을 가리키는 말로 쓸 것이다. 특별히 17세기 영국 침례교인들은 1689 신앙고백서에 가담한 칼빈주의 침례교인을 지칭한다.

1. 전제

침례교주의자들과 장로교주의자들 사이의 눈에 보이는 가장 큰 차이는 당연히 침례다. 그러나 침례가 이 두 그룹의 근본적인 차이점은 아니다. 우리는 언약신학이 침례교주의와 유아세례주의자를 뚜렷이 구별하고 두 그룹 사이에 존재하는 모든 차이의 분기점이라는 것, 즉 침례를 포함한 신학적이고 실천적인 차이는 성경의 언약을 이해하는 방식이 다름에서 시작한다는 것을 제시한다. 그러므로 침례는 유아세례주의자와 신자침례주의자의 차이의 시작점이 아니라 결과이다. 리곤 던컨Ligon Duncan은 다음과 같이 썼다. "침례에 대한 침례교주의자의 입장과 장로교주의자 또는 유아세례주의자의 입장 사이의 가장 큰 쟁점은 성례론에 있는 것이 아니다. 교회론에 있다."[2]

침례 그 자체가 의견 차이를 발생시키는 지점은 아니었다. 그러나 (다른 어떤 것이 아니라 언약신학을 골격으로 세운) 교회론을 통해서 접근해 간다면, 의견 차이가 발생하는 지점이 바로 침례였다. "누가 침례를 받을 수 있는가?" 라는 질문 이전에 더 근본적인 질문이 있었다. 바로 "누가 언약에 속해있는가?" 라는 질문이었다. 이것이 침례교주의자의 정체성을 정의할 때 가장 근본적으로 깊이 따져봐야 하는 것이다. 이 지점에서 독립회중주의자Congregationalist의 교회론과 침례교주의자의 교회론이 굉장히 비슷함에도 불구하고, 이 질문은 그들이 서로 일치되어 있다는 것을 나타내주기보다 이 두 그룹 사이를 나누는 지점이 되었다. 제임스 레니한James Renihan은 다음과 같이 기록한다. "이것은 그들의 관점이 서로 배타적이라고 말하는 것이 아니다. 간단히 말해,

---

2) Ligon Duncan, *Covenant Theology; The Abrahamic covenant – Covenant Sign Implications*, 12 two-hour lectures from the Rts Covenant Theology course.

교회론은 침례교회운동을 지지하는 원동력이었고 독립회중교회운동과 거리가 먼 정체성을 침례교회운동에 부여했다"[3]

침례교주의자는 "누가 침례를 받을 수 있는가?" 라는 질문을 구분된 주제로 생각하지 않았다. 침례교주의자의 입장에서, 이 질문은 본질적으로 침례교주의자의 신학 전체와 성경에 대한 그들의 종합적인 이해와 연결되어 있었다. 침례교주의자는 유아세례를 거절했는데 그 근거는 신약에서 침례가 행해지는 것을 철저히 분석하였지만 어린 자녀가 침례를 받았다는 그 어떤 모범도 찾지 못했다는 것이었다. 규정적 원리와 신약에서 침례를 정의하는 논의방식은 침례교주의자의 변증론에서 두 번째로 중요한 것에 속해있었다. 침례를 둘러싼 논쟁은 성례전의 실행보다 훨씬 더 중요한 주제를 포함하고 있었다. 이는 성경의 구조, 하나님께서 사람과 맺으신 다른 언약들의 의미와 본질, 하나님의 계획이 계시되고 성취됨에서 연속성과 불연속성에 관한 논쟁이었다. 그리고 복음과 교회의 핵심적인 본질이 이 논쟁의 핵심이었다.[4] 침례교주의자는 잘못된 방향으로 나간 침례방식에 대해 논쟁하고 있을 뿐 아니라 침례방식을 떠받치고 있는 신학의 전 체계에 집중했고, 그것으로 장로교주의자의 언약사상Federalism의 핵심근거들을 거부했다.[5]

---

3) James Renihan *Edification and Beauty: The Practical Ecclesiology of the English Particular Baptists*, 1675-1705 Eugen, OR, Wipf & Stock, 2009, p. 37. 분명히 침례교인은 독립회중교인보다는 장로교인과 더 많이 다르다.

4) 이후에, 찰스 스펄전Charles Spurgeon은 다음과 같이 기록했다. "언약교리는 모든 참 신학의 뿌리에 놓여있다. 행위언약과 은혜언약의 차이점을 명확하게 이해한 사람이 신학을 통달한 사람이다. 나는 성경교리에 관하여 사람들이 범하는 대부분의 실수가 근본적으로 율법언약과 은혜언약에 관한 오류들에 기초하고 있다고 믿는다." C.H. Spurgeon, "Sermon XL, The Covenant," *The Sermons of Rev. C.H. Spurgeon of London*, 9th Series, New York, Robert Carter& Brothers, 1883, p. 172.

5) 언약신학에서 언약이라는 말, 페더럴Federal과 커버넌트Covenant는 동의어이다.

그러므로 침례교주의자들은 침례를 교회론에 끼워 맞춰 넣으려고 침례에 대한 교리를 먼저 정의 내리려 하지 않았다. 침례교주의자의 침례교리는 신학적으로 접근의 결과였다. 그들의 신학적 결과는 유아세례주의자와 많은 면에서 비슷했지만, 동시에 그 당시 대다수인 유아세례주의자의 접근방식의 결과와는 명백히 달랐다. 침례교주의자를 사로잡은 주제는 침례의 성경적인 실행과 관련지어서 단순히 누가 침례를 받을 수 있는가를 아는 것이 아니었다. 그들을 침례교주의자로 만든 쟁점은 하나님의 백성을 구성하는 사람들은 누군인가 였다. "누가 하나님의 백성이 되는가?" 라는 질문은 다른 많은 질문을 만들어 냈다. 이 질문들은 종교개혁으로부터 물려받은 것과는 다른 언약신학을 태어나게 했다. 명백하게, 침례교주의자와 유아세례주의자는 "누가 교회를 구성하는 성도인가?" 라는 질문에 의견을 같이 하지 않았다. 그들이 이 질문과 이 질문의 필연적인 결과들을 논의했을 때, 침례는 그들 각자가 주장하는 내용을 명료하게 드러냈다. 데이빗 베네딕트David Benedict에 따르면, 17세기 중반에 시작된 침례를 둘러싼 논의가 언약신학으로 가는 방식에 혁신적인 국면을 열었다.[6] 이 당시 신학연구는 활발하였고 이 연구는 언약신학을 신학연구의 뼈대로 여겼다. 침례교주의자는 이렇게 신학이 진행되는 과정에서 태어났다. 침례교주의자의 갑작스러운 등장 그 자체는 개혁사상의

---

6) David Benedict, *A General History of the Baptist Denomination in America and Other Parts of the World*, New York, Lewis Colby and Company, 1850, p. 146. 언약신학은 17세기 이전에 시작되었지만, 장로교주의자와 침례교주의자의 대화는 언약신학에 어마어마한 진보를 일으켰다. 유아세례주의자의 언약신학은 종교개혁에서 시작하여 웨스트민스터 총회 신앙고백서에서 그 사상이 빈틈없이 표현되기에 이르기까지 점진적으로 발전했다. (Cf. Mark W. karlberg, *Covenant Theology in Reformed Perspective*, Eugene OR, Wipf and Stock Publisheres, 2000, p. 17-38.) 그러나 웨스트민스터 언약사상은 침례교인의 등장으로 곧바로 시험의 장으로 내몰렸다. 유아세례주의자들은 자기들 안에 새로운 입장들을 만들어가면서까지 자신들의 논리의 노선을 정교하게 조화시키는 데 힘을 썼다.

분기점이다. 수십 년의 세월에 걸쳐, 침례교주의자는 모든 신학을 자신들만의 언어로 표현했다. 우리 연구의 목적은 이 침례교신학의 특별한 본질과 성경적 언약들에 대한 침례교주의자의 독특한 이해를 밝히는 데 있다.

2. 방법론과 1차 자료

우리 연구의 어려움들 중 하나는 언약신학에 대한 합의된 해석이 유아세례주의자들 사이에서도, 침례교주의자들 간에도 전혀 없었다는 데서 온다.[7] 우리가 유아세례주의자의 접근방식을 정의 내리려고 시도할 경우, 우리는 모든 접근방식들을 고려한 정의를 제시할 수는 없다. 마찬가지로, 침례교주의자의 입장에서도 불일치하는 측면들이 있다.[8] 우리는 최소한 서로 비교할 두 그룹을 특징짓는 일반적인 신학원리들을 확정 지으려고 노력할 것이다. 우리의 방법론은 기본적으로 그들의 작품을 통해 보존되어 온 대화를 기초로 17세기 장로교주의자와 침례교주의자 사이의 근본적인 차이를 명백히 드러내는 방식이다. 우리는 1차 자료를 직접 사용할 것이다. 이러한 1차 자료들은 신앙고백서들과 유아세례주의자와 침례교주의자 신학자들이 쓴 여

---

7) In "Works in the Mosaic Covenant: A Reformed Taxonomy", *The Law Is Not Of Faith: Essays on Works and Grace in the Mosaic Covenant*, Phillipsburg, P&R, 2009, p. 76-103, 브랜튼 페리Brenton C. Ferry는 17세기 유아세례주의 언약신학자 엔서니 버지스Anthony Burgess를 인용함으로 언약신학에 관한 자신의 장을 시작한다. "나는 신학자들이 언약신학에서와 같이 혼란스러워하고 당황스러워하는 신학적 주제를 알지 못한다 (그들은 들장미와 나무떨기 덤불 안에 죽음을 앞둔 아브라함의 숫양과 같았다)." 그의 발표는 개혁주의 언약신학자들 사이에 그 어떤 동일성도 없다는 사실을 곧바로 깨닫게 한다. 언약신학과 관련하여 17세기 유아세례주의 신학자들의 많은 미묘한 차이들이 있지만, 우리는 이 연구에서 강조하는 공통분모는 있었다고 믿는다.

8) 더욱이 그들은 스스로 1689 신앙고백서의 부록에서 이 사실을 인정한다.

러 논문들로 구성되어있다.[9]

우리의 연구가 역사신학과 관련이 있지만, 우리는 성서신학과 조직신학의 관점으로 연구해 나갈 것이다. 그러므로 우리는 침례교주의자의 발전해가는 생각의 방식을 순차적으로 따라가는 것이 아니라, 성경에서 언약들이 나열된 순서를 따라서 이 사고의 틀을 드러낼 것이다. 이 연구방식은 우리가 침례교신학과 유아세례주의자의 신학을 비교할 수 있게 하고 침례교신학을 더 체계적으로 정리하게 도와준다.

2.1 신앙고백서들과 신앙문답들

웨스트민스터 신앙고백서와 1689 신앙고백서로 알려진 제2차 런던 신앙고백서는 특별히 우리 연구와 직접 관련이 있다. 이 문서들은 아주 중요하다. 그 까닭은 이 문서들이 신학자 한 개인의 의견을 나타내는 것이 아니라 유아세례주의자와 침례교주의자가 공식입장으로 선택한 문서이기 때문이다. 사실 1689 신앙고백서는 웨스트민스터 신앙고백서의 침례교판이다. 그러므로 침례교주의자가 웨스트민스터 신앙고백서를 어떻게 변경하였는지 알 수 있으려면 1689 신앙고백서는 절대 필요하다. 또한 침례교주의자가 유지하고 생략하고 새롭게 체계화하고 덧붙인 내용들을 알기 위해서도 1689

---

9) 이 연구의 배경이 17세기 잉글랜드 언약신학이기 때문에, 우리는 지금 개혁주의 침례교주의자와 유아세례주의자들 사이에서 일어나고 있는 논쟁을 만족할 만하게 평가할 수 없을 것이다. 그럼에도 불구하고, 역사의 흐름 가운데 사라지지 않고 지속되어 온 아주 중요한 신학원리들을 강조하고 가끔 일어나는 옛 학자들의 논쟁과 현대 학자들 사이의 논쟁을 오가며 종합함으로써, 우리는 17세기 논쟁과 오늘날 발생하는 논쟁 사이에 역사적 연속성이 있다는 것을 보여줄 수 있기를 바란다. 개혁주의 연구방법의 역사적 연속성에 관하여서, 우리는 리차드 C. 바르셀로스Richard C. Barcellos의 작품을 추천한다. *The Family Tree of Reformed Biblical Theology: Geerhardus Vos and John Owen, Their Methods of and Contributions to the Articulation of Redemptive History*, Owensboro, Reformed Baptist Academic Press, 2010, 324pp. 바르셀로스는 17세기 언약신학과 20세기 성경신학 사이의 밀접한 연속성을 입증한다.

신앙고백서는 필수다.[10]

1차 런던 신앙고백서(1644-46)도 동일하게 중요한 자료로 드러난다. 비록 제1차 런던 신앙고백서가 언약신학의 본질을 드러내지는 않았지만, 이 고백서는 침례교가 시작할 때부터 언약의 틀로 성경과 구원을 이해하는 개혁주의 접근방식을 철저히 따르고 있었음을 우리에게 확인시켜준다.[11] 게다가, 앞으로 살펴보겠지만, 이미 1644년에 침례교주의자는 은혜언약과 새 언약에 대한 독특한 이해가 있었다.

신앙고백서에는 신앙문답이 반드시 더해진다. 웨스트민스터 대요리문답과 소요리문답과 같이 침례교 신앙문답이 있다.[12] 또 다른 신앙문답, 올드 그래벌 레인Old Gravel Lane 침례교회 목사 허큘리스 콜린스Hercules Collines가 쓴 정통신앙문답An Orthodox Catechism은 17세기 침례교신학을 연구함에 있어 아주 중요하다. 목사 콜린스는 하이델베르크 요리문답Heidelberg's Catechism을 따랐지만 자신

---

10) 침례교주의자가 웨스트민스터 신앙고백서를 수정하기 이전에, 웨스트민스터 신앙고백서는 독립회중주의자들에 의해 사보이 선언(1658)으로 개정되었다. 사보이 선언에 의해 수정되고 소개된 내용의 대부분은 침례교주의자에 의해 받아들여졌다. 그렇지만, 단지 몇 군데에서, 침례교주의자는 사보이 선언의 진술보다 웨스트민스터 신앙고백서의 진술을 택한다. 언약신학에 관하여, 사보이 선언은 놀랍게도 여전히 웨스트민스터의 진술을 아주 충실히 따르고 있다. 독립회중주의자는 최소한 사보이 선언서에서 자신들의 교회론을 분리하여 생각한 듯 보인다. 그 까닭은 독립회중주의자는 장로교주의자와 동일한 언약신학을 유지하고 있지만 장로교인의 교회론은 거부하였기 때문이다. 이것이 우리가 1689 신앙고백서와 사보이 선언을 비교하지 않고 웨스트민스터 신앙고백서와 비교하는 까닭이다.

11) 제1차 런던 신앙고백서는 구속을 개혁주의 스콜라주의의 구속언약Pactum Salutis과 구속사Historia Salutis와 직접 연결된 범위에서 드러낸다. 특별히 6항과 7항을 보시오.

12) 몇몇 2차 자료들은 앞에서 언급한 신앙고백서들과 신앙문답들에 주석을 달고 해설한다. 그렇지만, 이 문서들의 이 두 해설서는 1차 자료라고 생각할 수 있다. 이 두 해설서는 1684년에 출판된 데이비드 딕슨David Dickson의 웨스트민스터 신앙고백서해설서 오류를 극복한 진리의 승리Truth's Victory Over Error(제네바아카데미 2009년 3월)그리고 1776년에 발행된 벤자민 벧돔Benjamin Beddome의 침례교 성경적 신앙문답해설서 A Scriptural Exposition of the Baptist Catechism이다. (참고, 벤자민 벧돔의 해설서는 제5열람실출판사에서 '벤자민 벧돔 성경으로 답하다'라는 제목으로 출판되었다)

만의 신앙문답을 작성했다. 그래서 콜린스 목사의 정통신앙문답의 독자적인 내용들은 아주 중요한 의미가 있다. 제임스 레니한은 이에 관하여 다음과 같이 썼다.

> 대표적인 특수침례교회 목사 콜린스는 하이델베르크 신학자들이 말하는 신학이 자기 자신의 신학과 자신이 참여한 그 운동과 일치한다고 이해했다. 콜린스가 정통신앙문답 이라고 제목을 붙인 것에 주목해야 하는데 그 까닭은 두 가지 뜻을 담고 있기 때문이다. 정통신앙문답은 의도한 대로 교리의 본질적인 특징을 명료하게 언급하고 있지만, 이 교리의 근원이 이른바 유럽 개신교 정통신학자들이라는 것을 증명한다. 콜린스는 강하게 선언하고 있었다. "그들이 정통인 것과 같이, 우리도 또한 그렇다."[13]

---

13) James M. Renihan, *True Confessions: Baptist Documents in the Reformed Family*, Owensboro, Reformed Baptist Acadmic Press, 2004, p. 235. 침례교주의자가 종교개혁의 유산과 관계있다고 생각하는 것은 명백한 사실이다. 이것이 침례교주의자의 공식문서가 다른 개혁주의운동의 문서와 밀접한 관계에 있다는 것을 설명한다. 연합에 대한 침례교주의자의 바람이 이와 같은 문서들 안에서 침례교만의 독특한 신학적 진술을 방해하지 않는다. 그럼에도 불구하고, 침례교주의자는 항상 연합에 대한 태도를 가지고 침례교만의 신학을 진술해 나갔다. 제2차 런던 신앙고백서 부록에서, 침례교주의자들이 자신들만의 신앙고백서를 출판한 것은 다른 기독교교단의 교인들과 동일하다는 것을 입증하기 위한 것임을 확실히 밝힌다. 침례교주의자는 여기에 다음과 같은 진술을 덧붙인다. "그리고 우리는 형제인 유아세례주의자들과 침례의 대상과 집례방식에 있어서 다르고 침례의식과 그 집례 방식에서 필연적으로 따라야 하는 다른 상황들에서도 그들과 다르다. 그리고 서로를 신앙 안에서 가르치고 이끌기 위해 자주 모이는 상황이, 우리의 의무들을 행하는 상황이, 하나님께 마땅히 드려야하는 예배를 드리는 상황이, 서로가 하나님을 두려워하는 상황이 다르다. 그리고 우리가 우리 자신의 양심을 여기에서 고백하는 것이 주님을 두려워하는 다른 형제들에게 어떤 식으로든지 우리의 애정을 거둬들이거나 다른 곳으로 돌리고 대화를 하지 않겠다고 하는 것이라는 오해를 살 수 있다. 비록 그렇다 할지라도 우리는 이러한 (모든 다른 상황과) 오해로 인하여 (형제들과) 단절하지 않을 것이다. 우리에게는 하나님께서 넘치는 능력을 부으시고 자격을 주시고 불러주신 말씀사역자들의 연구에 참여할 기회가 있다[...]."

2.2. 유아세례주의자 신학자들과 침례교주의 신학자들

17세기 언약신학에 관한 논쟁으로 들어가는 데 있어서 무시할 수 없는 몇 가지 자료들이 있다. 이 인물정보 목록은 총망라한 것이 아니라 대표적인 것이다. 우리는 이 목록에 참고할 모든 자료와 존재하는 모든 자료를 포함시키는 것이 아니라 가장 유용한 자료들로 제한하여 포함시켰다. 우리는 침례교주의 신학자들보다 유아세례주의 신학자들을 가장 오래된 신학자부터 가장 최근 신학자까지 순서대로 먼저 나열할 것이다.

2.2.1. 유아세례주의 신학자들

*윌리엄 에임즈*William Ames(1576-1633)는 잉글랜드 청교도들을 향한 적대적인 분위기로 인해 1610년에 네덜란드로 피신하였다. 그는 알미니안주의를 정죄한 도르트 회의Dordrecht Synod 참여자였고, 후에는 프라네커대학University of Franekeradeel의 총장이 되었다. 그의 지도 아래 있었던 두 학생은 개혁신학의 언약사상의 체계에 있어서 아주 중요한 신학자가 되었다. 그들은 요하네스 코케이우스Johannes Cocceius와 히스베르트 푸치우스Gisbertus Voetitus였다. 에임즈의 언약사상은 유아세례주의자의 신학체계가 가지는 연속성을 따른다. 이 신학체계의 연속성이 기본적으로 강조하는 강조점들이 그의 작품 *신학의 정수* Medulla theologiae(1629)에 담겨있다. 특별히 이 책은 에임즈의 영향력이 미국에 퍼질 때 주된 매개체였다.[14] 또한 그의 작품들은 잉글랜드에 널리 퍼졌다. 특별히 청교도 사이에서 그랬다. 말년에 에임즈는 철저히 중생한 성도만으로

---

14) *신학의 정수*는 하버드에서 기초학문 입문서였고 오랫동안 칼빈주의 신학의 가장 탁월한 요약본으로 여겨졌다. 참고) 조엘비키Joel Beek &, 랜들 페터슨 Randall Pederson, *청교도를 만나다*Meet the Puritans(부흥과 개혁사 2010년 5월), Grand Rapids, Reformation Herigage Books, 2006, p. 47ff.

구성된 회중을 추구하는 피난자교회의 목사였다. 결과적으로, 독립회중교회주의자와 침례교주의자가 그의 신학에서 엄청난 영감을 받았다는 사실은 놀랄만한 일이 아니다.[15]

존 볼John Ball(1585-1640)은 장로교주의 청교도였다. 그의 신학은 웨스트민스터 총회신학과 거의 모든 부분에서 일치한다. 그가 죽은 후 바로 웨스트민스터 총회가 열렸지만, 그는 1645년에 출판된 자신의 작품 은혜언약에 관한 논문 A Treatise of the Covenant of Grace으로 웨스트민스터 총회의 결과에 영향을 미쳤다. 존 볼에 의해 드러난 언약신학은 침례교주의자와 각을 세웠던 장로교주의자의 전형적인 언약사상으로 대표된다. 존 볼은 일반적으로 다른 장로교주의자의 저자들로 인해 개혁주의 언약사상의 권위자로 인용되었다. 인용문도 유용하고, 이 자료는 읽어야 하는 필수자료로 여겨지는데, 그 까닭은 특별하게 그가 일반적으로 침례교주의자와 깊은 관계가 있는 분리주의 교회론을 비판하기 때문이다.

피터 버클리Peter Bulkeley(1583-1659)는 청교도신학자였고 베드퍼드셔의 오델교구the Odell Parish in Bedfordshire의 교구목사였다.[16] 첫 번째 영국 시민전쟁 이전에 그는 비국교도 측이었고 더 큰 자유를 위해 뉴 잉글랜드로 망명하였다. 그는 언약신학에 초점을 맞춘 논문 복음언약, 드러난 은혜언약The Gospel Covenant; or the Covenant of Grace Opened을 썼고 이 논문은 1646년 런던에서 출판되었다.

---

15) 회중주의자인 토마스 굿윈Thomas Goodwin은 "신학의 정수는 성경 다음으로 이 세상에서 가장 탁월한 책이다"라고 믿었다. (ibid., p.45). 침례교주의자는 1644, 46년 제1차 런던 신앙고백서를 작성할 때 이 책을 자료로 사용하였다. 참고) 제임스 레니한, 참 신앙고백서들, 개혁파 전통에 속한 침례교 작품들James M. Renihan, *True Confessions: Baptist Documents in the Reformed Family*, p. 3f.

16) *Alumni Cantabrigienses*, Cambridge University Press. Available online at: http://venn.lib.cam.ac.uk/acad/search.html

토머스 블레이크*Thomas Blake(1597-1657)*도 자신이 장로교주의자라는 신념을 가진 청교도였다. 언약신학을 주제로 쓴 그의 논문은 중요하다. 그 까닭은 이 논문이 유아세례를 반대하는 측과 대화를 시작하였기 때문이다. 특별히 존 톰브스*John Tombes*와 대화를 시작하였다.[17] 우리가 블레이크의 모든 논문을 참고할 수는 없지만, 여기에서 소개하는 논문은 우리 연구에서 굉장히 유용했다. 이 논문 제목은 여러 방식들과 정도로 인류와 맺은 하나님의 언약에 관한 논문*Vindiciae Foederis; or A Treatise of the Covenant of God Entered With Man-Kinde, In the Severa Kindes and Degrees of it*이고 1653년에 런던에서 출판되었다.

*헤르만 위치우스*Herman Witsius(1636-1708)는 비록 유럽대륙의 신학자였지만 잉글랜드 언약신학에 결정적인 영향력을 행사했다. 어떤 의미에서 그의 언약 사상은 쯔빙글리*Zwingli*와 불링거*Bullinger*와 칼빈*Calvin*과 우르시누스*Ursinus*와 올레비아누스*Olevianus* 그리고 코케이우스*Cocceius*를 포함한 대륙 신학자들의 언약사상과 잉글랜드 개혁주의 신학자의 언약사상 사이의 중추점이었다.[18] 4권으로 출판된 위치우스의 권위 있는 작품 하나님과 사람 사이의 언약의 경륜*The Economy of the Covenants Between God and Man(1677)*은 많은 사람들에 의해 개혁주의 유아세

---

17) 존 톰브스John Tombes는 장로교주의자와 침례교주의자의 교리 사이에서 약간 망설였지만, 자신의 작품과 공식적 논쟁에서는 유아세례주의자를 지지하는 신학을 반대했다. 참고) 레온 맥베스H. Leon McBeth, 침례교 유산, 4세기 침례증언 The Baptist Heritage, Four Centuries of Baptist Witness, Nashville, roadman Press, 1987, p. 110ff. 침례교주의 역사가는 일반적으로 톰브스Tombes를 침례교주의자로 생각하지 않고 오히려 반유아세례주의자라고 생각한다. 참고) 언약적 유산 회복, 침례교 언약신학에 대한 소논문 5장과 6장에서 in Recovering A Covenantal Heritage: Essays in Baptist Covenant Theology, Palmdale CA, Reformed Baptist Academic Press, 2014 마이클 레니한Michael Renihan이 존 톰브스에 대하여 언급했다.

18) 제임스 패커James Packer는 하나님과 사람 사이의 언약의 경륜 The Economy of the Covenants Between God and Man의 개정판을 소개하면서, 위치우스의 이 책을 그 당시 개혁주의 언약신학의 통합체라고 했다. 우리도 볼 수 있듯이, 위치우스의 신학과 웨스트민스터 총회 신앙고백서가 밀접한 관계가 있다는 사실은 부인하지 못한다.

레주의자의 정통을 완벽하게 표현했다고 여겨진다.

*사무엘 페토*Samuel Petto(1642-1711)는 영국신학에서 잘 알려지지 않은 인물이다.[19] 그렇지만 페토는 언약신학 근거 위에서 유아세례주의를 가장 강력하게 변증한 학자들 중 한 사람이고 17세기 중반에 침례교주의자에게 질문을 던진 중요한 학자였다.[20] 그의 가장 의미 있는 작품 *은혜언약의 위대한 신비* The Great Mystery of the Covenant of Grace은 2007년에 재출판 되었다. 이 작품은 우리가 연구하려는 주제에 있어서 특별히 중요하다. 그 까닭은 이 책이 침례교주의자가 장로교주의자의 언약신학을 비난하고 자신들의 언약신학을 변증하려는 시도에 약점이 있다고 설명하였기 때문이다. 페토의 다른 논문은 1691년에 출판되었고 침례교 신학자 토마스 그랜섬Thomas Grantham이 쓴 책 *예외에서 입증된 유아와 세례*Infant-Batpism Vindicated from the Exceptions을 직접 반박한다. 페토의 세 번째 작품 *그리스도께서 제정하신 유아세례*Infant Baptism of Christ's Appointment에서 그는 유아세례를 언약신학의 관점에서 가져온다.[21]

*프란시스 튜레틴*Francis Turretin(1623-1687)은 당연히 영국 신학자는 아니었다. 그

---

19) 마크 존스Mark Jones는 존 오웬과 비교하면서 잊혀진 영국 신학자 페토를 소개한다. *은혜언약의 위대한 신비 The Great Mystery of the Covenant of Grace*, Stoke-on-Trent Tentmaker Publications, 2007, p. 9. 존 오웬이 이 논문의 서문을 기록하면서 이 책을 읽도록 적극적으로 추천하였다.

20) Ibid., p. 10. 몇몇 측면에서, 페토의 신학은 전통적인 장로교주의자 입장을 반대하고 침례교주의자의 노선과 일치한다. 예를 들면, 페토는 은혜언약을 설명하고 옛 언약과 새 언약의 관계를 설명 하면서, 두 경륜 아래 있는 한 언약의 형태를 거절하였다. 침례교주의자와 마찬가지로 페토는 옛 언약과 새 언약은 한 언약에 속한 두 경륜이 아니라 구별되는 두 언약이라고 생각하였다. 페토는 중간 입장을 취함으로 자신들의 언약사상을 재정리하려는 유아세례주의자들 중 한명이고, 우리는 침례교주의자 입장에 대한 진술이 유아세례주의자들의 언약신학에 역할을 했다고 믿는다.

21) 이 책에서는 페토의 신학을 요약하고 효과적으로 분석한다. 특별히 모세 언약을 행위언약이 다시 선포된 것으로 보는 그의 특별한 관점도 볼 수 있다. 참고) 마이클 브라운Michael Brown, *그리스도와 그 조건, 사무엘 페토의 언약신학 Christ and the Condition: The Covenant Theology of Samuel Petto (1624-1711)*, Grand Rapids, Reformation Heritage Books, 2012, 149pp.

렇지만, 그가 17세기에 제네바 아카데미Geneva Acadmay와 웨트스민스터 신학 사이의 비슷한 점들에 주목하는 것은 흥미롭다. 튜레틴은 청교도들에게 영향을 주었다. 그의 *변증신학강요*Institutio Theologiae Elencticae는 개혁파의 기준이 되는 신학을 직접적으로 드러냈다. 이 책에서 튜레틴의 언약신학은 열두 번째 장에서 나타난다. 이 열두 번째 장의 제목은 *은혜언약 그리고 구약과 신약에서의 이 언약의 두 경륜*The Covenant of Grace and Its Twofold Economy in the Old and New Testaments[22]이다. 우리는 이 장의 제목만으로도 한 언약이 두 경륜들 아래 있다는 장로교주의 형태가 널리 퍼져있다는 사실을 볼 수 있다.

2.2.2. 침례교주의 신학자들

존 스필즈버리John Spilsbury(1598-1668)는 1세대 칼빈주의 침례교주의자이고 1638년에 세워진 첫 칼빈주의 침례교회의 첫 번째 목사이다.[23] 그는 1차 런던 신앙고백서와 2년 후에 개정된 개정판에 서명한 서명자들 중 한 사람이었다.[24] 제1차 런던 신앙고백서가 공포되기 일 년 전, 스필즈버리는 침례를 주제로 *침례의 합법적인 대상*A Treatise Concerning the Lawfull Subject of Baptism이라는 논문을 출판하였다. 이 논문에서 그는 동시대의 유아세례주의자의 언약신학에 대

---

22) 프란시스 튜레틴, 변증신학강요 Institutes of Elenctic Theology, Phillipsburg, P&R, 1992 volume 2, p. 169. (1권은 부흥과 개혁사에서 번역되었다. 열두 번째 장이 속한 2권은 아직 번역 되지 않았다.)

23) 그렇지만, 살수례 방식의 신자침례는 1640년 까지 침수침례로 바뀌지 않았다.

24) 정확한 두 명칭들이 대표적이다. 일반적으로 재세례파로 잘못 알려진 교회들의 신앙고백서 1644년 런던에서 출판 The Confession of Faith, of those Churches which are commonly (though falsly [sic]) called Anabaptists, London, 1644. 일반적으로 재세례파라고 부당하게 불려진 런던에 있는 그리스도의 회중들과 교회들의 신앙고백서, 1646년 맷 시모스Matth, Simmons에 의해 많이 수정되어 런던에서 출판된 2번째 판 A Confession of Faith, of the Several Congregations or Churches of Christ in London, which are commonly (though unjustly) called Anabaptists, The second Impression corrected and enlarged, London, Printed by Matth, Simmons, 1646.

한 이해와는 근본적으로 다른 이해를 드러낸다. 특수침례교회의 가장 오래된 논문들 중 하나가[25] 언약신학의 근거 위에서 신자의 침례를 변증하는 것은 큰 의미가 있는 것이다. 이것은 침례교주의자의 정체성이 그 시작부터 독특한 언약사상을 가지고 있었고 신자침례는 성경의 언약들에 대한 다른 이해의 결과라는 것을 보여준다.

헨리 로렌스*Henry Lawrence(1600-1664)*는 청교도였고 올리버 크롬웰*Oliver Cromwell*과 아주 친분이 있는 정치인이었다. *브리태니커 백과사전*, *영국인명사전*에 나온 요약된 로렌스의 전기에 따르면, 그는 정치적인 역할에는 충실했지만 성직자로서의 역할에서는 그렇지 않았다고 한다.[26] 우리는 로렌스가 공식적으로는 침례교주의자의 신분을 가졌는지는 모르지만, 그가 익명으로 출판한 논문 *침례에 관한*Of Baptism(1646)에서는 그의 신학에 관하여 어떤 의심도 남기지 않았다. 로렌스는 단호하게 유아세례주의자의 신학을 비판하고 신자침례주의와 일치하는 언약사상을 변증하였다.

토마스 페이션트*Thomas Patient(?-1666)*는 런던에 있는 윌리암 키핀*Willian Kiffin*의 협력 목회자였다. 그는 1640, 50년대에 침례교회운동이 활발하게 일어나던 시대의 중심에 있었고[27] 제1차 런던 신앙고백서의 서명자들 중 한 명이었다. 크롬웰의 정부가 그를 아일랜드에 선교사로 파송했을 때, 페이션트는 침례교신념을 가

---

25) 우리가 아는 범위에서, 로버트 배로 Robert Barrow(1642)와 앤드루 리토Andrew Ritor(1642), 이 두 특수침례교주의자가 스필즈버리보다 앞선 논문에서 신자침례를 변증하였다. 그럼에도 불구하고 스필즈버리가 언약신학을 광범위하게 적용하여 신자침례를 변증한 첫 번째 사람이라고 볼 수 있다.

26) Gordon Goodwin, "Lawrence, Henry," *Dictionary of National Biography*, London, Smith, Elder & Co., 1892, volume 32, p. 256-58.

27) 역사학자들은 특수침례교회운동이 공식적으로 1638년 쯤 시작되었고 1650년대 말까지 130여 개의 칼빈주의 침례교회들이 영국제도British Isles에 있었다고 생각한다. 제1차 영국혁명First English Revolution이 일어난 독특한 배경이 이 급격한 성장을 설명한다.

지고 첫 번째 공동체인 *워터포드침례교회*^{Waterford Baptist Church28)}를 그곳에 세웠다. 아일랜드에 있던 동안에, 그는 *침례교리 그리고 언약의 차이*^{The Doctrine of Baptism,} ^{And the Distinction of the Covenants(1654)}라는 논문을 썼다. 그 논문에서 페이션트는 특별히 두 경륜 아래 한 언약이라는 장로교주의의 생각의 틀을 공격하면서 유아세례 주의자의 신학은 성경의 언약들을 잘못 이해하였다고 명료하게 선언한다.

존 번연^{John Bunyan(1628-1688)}은 가장 유명한 것까지는 아니지만 확실히 청교도들 중 한 명이다. 그는 일반적으로 침례교인의 유산과 관계가 있다고 여겨진다. 비록 그가 목사로 있던 교회가 이러한 침례교 유산을 가진 침례교회는 아니었지만 말이다. 그러나 사실 그의 신학은 침례교신학과 독립회중교회의 신학과 상당히 비슷하였고, 그는 침수침례를 받음으로써 베드포드교회^{Bedford Church}에 입교했다. 번연의 작품들은 상당히 많고 대부분은 설교이다. 또한 번연은 언약신학을 주제로 논문을 썼고 이 논문은 진리의 깃발에서 3권으로 출판한 그의 전집 *율법과 드러난 교리*^{The Doctrine of the Law and Grace Unfolded}에 포함되어 있다.

에드워드 허친슨^{Edward Hutchinson}은 칼빈주의 침례교주의자이다. 그는 장로교주의 언약사상에 맞서 신자침례를 변증하였다. 우리는 아일랜드에 있는 침례교회 회중의 목사였다는 것 외에 그의 생애에 대해 아는 바가 거의 없다.[29] 그는 1676년에 언약과 침례 사이의 관계를 직접 설명하는 중요한 논문을 출판하였다. 이 논문의 제목은 *언약과 침례에 관한 논문*^{A Treatise Concerning the} ^{Covenant and Baptism30)}이다. 그는 이 논문에 두 가지 부록을 첨가했다. 한 부록은

---

28) Cf. Crawford Gribben, *The early Irish Baptists*, Escondido, The institute of Reformed Baptist Studies, March 17, 2008, available at: http://www.reformedbaptistinstitute.org/?p=60

29) Josph Ivimey, *A History of the English Baptists*, London, Printed by Burditt and Morris, 1811, p. 404.

30) Thomas Delaune, Hutchinson's son-in-law, wrote a preface in this book; *ibidem*.

*어린이를 위한 짧은 신앙문답*Some Short Questions and Answers for the Yougner Sort이다. 그리고 다른 한 부록은 유아세례주의자의 최근 논문을 반박한 논문이다. 이 논문 제목은 *사람에게 속한 것이 아니라 하늘로부터 온 유아세례 라는 제목이 붙은 최근 논문에 대한 반박들, 헨리 댄버스의 침례에 대한 논문에 답하면서이다*Animadversions Upon a Late Book, Intituled, Infant Baptism From Heaven and not of Men, In Answer to Mr. Henry Danvers his Treatise of Baptism.

*느헤미야 콕스*Nehemiah Coxe(?-1688)는 우리의 입장에서 언약신학에 관해서는 가장 중요한 침례교 신학자이다. 그는 벤자민 콕스Benjamin Coxe의 아들이었고 그의 아버지는 제1차 런던 신앙고백서의 서명자들 중 한 사람이었다.[31] 콕스의 논문 *율법 이전에 하나님과 사람들과 맺은 언약에 대한 논의*A Discourse of the Covenants that God made with men before the Law(1681)[32]는 아브라함 언약에 대한 장로교주의와 침례교주의의 각 이해를 근거하여 그들 사이의 근본적인 차이점들을 개괄적으로 그렸다. 콕스는 "옛 언약과 새 언약은 본질이 다른 것이지, 단순히 경륜의 방식이 다른 것은 아니다"[33]라는 말로 침례교의 독특한 특징을 요약하였다. 그리고 그의 논문은 옛 언약과 새 언약이 같은 한 언약의 두 경륜이 아니라 구별되는 두 언약이라는 사실을 보여주려고 남은 부분을 할애하였다.

콕스의 언약사상은 훨씬 더 중요한데 그 까닭은 그가 1689년에 잉글랜드 침례교회에서 공식적으로 채택한 제2차 런던 신앙고백서의 핵심적인 편집

---

31) Cf. James M. Renihan, "An Excellent and Judicious Divine: Nehemiah Coxe," *Covenant Theology: From Adam to Christ*, Palmdale, Reformed Baptist Academic Press, 2005, p. 7-11.

32) 개혁주의 뱁티스트 아카데믹 출판사The Reformed Baptist Academic Press publishing house는 이 책의 현대판을 2005년에 존 오웬 히브리서 8장 6-15절 주석과 묶어 출판하였다.

33) Nehemiah Coxe, "A Discourse of the Covenants that God made with men before the Law," *Covenant Theology: From Adam to Christ*, Palmdale, Reformed Baptist Academic Press, 2005 (1681), p. 30.

자였기 때문이다.[34] 언약신학을 주제로 삼은 그의 논문의 관점으로 보면, 제2차 런던 신앙고백서의 제7장의 탁월한 구성은 특별히 중요하다. 그의 논문이 침례교 신앙고백서를 해석하는 데 있어서 직접 관계있기 때문에, 특별히 그의 언약사상은 칼빈주의 침례교회의 기준으로 여겨질 수 있다.

토마스 그랜섬^{Thomas Grantham(?-1692)}은 일반침례교회에서 가장 두드러진 신학자였다. 그는 사무엘 페토와 대화를 시작하면서 장로교주의 언약사상을 논리적으로 비판하였다. 우리는 그랜섬이 자신의 생의 마지막에 쓴 논문만을 볼 수 있다. 이 논문 제목은 *진리와 평화, 유아세례에 관한 가장 최근 논의이자 가장 평화적인 논의*^{Truth and Peace or the Last and most Friendly Debate Concerning Infant Baptism(1689)}이다. 그가 알미니안주의자일지도 모르나, 그의 언약사상은 많은 부분에서 칼빈주의 침례교 학자들과 일치한다. 사실 그랜섬은 콕스의 논문과 같은 입장을 가지고 자신의 의견을 확증한다.[35]

벤자민 키치^{Benjamin Keach(1640-1704)}는 의심할 여지없이 확실히 17세기 중반의 중요한 침례교 신학자였다. 그는 아주 많은 작품의 저자였지만, 어떤 식으로도 언약교리에 그 어떤 새로운 발전도 가져다주지 못했다. 언약을 직접적으로 설명하는 키치의 논문들 가운데 그 어떤 논문도 침례를 둘러싼 논쟁에 초점을 맞추지 않는다. 그의 언약과 관련된 논문들의 제목은 다음과 같다. *영원한 언약*^{The Everlasting Covenant(1693)}, 14편의 설교가 담고 있는 *영광스러운 은혜의 드러남, 드러난 평화의 언약*^{The Display of Glorious Grace: or The Covenant of Peace Opened, In}

---

34) James M. Renihan, *An Excellent and Judicious Divine: Nehemiah Coxe*, p. 18-20. Cf. also: Michael Haykin, *Rediscovering our English Baptist Heritage, Kiffin, Knollys and Keach*, Leeds, Reformation Today Trust, 1996, p. 68-69.

35) Thomas Grantham, *Truth and Peace or the Last and most Friendly Debate Concerning Infant Baptism*, London, Printed for the Author, 1689, p. 6.

Fourteen Sermons(1689). 그럼에도 불구하고 침례교의 근본적인 탁월함은 이 논문들 안에 드러나 있다.

2.3. 존 오웬^{John Owen} 침례교주의자

세심한 독자들은 우리가 지금까지 살펴본 17세 언약신학을 주제로 한 논쟁에 참여한 15명의 신학자 목록이 불충분하다는 사실을 알아차렸을 것이다.[36) 모든 시대에 가장 영향력 있는 영국신학자 중 한 사람의 이름이 빠져있다. 바로 존 오웬(1616-1683)이다. 오웬은 특별히 언급될 만한 가치가 있는데 그 까닭은 그의 언약사상이 침례교 언약사상과 비슷하기 때문이다. 비록 오웬은 평생 유아세례주의자로 남아있었지만 말이다.[37) 그러므로, 우리가 이 유아세례주의자 신학자를 들어 침례교신학을 변증하는 데 쓰는 것은 당연히 정당하다.

첫째, 옛 언약에 관해 오웬의 입장이 중립적 위치를 차지하고 있었다는 사실에 주목하자. 이는 싱클레어 퍼거슨^{Sinclair Ferguson}의 결론이다. 리차드 바셀로스^{Richard Barcellos}는 퍼거슨의 결론[38)을 다음과 같이 설명한다.

---

36) 우리는 이 논문을 쓰는 동안 중요한 자료를 빠뜨리고 있었다. 이 중요한 자료는 침례교인 필립 캐리 Philip Cary와 유아세례주의자 존 플라벨John Flavel 사이의 공식적 논쟁이다. 마크 존스Mark Jones는 자신의 책 *청교도 신학, 생명을 위한 교리*라는 책의 한 장 "청교도와 유아세례주의"라는 제목이 붙은 장에서 이 논쟁을 제시한다 "The Puritans and Paedobaptism" in his *A Puritan Theology: Doctrine for Life*, Grand Rapids MI, Reformation Heritage Books, 2012, pp. 725-741. 우리는 존스가 특수침례교회의 언약사상을 타당하게 제시하지 못한다고 생각한다. 사무엘 레니한은 존스의 진술에 대해 다음의 책에 기술했다. 참고: "'Dolphins in the Woods,' A Critique of Mark Jones and Ted Van Raalte's Presentation of Particular Baptist Covenant Thology," JIRBS 2015, pp. 63-89.

37) 초기 오웬은 장로교의 신념을 가지고 있었지만, 존 코튼John Cotton이 쓴 책 *하늘 왕국의 열쇠 The Keys of the Kingdom of Heaven*를 읽은 이후에 독립회중주의자가 되었다. 참고: John Owen, "A Review of the True Nature of Schism," *The Works of John Owen*, vol. 13, Carlisle, The Banner of Turth Trust, 1967(1657), p. 223-4.

38) Thomas E. Hicks Jr., "John Owen on the Mosaic Covenant," *Recovering A Covenantal Heritage*, pp. 175-192. Sinclair Ferguson, *John Owen on the Christian Life*, Carlisle, The Banner of Truth Trust, 1987, p.28.

[...] 퍼거슨은 오웬의 중립적인 입장이 옛 언약의 본질과 기능, 옛 언약과 아담의 행위언약과의 관계, 옛 언약과 은혜언약, 옛 언약과 새 언약과의 관계와 연관되어 있다고 이해한다. 다른 신학자들과 다르게, 오웬은 옛 언약 그 자체가 행위언약이거나 단순히 은혜언약의 한 경륜인 것으로 생각하지 않았다.[39]

오웬의 시대에, 옛 언약을 행위언약으로 생각하는 반율법주의antinomian 풍조가 있었다. 특히 소시니안Socinians에 의해 이러한 반율법주의가 떠올랐다. 옛 언약을 은혜언약과 동일하게 생각하는 장로교주의 경향은 반율법주의 풍조와 반대되었다. 오웬은 옛 언약을 행위언약도 은혜언약도 아니라고 보았다. 이것이 퍼거슨이 오웬의 입장에 대해 중립적이라고 말한 이유이다. 우리가 말할 수 있는 것에 따르면, 이 중립적인 입장은 침례교주의자들에 의해 지지받는다는 것이다. 그리고 우리는 이후에 이런 사실들을 확인할 것이다. 오웬은 한 은혜언약이 두 경륜 아래 있다는 형태를 거부했다. 다른 유아세례주의자는 옛 언약은 다른 상황circumstance[40] 안에 있다고 보았지만, 본질에 있어서는 새 언약과 동일하다고 보았다. 그러나 오웬은 옛 언약은 새 언약과 상황도 본질에 있어서도 다르다고 생각했다.

둘째, 우리로 하여금 침례교 학자가 존 오웬의 언약사상을 공유한다고 믿게 만드는 다른 이유는 침례교 학자의 작품들에 있다. 예를 들면, 에드워드

---

39) Richard Barcellos "John Owen and New Covenant Theology," *Covenant Theology: from Adam to Christ*, Palmdale, Reformed Baptist Academic Press, 2005, p. 321.
40) 상황이라는 말은 일반적으로 경륜이라는 말과 동의어로 쓰인다. (장로교주의자들에 의하면) 옛 언약은 은혜언약의 상황(경륜)이고 새 언약은 은혜언약의 다른 상황(경륜)이라고 한다. 또한 우리는 일반적으로 우연accident이라는 말이 한 언약을 외적으로 규정하는 것을 가리키는 말로 쓰였다는 것을 본다. 우리는 경륜이라는 말과 상황이라는 말을 동의어로 쓰겠다.

허친슨은 아브라함 언약에 대한 자신의 이해와 아브라함 언약과 은혜언약과의 관계에 대한 이해를 드러낸 후에, 오웬의 작품들을 광범위하게 인용하여 자신은 이 언약에 대해 아주 유명한 학자와 같은 말을 하고 있다는 것을 증명한다. 허친슨은 자신의 대화 상대인 유아세례주의자에게 다음과 같이 분명히 말한다.

> 우리 반대편에 있는 사람들은 오웬이 유아세례를 지지하고 있다고 하여, 우리가 오웬의 말을 우리를 지지하는 말로 인용하는 것이 오웬의 명예를 훼손시키는 것이라고 생각한다면(그들은 바로 그 목적에 맞게 주장하려는 경향이 있다), 우리는 그들이 할 수만 있다면 그들 마음대로 오웬의 말을 그들이 가진 관습에 끼워 맞추려는 의도가 있다고 말할 수 있다. 그들이 오웬의 말을 자신들의 관습에 끼워 맞추기 위해서, 즉 이렇게 어려운 일을 해내기 위해서, 그들에게는 도움이 되는 굉장히 많은 기록물들과 설명과 구별되는 특징이 필요하다(그러나 그것들은 거의 없다). 오웬은 아브라함과 맺은 언약과 약속의 본질에 대해서 다루면서, 그는 (아마 유아세례는 잊고) 영적인 것 그리고 정통적인 것을 가지고 아브라함의 언약과 약속을 드러내고 자세히 설명한다. 이렇게 설명함으로 오웬은 유아세례에 대한 자리를 남겨놓은 것이 아니라 여지의 가능성을 전혀 남겨 놓지 않고 유아세례의 자리를 빼앗아버렸다.[41]

---

41) Edward Hutchinson, *A treatise Concerning the Covenant and Baptism*, London, Printed for Francis Smith, 1676, p. 34-35. 다른 곳에서, 허친슨은 오웬에게 또다시 의지한다. "[언약신학]은 사실 굉장히 체계적이다. 이 언약신학은 최근 몇 년간 유아세례를 지지해왔다. 그리고 만약 우리가 이렇게 굉장한 체계를 파괴한다면, 이 언약신학은 반드시 추락하고 말 것이다. 탁월하게도 지금은 이 사실이 인정된다. 박사 오웬은 태어남으로 얻는 특권Birth-privilege에 대한 변명을 아주 탄탄한 논리로 거절하면서, 우리가 침례와 주의 만찬에 참여할 수 있는 근거를 제시하는데 우리는 이보다 더 강하게 유아세례를 반대할 필요는 없다. 그러므로 박사 오웬이 휘스턴Whiston을 반대하고 나왔다는 것에는 충분한 근거가 있다. 참고: *Animadversions Upon*

결과적으로, 침례교 학자들은 오웬의 신학이 완벽하게 자신들의 신학과 조화를 이루고 있으며, 청교도들의 왕자인 그가 유아세례를 붙잡고 있다는 사실은 이치에 맞지 않는 것이라고 생각했다.[42] 심지어 침례교주의자들은 오웬이 자신의 작품에서 부지중에 장로교 언약사상을 파괴하고 있었다고 판단했다. 그리고 침례교 학자들은 침례의 실행과 관련된 오웬의 신학을 그들에게 설명해 주면서, 그가 장로교 언약사상을 파괴하고 있었다는 사실에 대한 *입증의 책임*[onus probandi]을 유아세례주의자에게 넘겼다. 예를 들어 오웬은 다음과 같이 글을 썼다.

그리고 옛 유대인의 가장 큰 실수가 여기에 있다. 이 큰 실수는 그들의 후손에 의해 이날에 이르기까지 이어지고 있다. 그들은 혈통으로 아브라함의 자손이라는 것을 제외한 그 어떤 것도 아브라함 언약 안에 있는 것들에 대한 권한을[43] 소유하는 데 필요 없다고 생각했다. 그래서 옛 유대인은 앞에서 언급

---

a Late Book, Intituled, Infant Baptism From Heaven and not of Man, In Answer to Mr. Henry Danvers his Treatise of Baptism, p. 41.

42) 우리가 오웬의 글들을 읽을 때, 우리는 그의 생각이 진행되고 있다는 사실에 주목해야 했다. 오웬은 자신의 *전집 제16권 "유아세례와 부분침수에 관하여"Of infant Baptism and Dipping*에서 신자의 어린 자녀들은 언약 안에 있다고 말한다. 이 개념은 그가 다른 곳에서 쓴 글과 모순된다. 이 개념은 특히 자신의 히브리서 주석과 모순된다. 오웬은 히브리서 주석에서 은혜언약에 있는 모든 사람은 중생한 사람이라고 확실하게 말한다. 신자의 자녀들이 중생을 받지 못하였는데 어떻게 신자의 자녀들은 은혜언약 안에 있을 수 있는가? (오웬은 신자의 자녀가 은혜언약 안에 있다는 것을 믿지 않았다.) 우리의 조심스러운 의견으로 이 모순은 오웬의 생각이 진행되고 있다는 것으로 설명될 수 있다. (오웬은 자신이 여전히 장로교인으로 있는 동안에 이 논문을 썼다. 오웬의 신학은 그가 독립회중주의자가 된 이후에 바뀌었다.) 우리는 오웬의 히브리서 주석이 그의 성숙하고 확고한 사상이라고 믿는다.

43) 관계interest라는 말은 17세기 언약신학의 작품 안에서 아주 특별하게 쓰였다. 결과적으로 자주 쓰였다. 옥스퍼드 영어사전의 정의는 다음과 같다. "어떤 것에 대한 권리나 소유권, 청구권 또는 지분을 가짐으로써 객관적으로 그것과 관련이 있는 관계. [...] ㄴ. 영적인 유익에 대한 권리나 소유권." 우리는 오웬이 이 단어를 수동의 형식으로 쓰는 것에 주목해 보자. 유대인은 자신들이 (혈통으로) 아브라함의 자손이라는 것이 자신들에게 은혜언약의 권리를 가져다준다고 믿었다.

한 이유와 근거를 들어서 육적인 씨의 특권을 지속적으로 주장했다. 유대인이 아브라함의 육적인 후손들이라는 것은 사실이다. 그러나 그들이 육적인 후손이기 때문에, 아브라함이 가졌던 육적인 특권을 가질 수는 없다. 그리고 우리가 지금까지 보여줘 왔듯이, 아브라함은 특별한 통로로 구별되었다. 하나님께서는 아브라함의 허리를 통해서 약속의 씨를 세상에 보내셨다. 동일한 방식으로 유대인들은 아브라함의 자손으로서 특별한 백성으로 구별되었다. 그 약속된 씨는 유대인들 가운데서 나셨다.

그 목적이 성취되고 메시야가 나타났을 때 이러한 구별과 특권은 끝났다는 것, 바로 이 사실이 약속의 씨가 나왔다는 본질을 선언하는 것이다. 하나님께서 계획하신 대로 정확하게 완벽히 이루어졌는데, 왜 이것이 지속되어야 하는가? 그러나 옛 유대인은 이 특권을 확대 해석하고 그것을 다른 것과 섞어서, 자신들이 육체를 따라 아브라함의 후손들이라는 이유를 들어 아브라함의 모든 복과 언약도 자신들에게 속한 것이라고 강력히 주장한다. 그러나 우리의 구원자께서는 후자의 의미로 유대인은 아브라함의 자녀가 아니라고 말씀하셨다. 그 까닭은 유대인은 아브라함이 행한 일들을 하지 않았기 때문이다. 이와 같이 우리의 사도들도 예수님께서 말씀하신 것과 같이 아브라함의 믿음이 없는 유대인들은 아브라함의 복과 언약에 대해서 그 어떤 권한도 없다는 사실을 로마서 4장, 9장, 10장, 11장 그리고 갈라디아서 3장, 4장에서 명료하게 입증한다. 그러므로 실제로 메시야가 오심으로, 모든 육적인 법령과 관계를 맺고 있는 유대인의 특권들이 끝났다는 것을 보면, 유대인의 육적인 특권은 메시야의 오심에 유용한 것이었을 뿐이다. 만약 그들이 약속의 씨를 믿는 믿음으로 영적인 복의 권한을 획득하지 못한다면, 그들은 결코

하나님의 언약에 실제로 참여한 사람으로 여겨질 수 없을 것이다.[44]

오웬이 이런 식으로 글을 쓰고 언약교리를 생각하였다면, 유아세례주의에 관하여서는 결코 생각하지 않았을 것으로 보인다.

오웬의 언약사상과 침례교의 언약사상 사이에 조화를 이룬다는 다른 증거는 언약을 주제로 쓴 느헤미야 콕스의 책 서문에서 나온다. 콕스는 자신의 독자들에게 그가 시내산 언약까지 계속 나아가지 않고 아브라함 언약과 관계된 성경의 언약들을 설명하는 데서 멈춘 까닭을 설명한다. 콕스는 다음과 같이 기록한다.

따라서 광야의 이스라엘과 맺은 언약과 율법 아래서 교회 상태로 있는 이스라엘과 맺은 언약에 대한 논의에서, 나는 언약을 더 설명하려고 계획하였다. 그러나 내가 이 주제를 마치고 예상되는 몇몇 주제들에 관한 근거들을 준비하는 중에, 나는 히브리서를 주제로 삼은 박사 오웬의 세 번째 책에서 다룬 주제가 행복하게도 내 작업을 분명하게 해주고 지지해 주는 것을 발견했다. 이 책에서 그 주제들을 아주 상세하게 논의해주고, 특히 히브리서 8장에 대한 주석에서 반대 의견들에 완전하게 답해 주었다. 나는 지금 독자들이 오웬의 세 번째 책을 참고하라고 말하는 것이다. 그러면 언약에 대한 만족할 만한 답을 얻을 수 있다. 당신은 아주 탁월한 학자에게 기대할 수 있는, 바로 그모든 대답을 얻을 수 있을 것이다.[45]

---

44) John Owen, *Hebrews*, vol. 1, Carlisle, The Banner of Truth Trust, 1991, p. 122-123.

45) Nehemiah Coxe, *A Discoures of the Covenants that God mand with men before the Law*, p. 30.

우리는 오웬이 콕스의 언약사상을 지지했을지는 알 수 없지만, 분명한 사실은 침례교 학자 콕스가 오웬의 언약사상을 지지했다는 것이다. 우리가 앞으로 살펴볼 것처럼, 히브리서 8장에 대한 오웬의 주석과 신자침례주의자의 언약사상이 일치한다는 것에는 의심의 여지가 없다.

우리가 침례교주의자와 유아세례주의자의 접근방식을 자세히 비교하기 전에 츠빙글리, 불링거, 칼빈에게서 개혁주의 언약신학의 근원을 간략히 살펴보도록 하겠다.

3. 언약신학에 대한 간략한 역사적 개관

언약신학은 세상이 시작한 이래로 하나님께서 사람과 맺은 각 언약들을 연구하는 분야이다. 거룩한 성경에 계시된 것 같이, 하나님과 그가 만드신 피조물들 사이의 관계는 항상 다른 목표들과 기간들을 가진 각 언약들에 기초하여 제한되어 왔다. 성경의 역사는 오로지 이러한 언약들과의 관계 안에서 발생하기 때문에, 언약들의 본질과 역할을 이해하는 것이 필수이다. 그래야만 성경을 올바로 해석할 수 있다. 결론적으로 언약신학은 부분과 전체를 구별하고 어떻게 이 부분들이 그 전체에 들어맞는지 설명함으로 구속계획의 전체구조를 이해할 수 있는 상황을 제공해준다.

성경에 대한 이러한 접근은 개혁주의신학의 근본적인 특징이다.[46] 츠빙글리는 전가로 칭의를 재발견하면서, 로마서 5장에서 아담과 그리스도를 대

---

46) Mark W. Karlberg, *Covenant Theology in Reformed Perspective*, p. 17.

등하게 둔 덕분에 아담 언약을 재발견했다.[47] 츠빙글리와 재세례파의 논쟁은 그에게 자신의 교리를 최종적으로 유아세례주의 언약사상으로 체계화하도록 강요했다. 신약의 배타성 위에서 교회교리를 세운 재세례파의 주장은 츠빙글리가 신구약의 동일성unity을 변증하도록 이끌고 갔다. 츠빙글리와 그를 따르는 개혁주의 신학자들의 입장에서, 이 동일성의 본질은 은혜언약 안에 있었다. 그러므로 개혁주의 성경 이해의 본질은 무엇보다도 아담 안에 있는 첫 번째 언약이다. 결과적으로 이 언약을 행위언약이라고 부른다. 타락 후 곧바로, 하나님께서는 은혜언약이라 불리는 두 번째 언약을 맺으셨다. 이 은혜언약은 첫 번째 경륜administration 아래 놓여있다. 그리고 우리는 구약에서 이 첫 번째 경륜을 발견한다. 이 경륜은 초보적이고 임시적인 것이었다. 그 다음에 은혜언약의 두 번째 경륜이 온다. 우리는 그것을 신약에서 발견한다. 이 두 번째 경륜이 완벽하고 최종적이다.

그러므로 이 개혁주의 교회는 옛 언약을 은혜언약으로 이해했다. 이러한 개념은 개혁주의 교회론에 독특하고 최종적인 영향을 끼쳤다. 그 까닭은 교회는 아브라함의 자손들과 동일한 언약 아래 있다고 생각하기에, 구약이 교회교리를 정의하는 기준이 되었고 은혜언약과의 관계를 정의하는 기준이 되었다. 우리는 특별히 츠빙글리의 모든 후계자들의 작품에서 신구약 사이의 동일성unity이 지속적으로 강조된다는 사실을 발견한다.

불링거는 자신의 논문De Testammento seu Foedere Dei Unico et Aeterno에서 옛 언약은 행위언약의 원리가 옛 언약의 법에서 재확인reaffirmed된다고 생각했지만, 옛 언약은 본질적으로 은혜언약의 경륜이라는 개념을 지지했다.[48] 다른 유아세례

---

47) Ibid., p. 20
48) Cf. Ibid., p. 21-22

주의 신학자들도 그랬던 것처럼 불링거도 언약의 본질과 경륜 사이에 차이를 둔다. 불링거의 입장에서 옛 언약의 본질은 은혜언약이었다. 옛 언약의 경륜은 구약의 시대였다.

그 어떤 신학자도 개혁주의의 사고의 방식에 있어서 칼빈보다 더 많은 영향을 끼치지 못했다. 그래서 칼빈의 언약사상은 중요하다. 당연히, 언약교리가 칼빈사상의 전체를 분명히 보여준다. 그렇지만, 기독교강요 제2권 4, 5, 6장이 이 주제를 구체적으로 설명한다.[49] 우리는 칼빈의 기독교강요에서 유아세례주의자의 언약사상의 주요 특징들을 발견한다. 칼빈은 자신의 신앙의 선후배들과 동일하게, 옛 언약과 새 언약을 은혜언약의 두 경륜으로 보았다. "모든 선조들과 맺은 모든 언약은 그 실체와 본질에 있어서 우리의 것과 차이가 거의 나지 않을 만큼 완전히 하나이고 동일하다. 그렇지만, 여전히 경륜은 다르다."[50] 칼빈은 은혜언약이 혼합된 언약이라고 믿었다. "교회 안에서는 아주 많은 위선자들이 섞여있다. 그리고 그들은 그리스도의 소유가 아니다. 단지 이름과 외적인 모습만 그렇다."[51] 또한 칼빈은 성도의 자녀들이 은혜언약에 속해 있다는 것에 기초해서 그 자녀들의 세례를 정당화한다.[52]

---

49) 각 소제목들은 다음과 같다. (4장) "율법 아래 유대인에게 알려진 그리스도, 그렇지만 복음 아래서 명확히 드러나신 그리스도" (5장) "구약성경과 신약성경의 비슷한 점" (6장) "신구약의 다른 점"

50) 기독교강요 제2권 10장 2항 "한 언약, 두 경륜"이라는 공식은 후기 개혁주의자들의 작품에서와 같이 칼빈의 작품들에서 분명하지도 않고 자주 나타나지도 않는다. 이 개념이 근본적인 것이 된 것은 특별히 우르시누스Ursinus와 관련이 있는 것처럼 보인다. 마크 칼버그Mark Karlberg는 다음과 같이 기술한다. "우르시누스는 여기에서 언약에 대한 성경적 해석을 발전시키는 데 있어서 아주 중요한 기여를 했다. 언약을 정의함에 있어서, 우르시누스는 은혜언약의 본질적인 동일성을 인정하는 것이 중요하다고 주장하는 동시에 하나님의 언약의 다양한 경륜에 대한 충분한 정당성을 주려고 노력한다." 개혁주의 관점에서의 언약신학 Covenant Theology in Reformed Perspective, p. 26에서 우르시누스는 선배 신학자들의 생각을 더 깊이 들여다보고 그들의 개념을 더 명백하게 발전시켜 가면서 이 개념을 발전시켰다.

51) Ibid., IV, I, 7.

52) Ibid., IV, XVI, 5-6.

그럼에도 불구하고, 칼빈은 옛 언약과 새 언약 사이에 명백한 불연속성이 있다는 사실을 부인하지 않는다. 칼빈은 자신의 히브리서 주석에서, 이렇게 까지 설명해 나간다. "선지자는 '나는 너의 죄로 인해 아무 쓸모가 없게 되어 버린 언약을 새롭게 할 것이다'라고만 말한 것인지도 모른다. 그러나 그는 지금 분명하게 새 언약은 이전의 옛 언약과 다른 언약이라고 선언한다."[53] 칼 빈은 새 언약은 단순히 새롭게 된 옛 언약이 아니라 새 언약, 다시 말하면 다른 언약이라고 말하는 것이다. 그럼에도 불구하고, 칼빈의 다른 작품들에서 그는 두 언약이 그 경륜에 있어서 다른 것일 뿐, 본질에 있어서 다르지 않다는 사실을 지지한다.

칼빈은 그의 작품들 안에서 두 언약 사이의 불연속성을 강조 하면서 이에 더하여, 칼빈을 따르는 대부분의 학자들이 두지 않았던 다른 차이를 둔다. 칼빈은 고린도후서 3장을 주석하면서, 은혜언약 그 자체는 옛 언약의 본질의 측면은 아니었다라고 가리킨다.

> 그러나 예레미야와 바울 두 사람 모두가 신구약을 대조시키듯이, 율법 안에 있는 특별한 것을 제외하고는 아무것도 고려하지 않는다. 예를 들면, 율법의 곳곳에는 자비의 약속들이 포함되어 있다. 그러나 그 율법에 있어서 자비의 약속들은 우발적인adventitious 것이기에, 예레미야와 바울은 이 자비의 약속들을 그 율법의 본질로 여겨서 율법을 설명해 나가지 않는다.[54]

---

53) John Calvin, *Commentaries on the Epistle to the Hebrews*, Grand Rapids, Baker, 1999(1549), p. 188.

54) John Calvin, *Institution*, II, XI, 7.

고린도후서 3장의 주석에서 칼빈은 율법이라는 말을 옛 언약을 언급하는 것으로 이해하는 것처럼 보인다. 만약 그렇다면, 칼빈이 만든 이 차이가 침례교 신학의 핵심이다. 은혜언약은 옛 언약의 본질적인 부분을 형성하지 않는다. 비록 옛 언약이 은혜언약의 경륜의 시대에 계시되었다 할지라도 말이다. 안타깝게도, 칼빈은 이 주제에 대해서 더 깊이 나아가지는 않았다. 이 사실은 옛 언약의 본질에 대해서 다시 생각해 볼 것을 요구하기도 한다. 우리는 자주 칼빈의 신학에서 이 긴장의 형태를 마주한다. 이러한 긴장의 모양에서 칼빈은 자신이 이전에 말했던 것과 반대되는 것을 말하는 것처럼 보인다.[55] 칼빈주의는 서로가 서로를 완전하게 하는 교리들의 조화이다. 츠빙글리와 불링거 그리고 칼빈의 후계자들은 그들 스스로가 이미 세워놓은 것을 더 명료하고 정확하게 재확인하였다.[56]

---

55) 모세 언약에서 은혜언약과 행위언약의 관계에 대한 칼빈의 사상에 나타나는 긴장에 관하여서는 다음을 참고하시오. J. V. Fesko, "Calvin and Witsius on the Mosaic Covenant", *The Law Is Not Of Faith*, pp. 28-33.

56) Cf. Mark Karlberg, *Covenant Theology in Reformed Perspective*, p. 25-30.

The Distinctiveness of Baptist Covenant Theology

제1장

행위언약

1. 행위언약에 대한 설명과 그 언약의 역할
2. 행위언약과 옛 언약 사이의 관계

제1장
행위언약

1. 행위언약에 대한 설명과 그 언약의 역할

우리는 행위언약이 무엇인지 묻기 전에, 이 언약이 있기는 한 것인지에 대해서 반드시 생각해 보아야 한다. 몇몇 개혁주의 신학자는 16세기 말에 시작되어 발전한[1] 행위언약의 개념을 거절한다. 행위언약을 지지하는 신학자들도 "행위언약"이라는 표현을 성경의 어디에서도 발견할 수 없다는 것을 알고 있었다. 분명히 이 표현을 성경에서 확인할 수 없지만, 행위언약은 성경에 필연적으로 있을 수밖에 없다. 개혁주의자들은 아담과 그리스도 사이를

---

1) 16세기 끝날 무렵, 행위언약에 대한 개념이 더 정교하게 발전되었다. 이 시기에는, *자연언약foedus naturae*이라는 표현으로 쓰였지만, 결과적으로 "행위언약"이라는 용어가 더 일반적으로 쓰였다. cf. Willem J. van Asselt, *The Federal Theology of Johannes Cocceius: (1603-1669)*, Boston, Brill, 2001, p. 325. 과거와 현재의 몇몇 개혁주의 신학자들은 후에 정교하게 된 행위언약을 전적으로 지지하지는 않는다. 우리는 독자들이 쟝 레옹 론가 제 콜론가Jean-Leon Longa J'Ekolonga의 작품을 읽어보길 바란다. 그는 이 주제로 석사학위논문을 썼다. 논문 제목: *L'accomplissement des promesses protoevangeliques de l'alliance adamique dans l'oeuvre messianico-eschatologique de Jesus Christ*(The accomplishment of the protoevangelical promises of the Adamic covenant in the messianic-eschatological work of Jesus Christ), Faculte de theologie evangelique de Montreal, 2010, 131 p.

대등하게 비교하는 신약을 근거하여 행위언약의 존재를 증명하려고 노력한다. 예를 들어, 앤서니 버지스Anthony Burgess는 행위언약 없이 아담의 죄가 그의 후손에게 전가되는 것은 아무 의미가 없다는 것을 입증하였다.[2] 청교도들은 창세기 2장 16-17절의 명령에 약속과 형벌이 있다는 것은 단지 율법이 아니라 하나의 언약을 가리키는 것이었다고 생각하였다.[3]

행위언약은 단순한 방식으로 작동했다. 만약 아담이 순종했다면, 아담과 그의 후손은 썩지 아니함과 죽지 아니함으로(고린도전서 15장 53절) 보증된 영원한 생명을 얻었을 것이다. 그러나 아담의 불순종은 죽음이 이 세상에 들어왔다는 표를 나타냈다. 타락은 아담과 그의 모든 자손을 저주 아래에 두었다. 행위언약은 조건적이었고 불순종했을 경우 그 잘못을 속죄할 수 있는 그 어떠한 길도 제공하지 않았다. 개혁주의 신학 안에서 행위언약은 하나님의 "인과응보"의 심판의 기초로 여겨진다. 이로 인하여, 순종은 복을 낳고 불순종은 저주를 가져온다. 바로 이 행위언약에는 "죄의 삯은 사망"(로마서 6장 23절, 히브리서 10장 28절)이라는 원리와 같이 "이것을 해라 그러면 너는 마땅히 살 것이다"(레위기 18장 5절, 갈라디아서 3장 12절)라는 원리가 있다. 행위언약 아래서, 영원한 생명은 값없이 주어지는 것이 아니라 반드시 획득되는 것이다.[4] 그러나 지금, 죄로 인해 행위언약은 생명을 주는 데 있어서 효력이 없다. 행위언

---

2) Anthony, Vindicie Legis: or, A Vindication of the Morall Law and the Covenants, London, 1643 p. 106.

3) Ibid., p. 120

4) 피터 버클리Peter Bulkeley는 은혜언약의 계시와 비교하여 행위언약의 계시를 아주 적절하게 특징짓는다. "행위언약은 자연의 빛에 의해 계시된다. 그러나 은혜언약은 하늘로부터 비춰지는 초자연적인 빛에 의해 계시된다. 자연의 빛은 사람들에게 행함으로 생명과 의를 얻는다고 가르치고 이 빛은 모든 사람의 마음에 새겨져있다(로마서 2장 15절)." The Gospel Covenant; or The Covenant of Grace Opened, London, Printed by M.S. for Benjamin Allen, 1646, p. 98. 버클리는 계속해서 사람이 행함으로 의를 얻으려 하는 것은 자연스러운 일이라는 것을 설명하면서 은혜는 자연이성논리와 상반된다고 설명한다.

약은 오직 죽음만 가져올 뿐이다(갈라디아서 3장 21절, 로마서 8장 3절).

개혁주의 신학자들은 행위언약이 타락 이후에도 여전히 유효하게 남아 있지만[5], 죄가 세상에 들어온 후에 행위언약의 내적 특성들은 변했다고 생각했다. 타락 전에, 사람은 자신의 창조주와 맺은 관계에서 유익을 얻었고, 이러한 관계 안에서 행위언약의 효력으로 인해 하나님께서는 그의 하나님이셨다. 타락한 사람이 하나님께 순종해야 하는 의무 아래 여전히 있는 것은 이 행위언약 때문이지만, 타락한 사람은 하나님의 자녀에게 보증된 하나님의 은혜와 언약의 특권을 잃어버렸고, 그 이후로 계속해서 하나님의 자녀들은 자신들이 하나님의 진노 아래 있다는 것을 발견하게 된다. 하나님께서는 심지어 타락 후에도 여전히 모든 사람에게 하나님으로 남아계시지만, 죄는 더 이상 하나님께서 은혜로운 언약을 맺은 그들의 하나님이 아니게 만들어버렸다. 존 오웬은 타락 후 행위언약에 대한 청교도의 개념을 다음과 같이 요약한다. "그리고 모든 일에서 사람은 여전히 하나님께 의존해야 하는 의무 아래 있고 하나님의 뜻에 순종해야 한다. [......] 그러나 첫 언약의 효력으로 하나님께서 사람과 맺은 이 특별한 관계는 끝났다."[6]

---

5) 알미니우스는 행위언약이 타락 이후에도 유효하다는 개념을 거절했다. 그 까닭은 알미니우스에 따르면, 하나님께서는 사람이 할 수 없는 일을 사람에게 요구하실 수 없으시기 때문이다. 타락한 피조물에게 완벽한 순종을 요구하시는 것은 부당한 것으로 보일 수도 있다. Cf. Herman Witsius, *The Econoy of the Covenants Between God and Man*, Kingsburg CA, den Dulk Christian Foundation, 1990, vol. 1, p.151ff. 칼빈주의자들은 완벽하게 순종할 수 있는 능력이 없는 피조물에게 완벽한 순종을 요구하는 것을 부당한 것으로 생각하지 않았다. 그 까닭은 완벽한 순종의 요구는 사람이 완벽한 순종을 할 수 있을 동안에 주어졌기 때문이다. 사람은 변했지만, 하나님의 공의로운 기준은 여전히 동일하다. 행위언약은 칼빈주의자들에게 하나님께서는 정당하게 모든 사람들을 일방적으로 정죄하실 수 있다고 말할 수 있도록 해준다. 심지어 그들 중 단 한 사람도 순종할 수 없더라도 말이다.

6) John Owen, "An Exposition of Hebrews 8장 6-13절: 옛 언약과 새 언약 사이의 본질과 차이가 밝혀졌다." *Covenant Theology: From Adam to Christ*, Palmdale, Reformed Baptist Academic Press, 200d, p. 281.

침례교주의자들의 작품은 동시대의 유아세례주의자들과 행위언약에 대해서 같은 개념을 공유하고 있다는 사실을 보여준다. 그렇지만 1689 신앙고백서에서는 웨스트민스터 신앙고백서와 사보이 신앙고백서에서 발견된 행위언약에 대한 거의 모든 진술이 삭제되었다는 사실에 주목해야 한다.[7] 1689 신앙고백서에서 직접 행위언약을 언급한 유일한 곳은 '제20장 복음과 그 은혜의 범위에 관하여' 1항이다.[8] 침례교 신앙고백서가 행위언약의 교리를 지지하는 것에는 그 어떤 의심도 품을 수 없다. 그러나 행위언약은 다르게 표현된다. 더욱이, 1689 신앙고백서는 두 자매 신앙고백서에서 발견된 정형화된 공식적인 진술들을 삭제하여 애매모호한 진술을 피했다.[9] 따라서 침례교신학자들이 자신들의 신앙고백서에서 행위언약을 다루는 방식은 결코 신학적인 이유 때문이 아니라 단지 어법상의 이유이다.

유아세례주의자와 침례교주의자들이 행위언약의 시작과 본질과 작용에 있어서 일치하지만, 우리는 행위언약과 옛 언약의 관계를 바라보는 관점의 차이에 주목해야 한다.

---

7) 1689 신앙고백서에서 행위언약을 삭제한 곳은 제6장 1항, 제7장 2항, 제19장 1항이다. 그리고 이 신앙고백서에서 행위언약이라는 말을 쓰지 않고 행위언약을 언급한 곳은 제4장 3항, 제7장 2항, 제19장 1항, 2항이다. 그리고 1689 신앙고백서에서 "행위언약"이라는 표현은 제19장 6항 (두 번)과 제20장 1항에 있다.

8) "행위언약"이라는 말이 제19장 6항에서는 두 번 쓰여 있다. 그렇지만 이는 아담과 맺은 행위언약을 언급하는 것이 아니라, 오히려 이러한 언약의 개념을 언급한 것이다.

9) 의문이 제기된 이 주제와 애매모호한 것에 대해 더 충분히 논의되어 있다. 사무엘 레니한의 탁월한 글을 보시오. 이 글에서 레니한은 침례교주의자들이 그들의 신앙고백서에서 단순히 행위언약이라는 용어를 쓰는 것보다 행위언약을 정의하는 쪽을 선택해 왔다는 것을 입증한다. 참고: http://pettyfrance.wordpress.com/2013/06/25/the-covenant-of-work-in-the-1677-london-baptist-confession-2/. 또 Samuel Waldron, *A Modern Exosition of the 1689 Baptist Confession of Faith*, Webster, Evangelical Press, 1989, p. 94-96. In his course, *Baptist Symbolics*이라는 책에서 제임스 레이한은 침례교 신앙고백서 제7장이 택자의 구원의 계획에 강조점을 두고, 언약신학을 실제로 강조하기 위해서 편집되었다고 설명한다.

2. 행위언약과 옛 언약 사이의 관계

신약은 율법과 은혜 사이를 비교하고 심지어 대조시킨다(로마서 6장 14절, 갈라디아서 2장 21절, 3장 18절, 5장 4절). 이 성경 구절들에서 율법이라는 말이 언급하는 것은 무엇인가? 유아세례주의자는 옛 언약을 새 언약과 동일하게 은혜언약의 한 경륜으로 보았기 때문에, 그들에 따르면, 율법과 은혜 사이의 대조는 옛 언약과 새 언약 사이의 대조를 뜻하는 것이 아니라, 오히려 행위언약과 은혜언약 사이의 대조를 뜻하는 것이었다. 그러므로 바울이 율법과 복음을 대조시킬 때, 그가 말하는 율법은 행위언약이 될 수도 있는 것이다. 이러한 이해가 행위언약을 정의하는 데는 어떤 식으로도 영향을 주지 않지만, 옛 언약의 정의와 옛 언약과 새 언약과의 관계를 결정한다.

17세기 대부분의 유아세례주의 신학자들은 "율법 아래 있지 않고 은혜 아래 있다"(로마서 6장 14절)라는 말씀을 단순히 행위언약 아래 있는 것이 아니고 은혜언약 아래 있는 것을 뜻하는 것으로 이해했다. 예를 들어, 헤르만 위치우스는 "율법의 저주 아래 있는 것"(갈라디아서 3장 10절)이라는 말씀이 옛 언약 아래가 아니라 행위언약 아래 있다는 뜻이라고 설명한다. 그래서 그는 "그러나 많은 구절들이 율법의 저주가 아니라 행위언약의 저주를 뜻하는 것을 증명한다"[10]라고 말했다. 신약에서 옛 언약과 새 언약을 분명하게 대조시킬 때(고린도후서 3장), 위치우스는 이 말씀이 동일한 은혜언약 안에서 대조시키고 있는 정도이지, 은혜언약과 행위언약 사이의 대조를 가리키는 것이 아니라는 사실을 드러낸다.

---

10) Herman Witsius, *The Economy of the Covenants*, vol. 2, p. 359.

나(위치우스)는 다음과 같이 답한다. 그 사도(바울)는 여기서 그리스도께서 오신 후에 시행된 은혜언약을 그리스도께서 오시기 전에 시행된 같은 은혜언약과 대조시키는 것이 아니라, 마치 영적인 언약과 모형적인 언약을 대조시키는 것과 같이 신약 아래 완전히 유효한 상태에 있는 은혜언약과 시내 산에서 이스라엘과 맺으신 국가언약과 대조시키는 것이다.[11]

위치우스만 옛 언약과 새 언약의 대조를 상대적인 것으로 생각하여 행위언약과 은혜언약의 대조를 절대적으로 만든 것은 아니다. 요한네스 코케이우스Johannes Cocceius[12]와 로버트 롤로크Robert Rollock[13]에 따르면, 그리스도께서 율법 아래 태어나셨다고 할 때 말하는 그 율법과 그리스도께서 이루신 율법은 정확하게 행위언약이었다. 이보다 토마스 보스톤Thomas Boston은 우리가 고린도전서 15장에서 발견한 첫 번째는 아담 자신이고, 두 번째는 그리스도라는 두 아담의 이중성을 사용한다. 보스톤은 이 용법을 언약에 적용시킨다. 첫 번째 언약은 행위언약이고 두 번째 언약은 은혜언약이다.[14] 보스톤의 용법은 행위언약을 "첫 번째 언약" 그리고 은혜언약을 "두 번째 언약"이라고 하는 웨스트민스터 신앙고백서와 사보이 신앙고백서의 용법과 일치한다.[15] 유아세례주의자의 이해는 옛 언약과 새 언약이 대조된다고 생각하는 것이 아니

---

11) *Ibid.*, p. 336.

12) J. van Asselt, *The Federal Theology of Johannes Cocceius*, p. 253.

13) Robert Rollock, *A treatise of our Effectual Calling, Harvard College Library*, 1828(1597), p. 52

14) Thomas Boston, *A View of the covenant of Grace From the Sacred Records*, Glasgow, Printed by Robert and Thomas Duncan, 1770(1742), p. 26ff.

15) 참고, 웨스트민스터 신앙고백서와 사보이 선언 제7장 2항과 4항. 신약이 첫 언약과 두 번째 언약을 비교할 때, 행위언약과 은혜언약이 아니라 옛 언약과 새 언약을 가리키는 용법보다 보스톤의 용법이 더 애매모호하다. (참고, 히브리서 8-9장)

라 행위언약과 은혜언약만이 대조된다고 제한했다. 존 볼은 이 이해를 정확하게 다음과 같이 글로 표현한다. "어떤 이들은 행위언약과 은혜언약으로 구약과 신약을 단지 정도의 차이가 아니라 본질과 종류에 있어서 대조시킨다. 그리고 그들은 알려지지 않은 차이점을 소개한다."[16]

침례교주의자들은 은혜라는 단어와 대조되는 것으로 사용된 율법이라는 단어가 행위언약을 가리키는 것에 대해서 아무 문제없이 받아들였다. 1689 신앙고백서 제7장 2항은 다음과 같이 기록하고 있다. "더욱이 인간은 스스로를 타락시켜서 율법의 저주 아래 놓았다 [......]" 그렇지만 침례교주의자는 행위언약과 옛 언약사이의 연속성을 부정하지 않았다. 침례교주의자의 입장에서, 율법과 은혜의 대조는 옛 언약과 새 언약의 대조를 나타내는 것이다. 이러한 이해는 벤자민 키치에게서 인용한 문장에서 분명하게 드러난다.

> 하나님께서 이후에 더 분명하고 공식적으로 이 행위율법this Law of Works을 이스라엘백성에게 지속적으로 전하셨다는 것은 분명하다. 그렇지만 이 행위율법은 이전에 아담에게 주어졌던 것처럼 그 직무가 생명을 위한 것은 아니다. 이렇게 주어진 행위율법은 바울에 의해 옛 언약으로, 행위언약으로 불린다. 그리고 행위율법은 그 지배를 받는 모든 사람에게 완벽한 순종을 요구한다.[17]

키치와 다른 침례교주의자들은 행위언약이 옛 언약 안에서 재확인되었다고 생각했다. 그러나 처음에 아담에게 행위언약이 주어진 때와는 다른 이

---

16) John Ball, *A treatise of the Covenant of Grace*, Dingwall, Peter and Rachel Reynolds, 2006(1645), p. 93.

17) Benjamin Keach, *The Display of Glorious Grace: Or, The Covenant of Peace Opened. In Fourteen Sermons*, London, Printed by S. Bridge, 1689, p. 15.

유로 옛 언약이 주어진 것이다. 행위언약의 조건(레위기 18장 5절)은 반복되었다. 그러나 행위언약이 영원한 생명을 주는 새로운 것으로 만들어진 것은 아니고, 이스라엘 백성들에게 첫 번째 행위언약의 조건들만 남겨주었다. 그렇지만 몇몇 특수침례교회 신학자들은 행위의 조건 위에서 옛 언약 그 자체가 주는 것은 가나안 땅에서의 생명과 복이었다는 사실을 분명하게 했다. 유아세례주의자와는 반대로 침례교주의자는 신약에서 말하는 율법과 은혜의 대조를, 바울이 행위언약과 은혜언약의 대조를 입증하려고 사용했던 옛 언약과 새 언약의 대조로 이해하였다. 유아세례주의자의 입장은 "율법의 저주"라는 표현이 직접적으로 행위언약을 언급하는 것인 반면, 침례교주의자의 입장은 그것이 행위언약을 언급하지만 옛 언약에서 재확인된 행위언약을 가리킨다는 것이다. 그러므로 유아세례주의자는 유아세례를 단단히 뒷받침하는 근본적인 개념인 옛 언약과 새 언약사이의 동일성과 연속성을 유지하기 위해서, 행위언약과 옛 언약의 동일성과 연속성을 거절해야만 했다. 행위언약에 관하여, 웨스트민스터 신앙고백서 교리와 1689 신앙고백서 교리 사이의 차이는 행위언약과 옛 언약 사이의 관계, 함축적으로는 옛 언약과 새 언약 사이의 관계를 보는 각자의 관점에서 발견되었다. 우리는 옛 언약의 본질을 상세히 설명할 때, 이 점을 더 자세하게 설명할 것이다.

THE DISTINCTIVENESS OF BAPTIST COVENANT THEOLOGY

제2장

은혜언약

제2장
은혜언약

이 장에서 우리는 17세기의 은혜언약의 개념을 설명하고 이어서 같은 언약에 대한 두 가지 다른 이해를 드러낼 것이다. 은혜언약이 언약사상의 기초였다. 이 같은 기초가 유아세례주의 신학과 침례교주의 신학 사이를 나누는 분기점이 되었다. 두 그룹은 새 언약과 같이 아브라함 언약과 모세 언약에 관하여 다른 이해를 가지고 있었다. 그 까닭은 두 그룹이 은혜언약을 다르게 이해했기 때문이다. 이후에 두 그룹의 성경 해석과 신학의 차이를 설명하기 위해서, 우리는 먼저 두 그룹의 각 출발점들을 설명할 것이다. 우리는 장로교주의와 침례교운동 사이에서 발생한 모든 것의 뿌리가 정확히 바로 이 지점, 즉 은혜언약에 대한 개념이라고 생각한다.

1. 17세기 은혜언약

종교개혁시대 동안 은혜로 구원에 이른다는 개념이 재발견됨에 따라, 이와 함께 은혜언약의 개념이 발전되었다. 17세기에 언약신학은 모든 교리를 이해하는 틀이었고 은혜로 구원을 받는다는 교리도 이 틀을 벗어나지 않았다. 바로 이 시기에, 은혜로 구원에 이른다는 주제는 은혜언약 밖에서는 끄집어낼 수 없었다. 이 두 교리는 혼동되어서도 안 되었지만, 떼어놓고 생각해서도 안 되었다. 개혁주의 관점에서 은혜언약은 세상이 창조될 때부터 마지막 심판에 이르기까지 모든 시대에 구원 받은 모든 사람을 다시 무리로 모으는 언약이다. 하나님의 은혜의 대상 모두는 은혜언약 안에 있었다.

은혜에 대한 계시가 신약 안에서 더 분명하다고 해서, 은혜로 구원을 얻는다는 개념이 신약과 함께 시작한 것이라고 믿는 개혁주의 신학자는 아무도 없다. 루터 때부터, 복음은 창세기 3장 15절에서 계시된 것으로 시작되었다는 사실과 구속을 위한 나머지 계획이 일반적으로 원복음이라 불리는 이 약속과 함께 점진적으로 드러났다고 믿었다. 개혁주의 정통은 오직 은혜언약 안에서만 유일한 하나의 복음과 구속된 백성이 발견된다고 인정했다. 하지만 은혜언약과 은혜언약으로부터 나온 신구약의 동일성 개념을 거부하는 하나의 신학적 접근 방식이 있었다. 이는 소시니안 접근방식이었다.

1.1. 소시니안주의Socinianism와 은혜언약

소시니안들은 개혁주의 신학을 반대하는 대표적인 자들 가운데 속해 있었다. 구약과 신약이 관계하는 방식에 대한 그들의 이해가 그들을 그 시대의 "극단적인 세대주의"로 만들었다. 예를 들면, 소시니안들의 요리문답서에서 그들은 구약과 신약 사이의 철저한 불연속성을 정당화하였다. "우리는 영원한 생명과 성령님의 선물이 그리스도로 인해 주어진 율법 안에 분명히 약속되어 있는 것과 같은, 이 율법 조항에 순종하면 약속된 이 영원한 생명과 성령님의 선물을 주겠다는 조항을 모세의 율법 그 어디에서도 발견할 수 없다."[1] 데이빗 딕슨David Dickson은 웨스트민스터 신앙고백서 제7장을 해설하면서, 구약의 희생제물들과 신약의 그 희생제물 사이의 동일성을 강조하면서, 이 동일성을 부정한 소시니안을 비판하였다.

질문1. 이러한 모든 희생제물과 다른 모형들, 명령들로 인하여 은혜언약이 우리 구원자의 성육신과 그리스도의 오심을 어렴풋이 드러내고 예시하기 이전에 드러났는가?

그렇다. 히브리서 8장, 9장, 10장, 로마서 4장11절, 골로새서 2장 11절, 12장 1절, 고린도전서 5장 7절.

소시니안들은 합법적인 희생제물이 그리스도의 속죄의 제물을 미리 보여주는 것도, 예표도, 그것의 모형도 아니었다고 주장하는 오류를 범하지 않았는가? 그리고 그들은 유대인들이 죄를 위해 드린 제물들이 실제로 그들이 범한 모든 죄를 깨끗이 씻어버렸다고 주장하는 오류를 범하지 않았는가?

그렇다.[2]

소시누스는 자신의 서신에서 딕슨이 소시니안의 이해를 올바로 드러내고 있다고 스스로 확신한다. "여기서 나는(소시누스) 당신(딕슨)과 의견을 달리한다. 당신은 구약의 성도가 그리스도의 모형인 의식들과 희생제물에서

---

1) *Racovian Catechism* 5, 1652, p. 133; quoted by Francis Turretin, *Institutes of Elenctic Theology*, Phillipsburg, P&R, 1992(1696), vol. 2, p. 192.

2) David Dickson, *Truth's Victory Over Error*, Edinburgh, Printed by John Reid, 1684, Chap. VII. Of Gods Covenant With Man.

그리스도를 바라보았고, 그리스도께서 오실 희망 안에서 구원을 받았다는 것을 인정하는 듯 보인다. 나는(소시누스) 이런 식의 주장을 결코 납득할 수 없다."[3] 헤르만 위치우스는 자신의 입장에서 소시니안의 자리를 "이단"으로 평가하였다. "[...]이단 소시니안들은 아주 몰염치하게도 구약 그 어디에도 영원한 생명의 약속은 없고, 예수 그리스도께서 이 중요한 진리에 대해서 처음 선포하신 유일한 설교자였음을 주장한다."[4] 존 오웬도 같은 입장에서 소시니안주의와 펠라기우스주의Pelagianism를 비교하였다.

> 사실 요즘 몇몇 사람들은 옛 펠라기안의 망상을 다시 살려내려고 하고 있다. 이 망상은 율법 이전에는 자연의 빛과 이성의 행동으로 구원을 받았고, 율법 아래서는 주 그리스도 즉 다른 언약 안에서 그분의 중보와 관계하지 않고도, 율법에서 지시된 교리들과 율법조항들 그리고 율법의 제물들에 의해 구원을 받았다고 하는 것이다.[5]

소시니안의 이분법을 반박하면서, 개혁주의자는 원복음부터 그리스도의 죽음과 부활로 완전히 완성될 때까지 은혜언약의 동일성과 연속성을 강하게 강조하였다. 이런 식으로 성경의 주된 언약들은 동일하게 되고 하나님의 계획에서 불연속성의 개념이 거의 버려지게 되었다. 아브라함 언약과 시내산 언약 그리고 다윗 언약은 창세기 3장 15절에 아담과 하와에게 계시된 은

---

3) Socinus, "Ad amicos epistolae: ad Matthaeum Radecium," *Opera Omnia*, 1656, vol. 1, p. 277, quoted by Francis Turretin, *Institutes of Elenctic Theolgy*, vol. 2, p. 192f.

4) Herman Witsius, *The Economy of the Covenants*, vol. 2, p. 324.

5) John Owen, *An Exposition of Hebrews* 8:6-13, p. 180.

혜언약의 다른 경륜들로만 여겨져야 했다. 개혁주의자는 이러한 언약들과 새 언약은 동일한 본질(은혜)을 가졌고 다양한 언약들 사이의 다른 요소들은 단지 외적이고 경륜적인 요소들이라고 생각하였다. 학자나 혹은 한 그룹이 은혜언약의 유기적인 동일성에 의문을 제기하는 순간, 그는 소시니안과 재세례파 그리고 알미니안Arminians으로 분류되었다. 소시니안들은 반삼위일체 이단이었고 재세례파는 뮌스터광신주의Münster's fanaticism를 떠올리게 되고, 알미니안은 은혜신학의 반대자였다. 그리고 일반적으로 이러한 세 부류들은 신구약 사이의 은혜언약의 동일성도 거절했다.[6]

침례교주의자는 자신들이 직면했던 문제를 지나치게 크게 생각했던 것이 어려움이었을 것이다. 침례교주의자는 성경의 언약들 사이에 불연속성을 주장함으로써 다수가 주장하는 은혜언약에 대한 이해에 이의를 제기하는 반면, 동시에 자신들을 소시니안과 재세례파 그리고 알미니안과 분리하였다. 침례교주의자는 재세례파 또는 소시니안이 유아세례를 거부하고 오직 신자에게만 침례를 베풀었던 사실 때문에 그들과 분리하는 것에 더 많은 어려움을 겪었다. 침례교주의가 재세례파로 불렸고, 사회적으로 소외되고, 핍박당했으며 아주 극소수의 유아세례주의자만이 침례교주의자의 모든 의견을 정직하게 존중해 주었다는 것은 결코 놀랄만한 일이 아니었다. 그 시작부터 침례교는 과거의 신학적이고 도덕적인 일탈이 구체화되었다는 비웃음과 의심을 샀다.[7] 그러므로, 침례교신학이 특별히 다른 관점을 드러낼 때, 그

---

6) 참고, Francis Turretin, *Institutes of Elenctic Theology*, vol. 2, p. 192-193. 이러한 이단 부류들은 그리스도를 믿는 믿음이 구약 아래에서 존재할 수 있다고 생각조차 할 수 없고 이런 믿음은 터무니없고 시대에 뒤쳐졌다고 보았다. 이에 대한 답변으로, 튜레틴은 족장들의 믿음은 그리스도께서 오신다는 것을 믿는 믿음이었을 뿐만 아니라 오실 그리스도를 믿는 믿음이었다고 증명한다(사도행전 19장 4-5절).

7) 첫 번째 신앙고백서 제목이 이를 아주 분명하게 드러낸다. "*신앙고백, 일반적으로 재세례파라고 잘못 불*

들의 신학은 아주 조심스럽게 정의 내려졌다. 은혜언약에 관해서, 침례교주의자의 입장은 유아세례주의자의 입장인 지나친 연속성과 소시니안의 극단적 불연속성 사이의 중간쯤에 있었다. 침례교주의자는 소시니안을 대적하는 유아세례주의자에게 찬성하면서, 그들은 창세기부터 요한계시록까지 은혜언약의 본질의 동일성을 단언하였다. 그렇지만 유아세례주의자들과는 다르고 소시니안과는 비슷하게, 옛 언약과 새 언약사이의 본질적인 불연속성을 확실하게 말하였다.

이후의 장에서, 우리는 은혜언약에 대한 유아세례주의자와 침례교주의자의 이해를 비교할 것이다. 우리는 계속해서 각각의 개념들을 드러낸 다음, 이런 비교를 통해서 몇 가지 결론을 이끌어 낼 것이다.

2. 유아세례주의자가 보는 은혜언약: 두 경륜 아래 있는 한 언약

우리는 유아세례주의 사고의 틀, 즉 옛 언약과 새 언약 각각에서 실행된 유일한 하나의 언약인 은혜언약에 대해서 이미 몇 번 언급해 왔다. 언약에 대한 이러한 개념이 웨스트민스터 신앙고백서에 통합되어 있다는 것을 생각하면,

---

리어지는 교회들의 신앙고백" The Confession of Faith, of those Churches which are commonly (through falsely) called Anabaptists. 첫 번째 신앙고백서를 출판한 목적들 가운데 하나는 자신들의 전통과 실행들을 둘러싸고 있는 모든 의심들을 떨쳐버리기 위해서였다. 다니엘 피틀리Daniel Featley는 이러한 의심을 부추긴 사람들 중 한 명이었다. 그는 첫 번째 침례교 신앙고백서(1644)는 정통이라고 인정했으나 이 책 (*The Dippers dipt. Or, The Anabaptists duck'd and plunged Over Head and Eares*, 1645)에서 담하길, 침례교주의자는 침례교의 본질을 숨기고 권위자들의 제재를 피하기 위해서 정통으로 스스로를 휘감고 있었다고 가리켰다. 이 정보의 출처는 제임스 레니한의 강의 *침례교 신조론 Baptist Symbolics*이다.

이 개념은 확실히 유아세례주자의 신학에 뿌리박혀 있었다. "이 언약은(은혜언약) 율법의 시대와 복음의 시대에서 다른 방식으로 실행되었다 [......]."[8]

2.1. 본질과 경륜의 근본적인 차이

유아세례주의자가 신구약간의 차이를 무시하는 것은 아니었다. 그러나 이것은 그들이 계시의 시작과 마지막까지 은혜언약의 동일성을 유지하기 위한 자신들의 연구결과들을 중요하게 생각하게 하는 방식이다. 은혜언약을 살펴볼 때 은혜언약의 두 측면이 반드시 드러나야 했다. 두 측면은 그 언약의 본질과 실행 (즉 경륜)이다. 이러한 사실은 헤르만 위치우스가 1677년에 출판한 자신의 대표적인 작품에 설명되어 있다.

> 우리는 은혜언약의 본질, 정수 안에서 은혜언약을 생각하는 것과, 상황과 관련하여 다른 경륜 아래서 하나님께서 주시는 다양한 방식 안에서 은혜언약을 생각하는 것을 구분해야 한다고 배운다. 이는 가장 중요한 문제이다. 만약 우리가 은혜언약의 본질을 본다면, 은혜언약은 오직 하나이고, 다른 것일 가능성은 전혀 없다. 그러나 만약 우리가 은혜언약의 상황들에 주의를 기울인다면, 하나님의 다양한 지혜를 드러내기 위해 은혜언약은 "다양한 경륜 아래, 다양한 시대에 다채로운 방식으로" 드러날 것이다.[9]

이 구분이 장로교 언약사상의 정수였다. 그 까닭은 은혜언약의 동일성을 유지하는 것을 인정하였지만 다른 경륜들 간의 불연속적인 요소들도 인정

---

8) *The Westminster Confession of Faith*, VII, V.

9) Herman Witsius, *The Economy of the Covenants*, vol. 1, p. 291. italics from the author.

하였기 때문이다. 카스파르 올레비아누스Caspar Olevianus 또한 이 구분을 은혜언약에 적용시켰다. 라일 비에르마Lyle Bierma는 이것이 자신의 신학의 근간임을 강조한다.

올레비아누스가 주장하는 은혜언약 교리의 핵심은 자신이 자주 구분하는 세 가지 차이점에서 발견되어진다. 1) 언약의 본질과 경륜 사이에는 명백한 차이가 있다. 2) 더욱이 보이는 교회에 속해 있는 모든 사람과 맺은 약속, 언약의 외적경륜 그리고 택자와 맺은 이 약속의 본질인 내적경륜 사이에 분명한 차이가 있다. 3) 한편으로 하나님의 서약 또는 약속으로서 언약과 다른 한 편으로 하나님의 뜻들이 서로 묶여있는 언약 간에 명백한 차이가 있다.[10]

본질과 상황 사이의 차이는 유아세례주의자들에게 신구약 사이의 차이를 인정하면서 은혜언약의 동일성을 주장하도록 해줄 뿐만 아니라, 은혜언약 안에 있는 하나님의 백성의 혼합된 본질mixed nature(중생 받은 사람과 그렇지 못한 자)로 구성된 것을 정당하게 해주었다. 그리고 이것이 유아세례주의자에게 있어서 그 무엇보다도 근본이다. 유아세례주의자는 경륜과 본질을 구분함으로써, 은혜언약 안에 비택자의 자리와 성도의 자녀를 위한 자리도 마련할 수 있다고 생각할 수 있었다. 그러므로 은혜언약의 외적 경륜은 중생 받은 사람과 중생하지 못한 자를 포함하지만, 내적 본질에서는 오직 중생 받은 사람만을 포함한다. 유아세례주의자들에 따르면, 은혜언약에 속해 있지만 중생하지 못한 자는 복음의 선포에 노출되고 성례전에 참여함으로써 하나

---

10) Lyle Bierma, *The Covenant Theology of Caspar Olvianus*, Grand Rapids, Reformation Heritage books, 2005, p. 104-5. Italics form the author.

님의 백성의 자리에서 유익을 얻는다. 그렇지만 오직 중생함을 받은 사람만이 성령님의 내적 작용의 효과로 인하여 은혜언약의 본질이 주는 충만한 유익을 얻는다. 그러므로 동일한 은혜언약 안에서 발견되는 자연적인 방식과 영적인 방식이 있다.

비에르마는 본질과 경륜의 구분이 구원받지 못한 자를 은혜언약에 포함시키는 것으로써 그를 은혜언약의 혼합된 본질로 곧바로 이끈다고 주장한다.

> 여기에서 이것들 가운데 첫 번째 두 개 (앞에서 인용된 구분들)는 예전에 우리가 올레비아누스의 언약신학을 연구하면서 마주쳤던 문제를 해결하는 데 특별히 도움이 된다. 예를 들어, 보이는 교회에 속한 비택자와 이 언약과의 관계는 실제로 아주 명확하다[……]. 비택자는 말씀과 성례를 통하여 은혜언약의 외적 경륜에 속해있지만, 성령님을 통한 은혜언약의 유익의 본질인 내적 경륜에는 속해있지 않다.[11]

본질과 경륜을 구분하고 은혜언약의 외적인(자연적인) 효과와 내적인(영적인) 효과를 분리시키는 것으로써 유아세례주의자는 성경의 언약들의 혼합된 본질을 정당화했다. 이 개념은 유아세례주의자의 교회론에 명백하게 드러났다. 이것 자체가 보이는 교회와 보이지 않는 교회의 개념에 드러난다.[12] 예를 들면, 웨스트민스터 신앙고백서 제25장에서, 보이는 교회와 보이지 않는 교회

---

11) Ibid., p. 105.

12) 에드워드 허친슨은 유아세례주의자들이 이 개념을 두 가지 뜻으로 해석되는 방식으로 취한 것을 비난했다. "나는 대답한다. 너희들은 때로 너희 자녀들이 (보이게) 언약 안에 있지만 때로는 (분명하게 보면) 언약 안에 없다는 말로 우리를 혼란스럽게 한다. 이런 말은 카발Cabal의 말처럼 애매모호하고 불가사의하다." *A Treatise Concerning the Covenant and Baptism*, London, Printed for Francis Smith, 1676, p. 28-29.

의 개념을 통해 이 차이(본질/경륜, 내적/외적, 영적/자연)가 교회에 적용된다.

1. 보이지 않는 보편적, 우주적 교회는 전체 택자로 구성된다. 그리고 과거, 현재, 미래의 모든 택자는 교회의 머리이신 한 분 그리스도 아래 모인다. 그리고 교회는 그리스도의 신부이고 몸이며, 만물 안에서 만물을 충만하게 하시는 그리스도의 충만이다.

2. 세상의 곳곳에 퍼져있는 보이는 교회는 참 신앙을 고백하는 모든 사람과 그들의 자녀들로 구성되어 있다. 그리고 또한 이 교회가 복음 아래 있는 보편적이고 우주적인 교회이다. 이 복음은 한 국가에 제한되지 않고 전과 같이 율법 아래 있지 않다. 그리고 이 교회는 주 예수 그리스도의 왕국이고 하나님의 집과 가족이다. 그리고 이 보이는 교회 밖에는 구원의 일반적인 방식은 있을 수 없다.

1항에서는 보이지 않는 교회를 가리키는 범위 아래서, 은혜언약의 내적 경륜을 드러낸다. 그리고 여기에서는 오직 부름 받아 택함 받은 사람만이 이 언약의 본질에 참여한다. 2항에서는 보이는 교회를 가리키는 범위 아래서, 고백하고 중생하였든지 그렇지 않든지 그리고 성도의 자녀들까지 포함한 모든 사람이 은혜언약의 외적 경륜 아래 그리스도의 왕국을 이루는 것을 가리킨다.

유아세례주의자 입장에서, 한 기관으로서 일반적인 교회는 중생하고 고백한 백성과 중생하지 못한 사람, 그리고 그들의 친자녀들까지 모두 포함하였다. 윌리엄 에임즈는 내적/외적(본질/경륜)의 차이를 중생하지 못한 "그리스도인"이 보이는 교회 기관에 있는 것을 정당하게 하는 데 사용하였다. "고백한 성도들이 그 공동체(보이는 교회)에 여전히 속해있는 동안에, 그들은 바로 그 교회의 구성원들이다. 마치 그들이 보편교회에 속해 있는 것처럼 말이다. 그리고 이와 같이 중생하지 못한 그리스도인들도 (보편적인 교회의) 외적인 자리에 참여하고 있는 것이다. 내적이고 본질적인 자리에 중생하지 못한 그리스도인들은 없다."[13]

"두 경륜 아래 한 언약"이라는 공식적인 표현에서, 우리는 본질/상황의 차이 그리고 심지어 내적/외적 혹은 영적인/자연적인 혹은 보이지 않는/보이는 차이를 발견한다. 첫째, 한 언약(내적, 영적 그리고 보이지 않는 본질적인)이 두 경륜(외적, 자연적 그리고 보이는 상황) 아래 있다. 이 차이는 모든 언약사상 안에 분명히 나타나고 언약사상의 근본이다. 윌리엄 에임스는 옛 언약과 새 언약 사이의 다른 점을 논하면서, 이 구분을 사용하여 이 두 언약 사이에 본질의 동일성과 경륜의 불연속성을 단언하였다. "신약은 모세 시대부터 있었던 모든 것과 선조들과 약속하신 모든 것에 있어서 새롭다. 그러나 이 변화는 본질이 새롭게 되는 것이 아니라 형태가 새롭게 되는 것이다."[14]

정수와 형태(본질과 경륜) 사이를 구분할 때, 에임스는 새 언약의 새로움을 외적인 형태로 제한하고 본질에 있어서 새로운 것은 없다고 확언한다. 결과적으로, 에임스와 동시대의 유아세례주의자 입장은, 옛 언약과 새 언약 간의 본질이 일치한다는 것이다.[15] 이러한 연속성을 기초로, 유아세례주의자는

---

13) William Ames, *The Marrow of Theology*, Grand Rapids, Baker, 1997 (1629), p. 179.

14) Ibid., p. 206.

15) 장로교 언약신학은 결정적으로 옛 언약과 새 언약의 동일성으로 특징지어졌다. 제프리 존슨Jeffrey Johnson은 *The Fatal Flaw of the Theology Behind Infant Baptism* 제3장에서(Free Grace Press, 2010) 옛 언약과 새 언약의 본질의 연속성 개념은 종교개혁 때부터 오늘날까지 대표적인 유아세례주의 신학자들에 의

자녀들에 대한 원리를 세웠다. 이 원리로 성도들이 낳은 친자녀들은 은혜언
약에 포함되었다.

2.2. "두 경륜 아래 한 언약"에서 시작된 연속성의 원리에 관한 모범

옛 언약과 새 언약 사이의 본질적인 동일성은 유아세례주의의 신학적 근
거를 구성하였다. 리차드 프랫Richard Pratt은 다음과 같이 설명한다.

> 개혁주의 신학이 세례를 언약적으로 이야기할 때, 은혜언약의 동일성이라
> 는 문맥 안에서 성례전을 바라본다. 세례의 의미는 새 언약의 가르침에서만
> 발견되는 것이 아니다. 또 세례의 의미는 세례가 옛 언약의 믿음의 형태들을
> 성취한 방식이라는 사실에서 미루어 짐작된다. 웨스트민스터 신앙고백서가
> 성례전을 경륜으로 취급할 때, 신구약 모두의 언약적 동일성에 근간을 두고
> 있다고 일반적으로 진술한다.[16]

은혜언약의 유기적 동일성은 유아세례주의자의 신학의 토대였고 여전히
그렇다. 옛 언약 아래서 친자녀들은 은혜언약 안에 포함되었다. "내가 내 언

해 가르쳐졌다는 것을 증명한다. 울리히 쯔빙글리Uldrich Zwingli, 헨리 불링거Henry Bullinger, 존 칼빈
John Calvin, 카스파르 올레비아누스Caspar Olevianus, 카자리아 우르시누스Zacharia Ursinus, 토마스 카트
라이트Thomas Cartwright, 존 프레스톤John Preston, 토마스 블랙Thomas Black, 존 볼John Ball, 윌리암 에
임즈Willian Ames, 요한 코케이우스Johnnes Cocceius, 요하네스 올레비우스Johannes Wollebius, 헤르만
위치우스Herman Witsius, 찰스 핫지Charles Hodge, 제임스 부캐넌James Buchanan, 로버트 대부니Robert
Dabney, 존 머레이John Murray, 에드워드 영Edward Young, 제임스 배너먼James Bannerman, 메르디스 클
리안Meredith Klin, 팔머 로버슨O. Palmer Robertson, 로버트 레이몬드Robert Reymond. 이 명단이 단 한 사
람의 이름도 빠뜨리지 않은 모든 사람의 이름은 아니지만, 확실히 대표적인 사람들의 이름이다.

16) Richard L. Pratt Jr., "Reformed View: Baptism as a Sacrament of the Covenant," *Understanding Four
Views on Baptism*, Grand Rapids, Zondervan, 2007, p. 65.

약을 나와 너 및 네 대대 후손 사이에 세워서 영원한 언약을 삼고 너와 네 후손의 하나님이 되리라"(창세기 17장 7절). 만약 새 언약이 본질적으로 옛 언약과 동일하다면, 후손에 대한 원리는 반드시 연속되어야 한다.

침례교주의자들은 옛 언약 아래서의 친자녀 원리를 비난하지 않았다. 그렇지만 그들은 새 언약 아래로 이 원리를 가져오는 것은 인위적으로, 독단적으로 은혜언약의 뼈대를 세워놓고 그것에 잘못 의지하고 있는 것이라고 여겼다.[17] 침례교주의자는 유아세례주의자들이 옛 언약과 새 언약의 본질의

---

17) 또한 침례교주의자들은 유아세례주의자들이 아브라함 언약 아래서 적용했던 것과 같은 방식으로 이 원리를 적용하지 않았다고 생각했다. 느헤미야 콕스는 자신의 관점을 다음과 같이 요약했다. "그들 [유아세례주의자들]은 일반적으로 언약의 권리의 범위를 [......] 직계 후손들에게만 제한하여 좁게 쓴다. 그렇지만 이 언약 안에서 [아브라함 언약 안에서] 언약의 권리의 범위는 이와 같은 원리로 제한되지 않고, 아주 먼 후손들에게도 완전히 적용되는 것으로 여겨졌다. 또한 유아세례주의자들은 은혜언약의 표와 증표로 확증 받음으로써 구약성경 아래서 누렸던 당연한 특권에서 그리스도인 종들과 노예 그리고 그들에게서 태어난 친자녀들을 제외시켰다."(A Discourse of the Covenants, p. 106.) 에드워드 허친슨도 같은 입장을 취했다. "나는 사람들에게 (다음 질문에 대한) 근본적인 근거를 달라고 요구한다. 지금 신자의 믿음은 자녀들의 자녀들 3, 4세대까지 교회의 회중이 되고 세례를 받게 할 권한이 없는가? 마치 아브라함의 믿음이 옛 언약의 특권에 따라서 자신의 대대 후손을 구원한 것과 같이 말이다."(A Treatise Concerning the Covenant and Baptism, p. 50.) 존 볼은 장로교 신학이 이 부분에서 약하다는 것을 확실하게 인지하고 있었다. 그래서 그는 한 사람이 약속의 언약을 버리면, 그 사람의 모든 후손들도 그와 함께 언약의 특권을 잃어버린다고 설명했다. 오히려 볼은 새 언약이 먼 후손들에게까지 끼친다고 하기보다, 옛 언약을 신자의 직계 후손으로 제한한다. 참고: A Treatise of the Covenant of Grace, p. 202. 토마스 굿윈Thomas Goodwin도 비슷하게 이해했다. 참고: "A Discourse of Election" The Works of Thomas Goodwin, Volume 9, Grand Rapids, Reformation Heritage Books, 2006(1682), p. 428. 논리적으로, 침례교주의자들은 이러한 진행절차는 옛 언약의 범위를 인위적으로 제한한 것이라고 판단했다. 콕스는 다음과 같이 썼다. "아브라함에게 주어진 약속들은 아브라함과 그의 후손 대대로 전해진다. 언약 자체는 후손 대대로 철저하게 지키라는 명령을 받은 영원한 언약이다(창세기 17장 7절, 9절, 13절). 이러한 단어를 쓰는 까닭은 언약은 아주 먼 세대와 가까운 세대 모두에게 유익이 되기 때문이다. 언약의 약속들과 동일한 언약의 법은 모세가 다스리는 모든 지역에서 아브라함과 그의 후손들을 포함하고 있었고 묶고 있었다. 가장 먼 후손의 권리는 아브라함과 그와 맺은 언약에서부터 나오는 것이므로, 그들의 권리는 아브라함의 직계 후손들이 가지는 권리였다. 그리고 이 권리는 그들의 친부모들의 믿음에 따르는 것이 전혀 아니다. 그러므로 광야에서 하나님의 진노 아래 떨어진 이스라엘 직계 후손들은 아브라함과 맺은 이 언약으로 인해 가나안 땅에 거하게 된 것이다. 그들은 결코 언약 안에서 자신들의 친부모의 견고한 믿음으로 인해 가나안 땅에 들어가게 된 것은 아니다. 나는 모든 우상숭배가 그들의 입장에서 명백하고 완전하게 이 언약을 어긴 것이라고 비난할 수 없다고 생각한다. 여전히 에스겔 시대의 이스라엘 백성들이 가장 타락한 우상숭배자들의 죄책을 짊어지고 있었을 때, 주님께서는 계속해서 이 언약으로 인해 그

동일성을 확고히 세운 것이 잘못되었다는 것을 증명해야만 했고, 이 근거 위에 옛 언약이 가지고 있는 원리들을 끄집어내어서 그 원리들이 일관성 있게 적용된다는 사실을 증명해야만 했다. 비록 옛 언약의 원리들이 새 언약과는 서로 관계가 없었지만 말이다. 이것은 엄청난 문제였는데, 그 까닭은 은혜언약의 본질의 동일성은 (침례교주의자도 믿는다) 자명한 것처럼 보였기 때문이다. 그리고 또 은혜언약의 본질의 동일성은 신구약 사이의 본질의 동일성을 통해서 (이것은 침례교주의자에 의해 거절되었다) 친자녀 원리의 연속성을 정당화하기에 충분한 것처럼 보였기 때문이다.

예를 들면, 프란시스 튜레틴은 은혜언약의 동일성에 기초해서 옛 언약과 새 언약 사이의 본질의 동일성을 지지하면서, 영원한 본질인 "나는 너의 하나님이고 너희 후손의 하나님이 될 것이다"라는 이 원리를 단언했다.

둘째, 특별히, 두 경우에 동일한 은혜언약의 모든 부분으로부터이다. 이 말은 하나님께서 우리와 우리의 자손의 하나님의 되실 것이라는 언약의 조항이다. 그래서 이 언약의 조항은 이미 아브라함에게 제시되었고(창세기 17장 7절) 모세에게 예언의 말씀(출애굽기 3장 15절)과 일반적인 방식인 법 안에서

자녀들에게 관심을 쏟으신다고 주장하신다(창세기 16장 20-21절). 이스라엘의 배교한 백성들의 후손들은 충성된 백성의 후손들과 마찬가지로 하나님의 자손들이었다. 이러한 사실은 그 언약관계가 친부모의 선한 행위에 달려 있다면 있을 수 없다"(A Discourse of the Covenants, p. 97-98). 이 점이 특별히 중요한데, 그 까닭은 유아세례주의는 아브라함 언약에 참여하는 원리를 새 언약 안에 참여하는 것에 불러들이고 이에 전적으로 의지하고 있기 때문이다. 그렇지만 유아세례주의자는 일관된 방식으로 아브라함에게 주어진 육적 후손의 원리를 적용시키지 않고, 이 원리를 아브라함 언약과도 관계가 없는 방식으로 적용시킨다. 새 언약은 말할 것도 없다. 더욱이, 유아세례주의자들은 아브라함의 육적 후손이 그 언약에서 제외된 까닭을 설명하지 않았다(마태복음 21장 43절, 로마서 9장 27절). 그러면서, 아브라함의 후손을 이 언약 안에 영원히 포함시킨다(창세기 17장 7절). 그래서 세대주의자가 장로교주의자보다 아브라함의 혈통 자손에게 주어진 은혜에 대한 더 풍성한 개념을 가지고 있다. 우리는 다음 장에서 아브라함 언약에 대한 장로교의 이해와 침례교의 이해를 비교할 것이다.

새롭게 하셨고 포로기와 포로기 이후에 확증하셨다(에스겔 36장 28절). 그래서 은혜언약 안에서 제시된 것은 다른 것이 아니라 이 땅의 복의 근원인 것과 같이 영적인 복의 근원이었다(마태복음 22장 32절, 고린도후서 6장 16절, 요한계시록 21장 3절).[18]

그래서 모든 유아세례주의자는 은혜언약의 경륜 아래에서 최소한 외적인 모양으로는 성도의 자녀들이 하나님을 그들의 하나님으로 가진다고 생각했다. 토마스 블레이크는 특별히 이 주제로 쓴 논문을 출판하기도 하였다. 이 논문의 제목은 *출생의 특권: 성도들에게 있어서 언약의 거룩함과 복음시대에서 그들이 가지는 문제, 세례와 유아의 권리와 관련하여*The Birth Priviledge: or, Covenant Holiness of Beleevers and their Issue in the Time of the Gospel, Together with the Right of Infants to Baptisme(1643)이다.

평가해보자. 타락 이후 계속해서 어떤 사람도 하나님의 은혜를 통하지 않고 구원받은 일이 없었기 때문에, 개혁주의자는 모든 구속사에서 오직 하나의 은혜언약만이 있다고 생각했다. 은혜언약은 본질이었다. 이를 기준으로 삼아, 17세기 신학자들은 성경을 하나로 묶었고 여기에서부터 *몇몇 경륜들 아래 한 언약*이라는 그들의 생각의 틀을 가져왔다. 은혜언약의 내적인 본질과 외적인 경륜 사이를 구별시킬 때, 유아세례주의자는 은혜언약의 동일성을 유지하면서 다른 경륜들 간의 확실한 차이를 유지해내야 했다. 더욱이,

---

18) Francis Turretin, *Institutes of Elenctic Theology*, vol. 2, p. 195. Cf. also Thomas Goodwin, *A Discourse of Election*, p. 428ss. 굿원Goodwin은 "나는 너의 하나님이고 너희 후손의 하나님이 될 것이다"라는 "언약의 특권"이 "모든 신자의 아버지"로서 아브라함을 위한 것이었다는 것을 설명하려고 시도한다. 그러나 또한 굿원은 이 언약의 특권이 아브라함의 모든 후손들의 특권이기에, 그 대대 후손도 은혜언약 안에 있다는 사실을 설명하려고 시도한다.

유아세례주의자는 본질과 경륜을 분리함으로써 은혜언약 아래 혼합된 본질의 개념을 도입하였다. 이 혼합된 본질의 개념을 가지고 유아세례주의자는 은혜언약의 본질에 참여함 없이도 "회심 받지 않은" 사람들이 은혜언약 안에 있을 수 있을 것이라고 설명했다. 그러나 그들은 회심 받지 않은 사람들이 은혜언약의 경륜 안에 참여하고 있다고 설명했다. 마지막으로, 각 언약의 본질의 동일성을 주장함으로써 옛 언약과 새 언약을 단순히 같은 언약의 경륜들로 여기면서, 유아세례주의자는 아브라함에게 주어진 "나는 너의 하나님과 너의 후손들의 하나님이 될 것이다"라는 원리를 영속하게 했다. 이 원리는 유아세례주의자로 하여금 자신들의 자녀들을 은혜언약의 구성원으로 생각하도록 했다. 그리고 이 원리는 그들로 하여금 본질과 경륜 사이의 차이를 만들어서, 자신들의 자녀들을 위해서 법적인 자리를 정당화시켜 놓았다. 이는 은혜언약 안에 있고 이전에는 할례를, 지금은 세례의 표를 받은 사람이지만 중생하지 못한 사람의 자리이다. 은혜언약에 대한 이러한 이해는 17세기 개혁주의 신학자들 사이에 아주 널리 퍼져 있었다.

2.3. 두 경륜 아래 한 언약 일반적인 형태

우리가 지금까지 은혜언약에 관하여 드러내온 개념은 16, 17세기 모든 개혁주의 신학 안에 은연중에 내포되어 있었다. 존 볼은 다음과 같이 기록했다. "경륜의 방식에 입각해서, 이 은혜언약은 다양하다. 그래서 은혜언약을 다양한 방식으로 드러내는 것이 하나님을 즐겁게 한다. 그러나 본질에 있어서 이 은혜언약은 하나이고, 궁극적으로 변하지 않고 영원하다."[19] 볼은 은혜

---

19) John Ball, *A Treatise of the Covenant of Grace*, p. 23

언약의 본질과 경륜 사이의 근본적인 차이가 있다는 것을 전적으로 주장한다. 볼은 이후에 이 같은 구분으로 바리새인들이 은혜언약의 본질에서는 제외되어 있었지만 은혜언약 안에 있었다고 설명한다.

> 그 언약의 외적인 경륜과 연관시켜서 바리새인들은 그 자손으로 셈해졌다. 그러나 바리새인들은 아브라함의 믿음의 걸음을 걷지 않았다. 그러므로 실제로 그리고 참으로 그들은 그의 자손이 아니었다. [......] 이것을 더 자세히 설명해 보자. 그 언약은 그 언약 아래서 대대로 자녀로 태어난 유아들에게까지 미친다. 그래서 이 유아들은 반드시 태어난 지 팔 일째 되는 날 이 언약의 표를 받아야 한다.[20]

두 경륜 아래 한 언약이라는 생각의 틀은 볼로 하여금 은혜언약의 외적 경륜을 내적 본질로부터 떼어놓음으로써 은혜언약의 혼합된 본질을 주장하도록 하였다. 그리고 이 생각의 틀은 그로 하여금 자녀의 원리를 새 언약 아래로 끌고 들어오게 했다. 그리고 볼에 따르면 이 자녀의 원리는 은혜언약의 본질에 속한 것이다. 볼은 은혜언약의 혼합된 본질을 은연중이 아니라, 오히려 다음과 같이 두 측면의 언약(내적/외적)으로 은혜언약을 명백히 드러내 놓았다.

> 절대주권자이신 하나님께서는 모든 사람을 통치하실 권한과 권위를 가지고 계신다. 그러나 특정하고 특별한 근거 안에서 하나님의 명령을 받고 하나님

---

20) Ibid., p. 51ff.

을 주님으로, 구원자로 인정하는 사람들은 하나님의 백성으로 불린다. 그리고 이 사람들은 본질상 두 부류에 속해있다. 하나님께서 어떤 사람들과는 외적으로 언약을 맺으셔서 말씀으로 그들을 부르시고 성례들로 그들을 인치셨다. 그러면, 외적인 언약을 맺은 사람들은 믿음을 고백함으로써, 그 성례를 받아들임으로 인해 요구된 조건들을 자발적으로 행한다. 그래서 보이는 교회의 모든 구성원은 언약 안에 있다. 다른 사람들과는 하나님께서 자신의 법을 성령님을 통하여 그들 마음에 새기셔서 효과적으로 언약을 맺으셨다. 그리고 그들은 자발적으로 마음을 다하여 주님께서 반드시 지키고 따라야 한다고 하신 모든 것 안에서 주님께 자기 자신을 내어드린다. 그러므로 하나님께서는 오직 신실한 사람과 언약을 맺으신다. 첫 번째 부류는 외적으로 그리고 드러난 하나님의 백성이다. 이들은 외적인 모든 유익을 가지고 외적인 경륜과 관련이 있다. 두 번째 무리는 내적이고 비밀스러운 하나님의 백성이다. 주님께서만 분명하고 구별되게 이들을 아신다.[21]

은혜언약에 대한 유아세례주의자의 이해에서 발견되는 그 본질/경륜의 차이는 볼로 하여금 두 종류의 백성, 즉 중생한 사람과 그렇지 않은 자가 은혜언약 안에서 발견된다고 주장하게 하였다. 심지어 토마스 블레이크는 볼보다 더 노골적이었다. 블레이크는 자신의 논문 Vindiciae Foederis 에서, 한 장을 모두 할애하여 새 언약 아래 드러난 은혜언약의 혼합된 본질을 논증하였다. 그는 이 장에 "복음의 시대에 은혜언약은 중생하지 못한 자리에 있는 고백한 그리스도인을 인정한다. 그리고 이 언약의 경계를 중생한 택자로 제한하지

---

21) Ibid., p. 202ff.

않는다"라는 제목을 붙였다.[22] 이 장에서 블레이크는 은혜언약이 우선 가시적이고 외적이며 효과적이지 못한 것이라고 설명한다. "첫째로, 하나님과 사람 사이의 언약은 오직 가시적인 방식으로 맺어진 언약이고, 어떤 내적이고 실제적인 변화, 즉 그 영혼에 영향을 주어 내적으로 변화된 존재가 되는 것을 요구하지 않는다."[23] 블레이크는 보이는 교회 교리를 정당화하는 자신의 논증을 지속적으로 밀고 나간다. 그리고 그에 따르면 보이는 교회와 국가적 교회들은 일치한다. 블레이크는 자신이 주장하는 근거를 마태복음 28장 19절의 지상 대명령에 두고, 그 핵심을 다음과 같이 설명한다.

하나님의 일반적인 경륜으로 모든 민족이 언약을 맺고 언약에 들어갈 수 있는 방법은(모든 민족들이 제자가 되는 방법은) 오직 언약을 고백하는 것이고 공식적인 절차에 따라 가시적으로 언약을 맺는 것이지, 어떤 내적이고 실재적인 변화 즉, 그 영혼에 영향을 주어 내적으로 변화된 존재가 되도록 요구하지는 않는다. 한 민족이 단 한 번에 실제로 거룩하게 되고 신성하게 되는 것은 하나님의 일반적인 방식에서 기대할 수 없다. 이는 분명한 사실이다. 그러나 성경에 분명히 나와 있는 대로, 모든 민족들은 (하나님께서 일반적으로 일하시는 방식을 따라야) 이 언약에 들어갈 수 있다. 그들(사도들)이 들어간 민족 전체는 그들의 사역 안에 있고 많은 민족들에서 그들의 사역은 만족할 만한 성과를 얻어왔다.[24]

---

22) Thomas Blake, *Vindiciae Foederise; or A Treatise of the Covenant of God Entered With Man-Kinde, In the several Kindes and Degrees of it*, London, Printed for Abel Roper, 1653, p. 189.

23) Ibid., p. 193.

24) Ibid., p. 194.

이러한 생각의 틀은 유아세례주의자의 언약사상이 어느 정도 그들의 교회를 위한 기초였다는 것을 입증하고, (하나님께서 일반적으로 일하시는 방식으로) 이 언약의 본질과 경륜의 차이가 개혁교회의 민족적 형태를 정당화시켰다는 사실을 증명한다. 블레이크는 마태복음 22장 1-13절의 혼인잔치 이야기를 들면서 은혜언약의 혼합된 본질이라는 자신의 논증을 계속해서 펼쳐나간다. 블레이크는 예복을 입지 않은 사람들은 은혜언약에서 중생하지 못한 자와 동일하다고 믿는다.[25] 그는 히브리서 10장 29절을 인용하여 은혜언약 안에 있는 사람 모두가 반드시 구원받은 사람일 필요가 없다고 증명함으로써 자신의 주장을 지지한다.

여기에서(히브리서 10장 29절) 우리는 은혜언약의 피로 거룩함을 받은 사람들이 하나님의 아들을 짓밟는 것과 그 아들의 피를 거룩하지 않은 것으로 취급하고 흔해빠진 것으로 판단하고 하나님께 완전히 헌신하지 않는 모습을 본다. 이런 자들은 반드시 악한 자들로 인정되어야 하지만, 이러한 자들이 언약 안에 있다는 것과 은혜언약의 피로 거룩하게 되었다는 것을 부인할 수는 없다.[26]

---

25) Ibid., p. 197.

26) Ibid., p. 198. 블레이크는 "중생함을 받지 못한 사람"이 은혜언약으로 맺어져서 거룩해진다는 것이 무슨 뜻인지를 아주 주의를 기울여 설명한다. 이것은 그들이 자신들의 죄로부터 깨끗하게 된다는 것을 언급하는 것이 아니다. 그렇지만, 히브리서 10장 10절과 14절은 같은 동사를 써서 반대되는 것을 언급한다. 우리는 블레이크의 해석이 잘못되었다고 믿는데 그 까닭은 우리는 에기아쎄ἡγιάσθη 동사의 단수형(거룩하게 된다)은 "하나님의 아들을 짓밟는 사람, 언약의 피를 거룩하지 않은 것으로 취급하는 사람"을 언급하는 것이 아니라, 그리스도의 피로 거룩해진 언약을 언급하는 것이기 때문이다. 이 성경구절은 다음과 같이 옮겨질 수도 있다. "하나님의 아들을 짓밟은 사람을, 거룩하게 한 언약의 피를 거룩하지 않은 것으로 취급하는 사람을, 은혜의 성령님을 모욕하는 사람을 얼마나 혹독하게 처벌받아야 하는 사람으로 생각해야 하는가?" 이 성경 말씀은 계속해서 배교자에 관하여 이야기하고 있는 것이지 언약에 포함된 사람들에 대하여 이야기하고 있

블레이크는 또 신약이 중생하지 못한 사람들을 믿는 자들과 성도들과 제자들과 그리스도인이라고 부른다는 것을 증명하려고 애쓰면서, 교회의 혼합된 본질을 변호한다. 예를 들면, 그는 오순절에 3천명이 회심하여 보이는 교회에 속했고 비록 그들 모두 믿음을 고백하였지만, 그들 모두가 중생한 것은 아니었다고 생각한다. 마술사 시몬은 구원받지 못했지만 믿는 자들 중의 한 예시다. 블레이크는 또한 성도들에게 믿는 자로 불린 믿음이 없는 배우자를 예로 든다(고린도전서 7장 14절). 이러한 성경구절들로 인해, 그는 신약에서 사용된 한정어와 명사들이 은혜언약 안에 있는 사람들을 단 하나의 예외도 없이 중생자로 가리키지 않는다는 결론을 내렸다.[27]

그는 그 언약을 중생자에게 제한한 사람들은 언약 그 자체와 언약의 조건을 혼동하고 있다고 설명하면서 다음과 같은 결론을 내린다.

> 은혜언약을 (중생하지 못한 모든 자를 잘라내는 데에까지) 제한하는 것은 언약
> 그 자체와 언약의 조건을 완전히 혼동하게 만든다. (이 표현이 마음에 들지 않
> 는다면)그 언약을 제한하는 것은 언약 자체와 그 언약이 요구하는 의무들을
> 혼동하게 만든다. (다시 말해 이는) 우리가 맺은 언약과 그 언약에서 우리가
> 지켜야 하는 것, 즉 그 언약에 완전히 순종하며 걸어가야 하는 것 사이를 완
> 전히 혼동하게 만든다.[28]

는 것이 아니다. 이 성경말씀은 새 언약이 언약에 포함된 사람들로 인하여 깨질 수 있다는 주장을 지지하지 않는다. 우리는 이 책 제4장에서 새 언약을 다루면서, 이 문제를 다시 살펴볼 것이다.

27) Ibid., p. 206.

28) Ibid., p. 209. 우리는 이미 17세기 장로교주의는 본질적인 성향이 언약적 율법주의covenantal nomism 쪽으로 흐르고 있다는 것을 볼 수 있다. 이 언약적 율법주의는 오늘날 유아세례주의자들 사이에서 중요한 논쟁거리가 되고 있다. 여기가 언약을 지키려는 순종의 마음이 믿음을 대신해서 은혜언약을 조건적으로 만드는 지점이다.

은혜언약에 대한 이러한 이해는 공식적으로 웨스트민스터 신앙고백서 안에 녹아들어있다. 우리는 이 같은 맥락에서 이미 웨스트민스터 신앙고백서를 인용하였지만, 웨스트민스터 요리문답도 이 신학을 정확한 말로 표현했다. 예를 들면, 웨스트민스터 대요리문답 질문 33번에서, 우리는 은혜언약의 기본은 유일한 하나의 언약이 다른 방식으로 실행된 것이라는 사실을 발견한다.

질문. 은혜언약은 항상 하나의 방식, 같은 방식으로 실행되었는가?
답. 은혜언약은 항상 같은 방식을 따라 실행되는 것이 아니라, 구약 아래서
은혜언약의 실행과 신약 아래서 은혜언약의 실행은 달랐다.

이 문답을 기초로 하여, 요리문답 166번에서 은혜언약의 혼합된 본질은 보이는 교회의 개념(외적경륜)을 이끌어 내는 것으로 암시되고, 자녀의 원리는 명백하게 확증된다.

질문. 누구에게 세례가 집례 되어야 하는가?
답. 세례는 그리스도를 믿는 믿음을 고백하고 순종하기 전까지 보이는 교회
밖에 있는 사람에게는 베풀 수 없다. 그러나 부모나 부모 중 한 명이 그리스
도를 믿는 믿음을 고백하고 순종하면 부모의 믿음을 고려하여 그 자녀는 은
혜언약 안에 있고 그 자녀에게는 세례가 베풀어져야 된다.

옛 언약과 새 언약을 구분된 언약으로 생각하지 않고 단순히 같은 언약의 두 경륜들로 생각하는 경우에, 두 언약의 차이들은 양적인 속성으로 제한되

는 것이었다. 그러므로 피터 버클리는 그리스도 이전의 은혜언약과 그리스도 이후의 은혜언약을 단지 정도의 차원에서만 비교하였다.

> 정도의 차이에 은혜언약이 드러나는 옛 방식과 새 방식 사이의 차이가 있다. 이 차이는 원리적으로 네 가지가 있다. 1. 하나가 더 많은 짐을 지우고 다른 하나가 더 가벼운 짐을 지운다. 2. 하나가 더 어둡고 다른 하나가 더 밝다. 3. 하나가 더 약하고, 다른 하나가 더 활발하고 강하다. 4. 시대의 범위에 관련하여, 하나는 유대인의 백성에게 나타났고 다른 하나는 모든 민족에게 나타났다.[29]

은혜언약을 몇 가지 경륜들 아래 한 언약이 있다는 것으로 정의 내리는 것이 옛 언약과 새 언약의 바로 그 본질을 결정했다. 대부분의 유아세례주의 신학자들은 이러한 두 "경륜들" 사이의 차이들을 본질의 차이가 아니라 단지 정도의 차이라고 결론을 내렸다. 튜레틴은 동시대의 유아세례주의 신학자들의 관점을 아주 잘 표현한다.

> 정통파는 구약과 신약 사이의 차이점을 (넓게 생각하여) 단지 우연이지, (어떤 것의 상황과 방식과 정도에 있어서) 본질이 아니라고 주장한다. 다시 말해 이는 구약과 신약의 차이는 각각의 시대마다 동일한 어떤 것의 본질에 관한 것은 아니다.[30]

---

29) Peter Bulkeley, *The Gospel Covenant; or The Covenant of Grace Opened*, p. 105ff.

30) Francis Turretin, *Institutes of Elenctic Theology*, vol. 2, p. 237.

이러한 정도의 차이들은 단지 그리스도 이전과 이후 시대의 관점 아래서 설명되어졌다. 유아세례주의자들은 "율법과 복음의 시대에 드러난"[31] 또 "그리스도께서 오시기 이전과 이후"[32] 은혜언약에 대해서 이야기했다. 유아세례주의자들의 입장에서, 옛 언약과 새 언약 사이의 차이점들은 연대순으로 설명될 수는 있지만 본질과 관련하여서는 설명될 수 없다. 헤르만 위치우스에게서도 동일한 진술이 발견된다.

> 그러나 여전히 당신은 다음과 같이 말할 것이다. '여기에 약속된 것은 새 언약에 의해 얻어지는 것이며 옛 언약은 줄 수 없는 약속이다. 옛 언약은 불완전하기에 새 언약을 대신하지 못한다.' 나는 다음과 같이 대답한다. '사도는 여기에서 그리스도께서 오신 이후에 시행된 은혜언약과 그리스도께서 오시기 전에 시행된 같은 은혜언약을 대조시키지 않는다. 그러나 사도는 신약에서 충분히 효과적으로 시행된 은혜언약과 시내 산에서 이스라엘백성들과 맺은 국가적 언약은 대조시킨다. 다시 말해, 영적인 언약과 모형적 언약을 대조시킨다.[33]

우리는 17세기 유아세례주의자의 언약신학의 특징들을 계속적으로 논증해 나갈 수 있지만, 이들의 언약신학의 독특한 모든 것은 근본적으로 두 경륜들 아래 한 언약이라는 생각의 틀에 속해 있고, 은혜언약의 본질과 경륜 사이의 근본적인 차이점에 있다는 사실을 분명하게 논증해 왔다는 것을 믿

---

31) *The Westminster Confession of Faith*, VII, V.

32) Peter Bulkeley, *The Gospel Covenant; or The Covenant of Grace Opened*, p. 102

33) Herman Witsius, *The Economy of the Covenants*, vol. 2, p. 336.

는다. 우리는 지금부터 은혜언약에 대한 또 다른 이해를 소개할 것이다. 우리가 믿는 바, 은혜언약에 대한 다른 이해는 개혁주의의 사고방식이 발전해 가면서 견고히 세워졌고 교회론에 대변혁을 일으켰다.

3. 침례교주의자가 바라보는 은혜언약: 점진적으로 계시되었고 공식적으로 맺어진 한 언약

3.1 무엇보다도 우선되는 사안은 동일성이다.

침례교주의자는 자신들의 형제인 유아세례주의자들과 동일선상에 있다는 것을 아주 중요하게 생각하였다. 대부분의 침례교주의자는 느헤미야 콕스와 같이 화합하는 것을 좋아한다. 그는 주 예수 그리스도를 사랑하는 형제인 유아세례주의자와의 갈등을 피하려고 자신의 논문을 출판하기 전에 오랜 시간을 주저하였다.[34] 또한 침례교주의자가 제2차 런던 신앙고백서를 발행할 때 끼워 넣은 부록에 대해서 생각해 보도록 하자. 그 부록에는 침례의 문제에 있어서 의견이 나뉘었음에도 수차례나 유아세례주의자와 좋은 관계를 유지하기를 바라는 바람을 표현한다.

> 또한 우리도 기독교의 근본적인 조항들에는 일치한다는 것을 명백히 하려고 부지런히 노력해왔다. 그래서 우리는 우리 이전에 다른 기독교 공동체가 동일한 주제로 말한 내용에 대해서는 그들과 같은 말로 우리의 신앙을 드러

---

34) Cf. Nehemiah Coxe, *A Discourse of the Covenants*, p. 30-31.

낸 것이다. [......]

그리고 우리는 우리의 형제 유아세례주의자들과 침례의 대상과 집례방식, 즉 우리가 필수적으로 지켜야 하는 조항에 따라 결정되는 침례의 대상과 집례방식에 있어서 다르지만, [......] 침례의 대상과 집례방식이 달라서, 우리는 우리의 자신의 속마음이 어떤 식으로든지 주님을 두려워하는 다른 형제들을 사랑하고 대화하기를 멀리하고 꺼려할 것이라는 오해를 받아서는 안 된다.

우리는 우리 형제들과 우리 사이의 논쟁을 직접 언급하면서 이러한 점들을 이야기해왔다. 일반적으로 더 난해하고 장황한 다른 점들이 논쟁거리가 된다. 우리 형제들과의 논쟁에서 보통 소개된, 더 난해하고 장황한 다른 차이들은 우리와 형제들 간의 거리를 더 멀어지게 한 것과는 필연적인 관련이 없다. 그래서 우리가 일부러 다루지 않았다. 우리 형제들과 우리 입장에서 가능한 한 전체적으로 일치와 조화를 추구하는 것이 우리의 의무이고 중요하게 여겨야 하는 일이다(단, 하나님을 향한 우리의 선한 양심을 잘 간직하면서 일치와 조화를 추구해야 한다).[35]

유아세례주의자의 은혜언약의 형태를 거부한다고 하여, 침례교주의자는 소시니안과 같은 취급을 받는 것을 원치 않았다. 소시니안은 은혜언약 그 자체와 개혁신학 전체를 거부해왔다. 침례교주의자는 소시니안과 거리를 두

---

35) The appendix to the Confession of 1689 is published in Fred Malone's, *The baptism of Disciples Alone*, Cape Coral, Founders Press, 2003, p. 253ff. 여기에 인용된 말은 이 책 253, 254 그리고 263쪽에서 가져왔다.

고 개혁주의 정통과 같은 입장을 취했다. 침례교주의자는 은혜언약의 동일성을 확증함으로써, 유아세례주의자와 동일한 입장임을 유지하였다. 침례교 신학은 성경에는 유일한 하나의 은혜언약이 존재한다는 것과 이 은혜언약이 구원받은 모든 사람을 한 백성으로 불러 모은다는 개념에 찬성하였다. 1689 신앙고백서에는 이 교리를 명확하게 가르친다.

우선, "더욱이 사람은 타락으로 인해 스스로 그 법의 저주 아래로 들어갔기 때문에 하나님께서는 은혜언약 맺으시기를 기뻐하셨다. 하나님께서 은혜언약 안에서 예수 그리스도가 획득한 생명과 구원을 죄인들에게 값없이 주시고" 제7장 하나님의 언약에 관하여 2항에서 침례교주의자는 타락 후 그 즉시 은혜언약이 시작되었고, 심지어 구약 아래서도 은혜언약의 본질은 예수 그리스도를 믿는 믿음을 통한 구원이었다고 생각하였다. 3항에서 침례교주의자는 복음이 아담과 함께 시작되었다는 사실에 단 하나의 의심도 남겨두지 않는다. "이 언약은 복음으로 계시되었다. 이 언약은 가장 먼저 아담에게 여자의 후손으로 말미암는 구원의 약속으로 주셨다. 그 후 신약 안에서 그 언약이 완전히 드러나 성취되기 전까지 점진적으로 드러났다." 제11장 칭의에 관하여 6항에서, 침례교주의자는 분명하게 소시니안 신학을 반박한다. "구약 성도들의 칭의는 모든 면에서 신약 성도들의 칭의와 하나이며 동일하다." 은혜언약의 본질은 예수 그리스도를 믿는 믿음을 통한 구원이기 때문에 믿음으로 의롭게 된다는 개념이 동일하게 신구약 안에 있다고 말함으로써, 침례교주의자는 각각의 두 성경 안에 있는 은혜언약의 동일성을 완벽히 확증하였다. 그런 다음 1689 신앙고백서 제21장 그리스도인의 자유와 양심의 자유에 관하여서 1항에서 침례교주의자는 신구약 안에 있는 구원의 본질이 동일하다고 주장하였다. "율법 아래 있던 성도들에게도 본질은 동일했다..."

1689 신앙고백서가 출판되기 30년 전에 헨리 로렌스는 침례를 주제로 한 자신의 논문에서 신구약 아래서 은혜언약의 동일함을 확증하였다.

나는 일반적인 가치에 속하는 것들과 생명의 규칙은 그때나 지금이나 동일하다고 고백한다. 그리고 그리스도께서 지금도 택자의 구원이시고 전에도 구원이셨다는 동일함, 즉 이렇게 공통되는 본질에 속하는 것들은 한 성경에서 다른 성경에 이르기까지 드러나고 추론된다.[36]

에드워드 허친슨은 자신의 입장에서 존 오웬을 광범위하게 인용하여 신구약 안에 있는 교회의 동일성과 연속성을 증명하였다. 교회는 은혜언약에 속한 백성이기 때문에 그리고 성경 전체에 오직 하나님의 한 백성만이 있기 때문에, 필연적으로 그리스도께서 오시기 전과 후 오직 한 은혜언약만 있어서 이 같은 언약 아래로 이 백성을 모았다.

메시아가 오셨던 바로 그 때, 사라진 교회도 없었고 대신 세워진 다른 교회도 없었다. 그러나 그 교회는 믿음을 따르는 아브라함의 자녀들 안에서 계속 동일하게 있었다. 그리스도인의 교회는 다른 교회가 아니라 그리스도께서 오시기 이전에 있었던 교회와 같은 교회이다. 신약의 교회는 그리스도께서 오시기 이전의 교회와 같은 믿음을 가지고 있고 같은 언약을 맺은 교회이다.[37]

---

36) Henry Lawrence, *Of Baptism*, London, Printed by F. Macock, 1659 (1646), p. 83

37) Quoted by Edward Hutchinson, *A Treatise Concerning the Covenant and Baptism*, p. 83

허친슨은 오웬의 말을 인용하여 신자침례주의자가 은혜언약의 동일성에 관하여 유아세례주의자와 같은 생각을 하고 있다는 사실을 증명하였다. 침례교주의자는 처음부터 이러한 생각을 가지고 있었다. 칼빈주의 침례교회의 첫 번째 목사였고 가장 오래된 침례교 언약신학의 논문을 출판한 존 스필스버리는 다음과 같이 확증하였다. "하나님의 택자, 믿음으로 불러주셨다는 것, 마치 포도나무에 그 가지가 붙어 있는 것 같이 성령님으로 인하여 그리스도와 연합된 것과 관련해서, 구약 아래 있는 하나님의 교회와 신약 아래 있는 지금의 교회는 본질상 하나이다."[38]

비록 침례교주의자들은 은혜언약의 동일성을 믿고 마치 자신들이 교섭하는 사람들과 같이 유아세례주의자들과 일치성을 유지하려고 원하지만, 침례교주의자들은 두 *경륜 아래 한 은혜언약의* 형태는 거절하였다.

3.2. 장로교주의 형태의 거절

침례교주의자는 창세기부터 요한계시록까지 은혜언약의 본질의 동일성을 보았지만, 그들은 옛 언약과 새 언약 사이에 본질의 동일성이 있다고 생각하지 않았다. 그러므로 그들은 두 언약이 하나의 언약의 두 경륜이라는 개념을 받아들이지 않았다. 느헤미야 콕스는 이러한 기본적인 침례교의 강한 주장을 잘 표현한다. "[......] 옛 언약과 새 언약은 그 본질에 있어 다르다. 경륜의 방식만이 다른 것이 아니다."[39] 결과적으로 그들은 두 경륜 아래 하나의 은혜언약이라는 신학을 지지하지 않았다.[40] 이 형태(두 경륜 아래 한 은혜언약)

---

38) John Spilsbury, *A Treatise Concerning the Lawfull Subject of Baptisme*, London, by me J.S., 1643, p. 20

39) Nehemiah Coxe, *A Discourse of the Covenants*, p. 30

40) 일반침례교회의 시초였던 존 스미스John Smyth가 두 경륜 아래 한 은혜언약을 지지했다는 사실을 살

을 거절하거나 받아들이는 것은 언약신학의 다른 모든 부분에 심각한 영향을 미쳤다. 존 오웬은 다음과 같이 기록한다.

"여기에서 결코 사소하지 않은 하나의 차이가 드러난다. 즉, 이것들 [옛 언약과 새 언약]은 그들의 정수와 본질에 있어서 전혀 다른 두 언약이거나, 같은 언약이 가지는 경륜의 다른 방식들이다."[41]

옛 언약과 새 언약의 본질과 기능의 이해는 전적으로 이 문제에 달려있었다. 신앙고백서들을 비교하면, 침례교주의자들은 유아세례주의자가 취하는 은혜언약의 형태를 철저히 거절하였다는 것이 명백해 진다.

신앙고백서들 간의 병행되는 이 부분이 가장 불일치하게 보이는 항이다. 침례교주의자가 자신들의 신앙고백서를 쓸 때 가능하면 웨스트민스터 신앙고백서를 모든 면에서 따르려 하였다는 것을 안다면, 은혜언약의 체계의 독창성은 굉장히 중요한 의미를 갖는다. 1689 신앙고백서의 저자들이 다른 두 신앙고백서에서 명백하게 발견되는 "두 경륜 아래 한 은혜언약" 형태를 생각

펴보는 것은 흥미롭다. 이 사실은 일반침례교회와 특수침례교회가 같은 이유로, 같은 신학적 근거 위에 신자침례에 이른 것이 아니었다는 것을 가리킨다. 스미스는 다음과 같이 기록한다. "은혜언약 사이에 차이가 있다는 것을 항상 기억하라. 은혜언약을 집행하는 방식이 두 가지라는 사실도 항상 기억하라. 그리스도께서 죽기 전에 은혜언약이 집행된 행태를 옛 언약이라고 부르고, 그리스도께서 죽으신 이후부터 은혜언약이 집행되는 형태를 하늘왕국, 또는 새 언약이라고 부른다." *Principles and Inferences concerning the Visible Church*, 1607; quoted in : Paul S. Fiddes, *Tracks and Traces, Baptist Identity in Church and Theology*, Eugene, OR, Wipf & Stock, 2003, p. 26. 하지만 칼빈주의 침례교 학자들이 가끔 "은혜언약의 경륜"에 대해 말했다. 그러나 칼빈주의 침례교 학자들이 뜻하는 것은 유아세례주의자들의 신학과 단어의 정의에 있어서 달랐다. 그리고 우리는 반드시 몇몇 특수침례교주의자만이 한 언약, 두 경륜의 형태에 관한 신자침례주의 형태를 가졌다는 것을 인정해야 한다.

41) John Owen, *An Exposition of Hebrews* 8:6-13, p. 179.

1689 (7장 3항)	사보이 (7장 5항)	웨스트민스터 (7장 5-6항)
이 언약은 복음으로 계시되었다. 가장 먼저 아담에게 여자의 후손으로 말미암는 구원의 약속으로 주셨다. 그후 신약성경 안에서 그 언약이 완전히 드러나 성취되기 전까지 점진적으로 드러났다. 그리고 이 언약은 택자들의 구속에 대한 성부와 성자 사이의 영원한 언약적 합의에 기초한 것이다. 타락한 아담의 구원받은 모든 자손들이 생명, 복된 영생을 얻는 것은 오직 이 언약의 은혜로 인한 것이다. 이제 아담이 무죄상태에 서 있었던 조건으로는 인간이 하나님께 받아들여지는 것에 있어서 전적으로 무능력하다.	이 언약이 율법의 시대에 그리고 그리스도께서 육신을 입고 오실 때까지 규례와 기관들로 여러 다른 방식으로 집행되었다. 그렇지만 이 언약의 본질과 효력에 있어서, 모든 영적이고 구원하는 목적에 있어서 이 언약은 하나이고 동일하다. 각 여러 시대에 이 언약은 신구약이라고 불린다.	이 언약은 율법 시대와 복음 시대에 서로 다르게 집행되었다. 율법 시대에는 이것이 약속, 예언, 제사, 할례, 유월절 양, 또 유대 백성에게 주어진 다른 예표와 규례에 의하여 집행되었다. 이 모든 것은 오실 그리스도를 예시 한 것으로 그 당시에는 성령의 역사로 말미암아 약속된 메시야 신앙으로써 선민을 가르치고 양육하기에 충분하고 유효하였다 이 메시야에 의해 그들은 온전한 사죄와 영원한 구원을 얻었었다. 이것을 가리켜 구약이라 한다.

복음 시대에 있어서 실체이신 그리스도께서 나타나시매 이 언약을 시행하는 규례들은 말씀의 전파와 세례와 주의 만찬의 성례 집행으로 대치됐다. 그래서 비록 규례의 수가 적고 보다 더 단순하며 외면적 영광이 적게 보여도 이 언약은 유대인과 헬라인을 포함한 모든 민족들에게, 보다 더 충분히, 명확히 나타나며 영적 효과를 가지고 온다. 이것을 신약이라 부른다. 그러므로 실체가 다른 두 개의 은혜언약이 있는 것이 아니라, 단 하나의 동일한 은혜언약이 다양한 경륜 아래 있는 것뿐이다. |

나게 하는 모든 체계를 완벽하게 피하였다는 것은 분명하다. 1689 신앙고백서에 없는 내용은 반드시 이 체계에서 벗어나 있는 신학을 거절하는 것으로 해석되어야지, 생략이나 독창적인 것을 해보려는 시도로 해석되어서는 절대 안 된다. 유아세례주의자의 은혜언약의 형태에 관한 침례교주의자의 의견은 아주 정확하게 존 오웬과 일치한다. 그는 다음과 같이 말한다. "[......] 우리는 성경이 분명하게 신구약 혹은 두 개의 언약을 말하고 이러한 방식들로 그 둘 사이를 구별한다고 생각한다. 그렇기에 지금까지 언급한 모든 것은 결코 동일한 언약의 두 경륜으로 맞춰질 수가 없다."[42]

3.3. 침례교주의 형태에 대한 진술

우리는 17세기 침례교 언약사상이 아닌 것이 무엇인지를 살펴보아왔다. 지금부터 침례교 언약사상이 무엇인지 살펴보겠다.

3.3.1. 점진적으로 계시된 은혜언약

침례교주의자가 두 경륜 아래 있는 단 하나의 은혜언약의 개념을 거절하는 것은 사실상 이 개념의 절반만 거절하고 있었던 것이다. 우리가 지금까지 보아왔던 것처럼 침례교주의자는 신구약에 동일하고 유일한 은혜언약이 있다는 개념은 받아들였지만, 두 경륜의 개념은 거절하였다. 침례교의 입장에서, 새 언약에서 그 은혜언약이 완전하게 계시되고 맺어질 때까지, 타락에서부터 점진적인 방식으로 계시된 오직 하나인 은혜언약만이 있었다. 이 형태는 1689 신앙고백서 제7장 3항에 분명하게 드러났다. "이 언약은 복음으로

---

42) John Owen, *An Exposition of Hebrews* 8:6-13, p. 186.

계시되었다. 이 언약은 가장 먼저 아담에게 여자의 후손으로 말미암는 구원의 약속으로 주어졌다. 그 후 신약성경 안에서 그 언약이 완전히 드러나 성취되기 전까지 점진적으로 드러났다."

첫 인상은, 유아세례주의자들도 은혜언약의 점진적 계시를 인정하고 있기 때문에 이 정의는 근본적으로 유아세례주의자들의 것과 다를 것이 없다고 보여진다. 그렇지만 역사적인 상황에서 침례교 신학을 공부해보면, 은혜언약에 대한 이 정의는 유아세례주의자들의 이해와 세부적이고 근본적인 면에서 아주 다르다는 것을 뜻하였다.

첫 번째 독특함은 *경륜과 계시* 사이의 차이에 있다. 침례교주의자는 새 언약이 시작되기 전에는 은혜언약이 공식적으로 주어진 것이 아니라 단지 알려만 졌고 약속(계시)만 되었다고 믿었다. 이 차이가 1689 신앙고백서 언약 사상의 근간이다. 느헤미야 콕스는 1689 신앙고백서의 편집자로 계시와 경륜의 차이점을 단호히 주장한다.

> 비록 은혜언약이 아담에게까지 계시되었지만, 그럼에도 우리는 공식적으로 그리고 명확하게 아담과 맺은 은혜언약이 그 어디에도 없다는 사실도 반드시 알아야 한다. 어떤 식으로든 공식적인 인물로, 대표자의 자격으로 아담과 맺은 언약은 은혜언약이 아님은 더 말할 것도 없다. 그러나 아담이 이 방식으로 계시된 하나님의 은혜를 오직 자신의 믿음으로만 자신을 위해 유익을 얻은 것처럼, 구원받은 그의 후손들의 유익도 반드시 그렇게 되어야 한다.[43]

---

43) Nehemiah Coxe, *A Discourse of the Covenants*, p. 57. 존 볼은 약속된 은혜언약과 이후에 맺어진 은혜언약의 다른 단계들에 대해서 말했지만, 그는 침례교주의자들과 같은 동일한 신학적 결론을 이 미묘한 차이에 적용시키지 못했다.

콕스의 입장에서는, 하나님께서 은혜언약을 아담에게 계시하실 때 은혜언약은 맺어지지 않았다. 이러한 특별한 설명은 침례교 언약신학에서 높이 평가받아야 할 만하고 결정적인 역할을 한다. 존 오웬은 새 언약이 제정되기 전의 은혜언약을 공식적인 언약으로 생각할 수 없고, 약속의 단계로 제한해야 하는 이유를 설명한다.

언약에 속한 유일한 희생의 피로 엄중히 은혜언약을 확증하고 은혜언약을 맺는 절차가 없었다. 우리 사도가 히브리서 9장15-23절에서 증명한 것과 같이 은혜언약이 그리스도의 죽음으로 이루어지기 전에, 은혜언약은 언약, 유언의 공식적인 본질을 갖지 못했다. 뿐만 아니라 히브리서 9장에서 사도가 보여준 것 같이, 희생의 피로 비준되지도 않았다면, 시내 산에서 주어진 법은 언약이 아니었을 것이다. 공식적이고 엄중한 언약 이전의 약속은 바로 이 목적에 일치하지 않았다.[44]

침례교 언약사상의 바로 이 두 번째 요소가 새 언약 안에서 은혜언약이 완전히 계시되었다는 사실에 더해질 때, 은혜언약의 계시와 경륜 사이의 차이가 은혜언약의 모든 뜻을 드러낸다. 만약 웨스트민스터 언약사상을 "두 경륜 아래 한 언약"이라고 요약할 수 있다면, 1689 신앙고백서 언약사상은 "점진적으로 계시되고 새 언약 아래서 공식적으로 맺어진 한 언약" 이라고 요약할 수 있다.

---

44) John Owen, *An Exposition of Hebrews* 8:6-13, p. 185.

3.3.2. 새 언약 아래서 완전히 계시된 은혜언약

침례교주의자는 새 언약 이전의 그 어떤 언약도 은혜언약이 아니라고 생각했다. 새 언약이 출발하기 이전에 은혜언약은 약속 단계에 있었다. 벤자민 키치에 따르면, 에베소서 2장 12절에서 발견할 수 있는 "약속의 언약들"이라는 표현은 은혜언약을 다시 언급한 것이다.[45] 우리가 은혜언약을 약속으로 말하는 것은 약속이 아직 완성된 것이 아니었고 유언이나 언약의 형태로 있지 않았다는 것을 암시한다. 침례교주의자는 새 언약이 약속의 성취, 다른 말로 은혜언약의 성취라고 생각했다. 이 교리는 1689 신앙고백서에서 다음과 같은 방식으로 표현되었다. "이 언약은 복음으로 계시되었다. 이 언약은 가장 먼저 아담에게 여자의 후손으로 말미암는 구원의 약속으로 주셨다. 그 후 신약성경 안에서 그 언약이 완전히 드러나 성취되기 전까지 점진적으로 드러났다" 새 언약은 은혜언약이 완성된 것이기 때문에, 신약은 은혜언약의 완전한 계시를 가져온다. 침례교주의자는 새 언약, 오직 새 언약만이 은혜언약이라고 여겼다.[46]

만약 새 언약이 예수 그리스도 이전에는 없었고, 은혜언약이 메시야가 오

---

45) Benjamin Keach, *The Dispaly of Glorious Grace*, p. 182.

46) 우리는 침례교 신학 안에서 은혜언약과 새 언약이 동등한 가치를 가진다는 것을 발견한다. 그리고 1644 제1차 런던 신앙고백서 제10장에 다음과 같이 기록되어 있다. "예수 그리스도께서는 새 언약과 영원한 은혜언약의 중보자가 되신다." "*새 언약과 영원한 은혜언약*"이라는 표현은 은혜언약과 새 언약 둘 다를 포함한다. 그래서 은혜언약과 새 언약 사이는 구분되나, 분리되지 않는다. 또한 존 번연은 "은혜언약"과 "새 언약"이라는 표현을 서로 혼용해서 쓴다. 참고: "The Doctrine of the Law and Grace Unfolded," *The Works of John Bunyan*, Carlisle, Banner of Truth Trust, 1991, volume 1, p. 540ff. 또 우리는 유아세례주의자들도 은혜언약과 새 언약에 동일한 가치를 둔다는 사실에 주목해야 한다. 예를 들어, 웨스트민스터 신앙고백서 제7장 4항 "이 은혜언약은 예수 그리스도의 죽음과 관련하여 유언이라는 말로 성경에 많이 나온다[......]" 그렇지만 유아세례주의자 신학의 다른 부분에서는 새 언약이 은혜언약의 본질, 그 자체가 아니라 새 언약을 은혜언약의 경륜이라는 것을 논증한다.

시기 전에 존재했었다면, 이것은 이 두 언약의 차이를 의미하는 것은 아닌가? 예수 그리스도 이전에 새 언약은 언약으로 존재해 있지 않았다. 그렇지만 새 언약은 약속으로 존재해 있었다(예레미야 31장 31절). 아담과 그 다음 아브라함에게 계시된 은혜언약은 약속된 새 언약이었다. 그러므로 예수 그리스도 이전에 새 언약은 공식적인 언약으로 존재하지 않았고 은혜언약도 공식적인 언약으로 존재하지 않았다. 존 스필즈버리는 이 개념을 확증하였다. "이것은 약속이라고 불리지 언약이라고 불리지 않았다. 그리고 우리는 모든 약속이 언약은 아니라는 것을 안다. 약속과 언약 사이에는 큰 차이가 있다.[47] 스필즈버리는 하나님께서 아브라함에게 계시하신 은혜언약에 대해 이야기하면서, 그는 여기에서 그것을 여전히 공식적인 언약이 아니고 약속으로 선포하다.

이 구분(계시된/맺어진)은 구약의 은혜언약과 신약의 은혜언약 간의 차이를 요약하였다. 구약 안에서 은혜언약은 계시되었고, 신약 안에서 이 언약은 맺어졌다(1689 신앙고백서의 표현을 따르면 "완전히 계시된"이다). 존 오웬은 히브리서 8장 6절을 주석할 때 정확하게 같은 이해에 이른다. 히브리서 8장 6절 말씀이다. "그러나 이제 그는 더 아름다운 직분을 얻으셨으니 그는 더 좋은 약속으로 세우신 더 좋은 언약의 중보자시라" 오웬은 동사 노모세테오 νομοθετέω(세우다)에 초점을 맞춰서 예수 그리스도가 오시기 전과 후의 은혜언약의 차이점을 설명한다.

> 이 단어 네노모세테타이 νενομοθετηται의 뜻은 다음과 같다. [......] "율법 즉, 법령의 정해진 상태로 제한했다." 규례와 율법과 명령 대신에 언약 안에서

---

47) John Spilsbury, *A Treatise Concerning the Lawfull Subject of Baptisme*, p. 26.

요구하는 모든 순종, 언약으로 인해 정해진 모든 경배, 언약 안에 드러난 모든 특권, 이것들과 함께 실행된 은혜 이 모두는 교회에게 주어졌다. (언약이) 세워지기 전에 그것은 약속으로 숨겨져 있었고 여러 모양을 하고 있어 흐릿했는데 [...] ...이젠 빛으로 나왔다. 보이지 않는 방식으로, 약속의 모양으로, 모형과 그림자 아래서 언약의 효력을 발휘해온 언약이 바로 그리스도의 죽음과 부활하심으로 공식적으로 확인되고 승인되고 비준되었다. *이전의 언약은 약속의 비준, 맹세를 가졌다. 이제 언약은 언약의 비준, 피*blood*를 가진다.* 이전에는 보이지 않았고, 외적인 예배도 없었고, 언약에 일치하거나 독특한 것도 없었던 언약이 이제는 모든 교회에 해당하는 예배의 유일한 규칙과 외적 요인이 되었다. 언약에 속해 있고 언약에 의해 정해진 것이 아닌 것은 그 어떤 것도 허용되지 않는다. 그 사도는 히브리서 8장 6절의 단어 네노모세테타이*νενομοθετηται*를 언약이 "법적으로 세워졌다"라는 의도를 가지고 말한 것이다. 이 말씀에 근거해서 보면, 다른 언약(옛 언약)은 취소되었고 제거되었다. 그리고 그 언약(옛 언약) 그 자체뿐만 아니라, 그 언약에 따라 집행된 신성한 제사의 모든 체계도 취소되고 제거되었다. [...] 새 언약이 단지 약속의 모양으로만 주어졌을 때, 새 언약은 새 언약에는 속하지 않은 노예의 멍에를 지고 있는 제사의 형태, 의식들과 예식들과 함께 존재했다. 새 언약이 언약으로 맺어졌을 때, 노예의 짐과 같은 그 제사의 형태와, 의식들과 예식들은 새 언약과 함께 있지 못했다. 교회의 모든 예배는 새 언약으로부터 흘러나와야 하고, 새 언약과 일치해야만 한다.[48]

---

48) John Owen, *An Exposition of Hebrews* 8:6-13, p. 173-4. Italics added.

새 언약이 세워지기 전에(νενομοθετηται), 은혜언약은 구체적인 체계나 제례 또는 의식이 없었다. 은혜언약은 언약이 아니라 일시적인 모형과 그림자 아래 흐릿하게 드러난 약속일뿐이었다. "이것들은 장래 일의 그림자이나 몸은 그리스도의 것이니라"(골로새서 2장 17절). 그리스도 이전에 은혜언약은 선포되었다. 그리스도 이후에 은혜언약은 세워졌다(νενομοθετηται).[49]

오웬은 위 사실에 덧붙여 여기에 공식적인 언약인 은혜언약이 오직 새 언약 안에만 있다고 말한다. 은혜언약은 이러한 특별한 의미 안에서 아담이나 아브라함에게 주어지지 않았다.

> "지금까지 생각해 온 것 같이, 아담과 아브라함에게 주어진 은혜의 약속을 이 언약으로 이해해서는 절대로 안 된다. 또 은혜의 약속이 은혜언약의 본질과 내용은 포함하고 있었고 즉, 그 은혜는 약속의 형태로 드러나 있었지만 언약으로 은혜언약의 온전한 형태는 아니었다."[50]

하나님께서 아브라함과 은혜언약을 맺지 않으신 것 같이, 아담과도 은혜언약을 맺지 않으셨다. 하나님께서는 은혜언약의 본질을 그들에게 계시하셨지만, 오직 예수 그리스도를 통해서, 그분의 희생 안에서만 맺으셨다. 느헤미야 콕스는 동일한 내용을 다음과 같이 확실히 말한다. "[...] 하나님의 지혜로운 계획안에서 이것들은 은혜언약의 충분한 계시, 은혜언약의 위대한

---

49) 제프리 존슨은 장로교 언약사상의 잘못된 논리를 철저히 살펴본 이후에, 같은 결론이 이르렀다. "그리스도께서 죽으시기 이전에 은혜언약은 약속된 것이었다. 그리스도께서 죽으신 이후에 은혜언약이 세워졌다." *The Fatal Flaw of the Theology Behind Infant Baptism*, p. 247

50) John Owen, *An Exposition of Hebrews* 8:6-13, p. 239.

약속들의 실제 성취, 은혜언약에 적합한 의식들로 가득 채워지는 것이 육적으로 이스라엘과 맺은 언약의 뒤에 오도록 정해졌다."[51] 이러한 이해는 17세기 대부분의 유아세례주의자의 이해와 근본적으로 다르다.

17세기 후반의 대표적인 침례교 신학자들 중 한 명인 벤자민 키치는 (오웬과 동일한 관점으로) 은혜언약을 바라보면서 은혜언약을 4단계로 순차적으로 설명한다. 1. 은혜언약은 첫 번째로 영원에서 선포되었다. 2. 은혜언약은 두 번째로 아담과 하와의 타락 이후 사람에게 계시되었다. 3. 은혜언약은 죽으시고 부활하신 그리스도로 인하여 시행되었고 비준되었다. 4. 그들이 믿음을 통해 그리스도에게 참여할 때, 은혜언약은 언약의 참여자들에게 효과적이다.[52] *구원의 서정*이 가지는 독특성은 은혜언약의 계시와 은혜언약의 실행 사이의 차이이다. 그리스도께서 오시기 이전에 구원받은 사람들은 맹세 때문에 구원을 받은 것이었다. 그리스도께서 오신 이후에 구원받은 사람들은 언약 때문에 구원 받은 것이었다. 히브리서가 옛 언약의 신자들의 믿음을 하나님께서 아브라함에게 하신 맹세 위에 둘 때(히브리서 6장 17-18절), 히브리서는 이것을 구분한 것이다. 그렇지만 새 언약에 속한 성도의 확신은 그리스도께서 성취하신 사역의 증거 위에(히브리서 7장-9장) 놓여있다. 또한 우리는 로마서 3장에서 설명하는 의로움과 하나님의 심판의 관계 안에서 이 차이를 발견한다.

---

51) Nehemiah Coxe, *A Discourse of the Covenants*, p. 91.

52) Benjamin Keach, *The Everlasting Covenant*, London, Printed for H. Barnard, 1693, p. 17. 구속의 영원한 언약, 은혜언약과 새 언약이 일치하다는 것에 주목하는 것은 흥미롭다. 우리는 1689 신앙고백서 제7장 3항에서 은혜언약과 새 언약이 같다는 것을 발견한다.

이 예수를 하나님이 그의 피로써 믿음으로 말미암는 화목제물로 세우셨으니 이는 하나님께서 길이 참으시는 중에 전에 지은 죄를 간과하심으로 자기의 의로우심을 나타내려 하심이니 26곧 이 때에 자기의 의로우심을 나타내사 자기도 의로우시며 또한 예수 믿는 자를 의롭다 하려 하심이라(로마서 3장 25-26절)

하나님께서 오래 참으신 시간은 사람의 타락한 이후부터 자신의 아들의 죽으심까지이다. 이 기간은 은혜언약이 그리스도의 보혈로 공식적으로 맺어지지 않았던 시기이다. 하나님께서 세상을 창조하신 이래로 불경건한 자를 심판하심으로 자신의 의를 드러내셨지만 이 언약을 세우심으로, 마침내 의로우심을 드러내셨다.

갈라디아서 3장 17-18절은 은혜언약이 처음에는 공식적인 언약의 형태가 아니라 약속의 형태로 드러났다는 사실을 분명히 지적하는 또 다른 성경 말씀이다.[53]

3.3.3. 은혜언약과 옛 언약

은혜언약에 대한 침례교주의자의 이해는 옛 언약에 대한 인식을 완전히 바꿔 놓았다. 유아세례주의자는 이미 언급한 것처럼 옛 언약을 은혜언약의 공식적인 경륜으로 보았다. 그러나 새 언약 이전에 은혜언약의 어떠한 공식

---

53) 그럼에도 불구하고, 이 성경구절은 법적인 용어를 써서 하나님과 아브라함 사이의 맺은 언약을 가리킨다 (διαθήκην προκεκυρωμένην ὑπὸ τοῦ θεοῦ). 그렇지만, 바울은 두 번 이 계약과 약속으로의 유산을 가리킨다. 이것은 아브라함 언약 안에 은혜언약이 계시되었다는 것을 가리킨다. 처음부터 줄곧 아브라함 언약은 은혜언약과 구분된다. 아브라함 언약은 은혜언약을 계시했다. 그러나 아브라함 언약은 그 형식에 있어서 은혜언약이 아니다.

적인 체결도 없었다는 것이 확증되는 그 순간, 단 한 사람도 더 이상 옛 언약을 은혜언약의 경륜으로 볼 수 없다. 침례교주의자가 옛 언약을 은혜언약으로 이해하지 않았다면, 그들은 옛 언약을 어떤 식으로 바라보았을까? 우리는 옛 언약을 집중해서 다루는 이장에서 이 문제의 더 정확한 답을 얻을 수 있을 것이다. 우선, 우리는 침례교주의자가 옛 언약을 은혜언약과 근본적으로 다른 언약으로 그리고 새 언약과 반대로 구원을 주지 못하는 언약으로 여긴다는 사실을 당연히 강조할 것이다. 이 부분에서, 오웬의 생각과 침례교주의자의 생각이 또 다시 일치한다.

> 만약 그리스도로 인한 화목과 구원이 옛 언약 아래서 뿐만 아니라 옛 언약의 효력으로도 얻을 수 있다면, 옛 언약은 바로 본질에 있어서 반드시 새 언약과 같아야 한다. 그러나 이것은 그렇지 않다. 우리 사도가 광범위하게 논하였던 것 같이[......], 하나님과 화목하게 되는 것과 구원은 옛 언약의 효력 혹은 옛 언약의 경륜으로 결코 얻을 수 없다.

> 그러므로 이러한 차이와 반대 안에서, 나는 어떤 의미에서 은혜언약을 "새 언약"으로 부를 수 있다는 것을 보여줘 왔듯이, 은혜언약의 경륜이 아니라 구별된 언약이라는 사실을 명백히 밝히기 위해서 첫 번째 언약의 본질과 관련한 다양한 것들을 제안할 것이다.[54]

토마스 페이션트는 같은 확신을 다음과 같이 표현한다. "나는 다음 장에

---

54) John Owen, *An Exposition of Hebrews* 8:6-13, p. 187, 188

서 할례언약^{Covenant of Circumcision}이 영원한 생명을 주는 언약이 아니라는 것을 증명할 것이다."[55] 이 이해에 따르면, 옛 언약의 효력으로는 그 어떤 사람도 구원받을 수 없는데 그것은 옛 언약의 본질이 은혜언약이 아니기 때문이다.

우리는 이미 (한 언약이 점진적으로 계시되었고 공식적으로 새 언약 아래서 맺어졌다는) 은혜언약에 대한 침례교주의자의 견해가 히브리서 8장 6절을 해석하는 것으로 설명된 것을 살펴보았다. 새 언약 이전에, 은혜언약은 단지 계시된 것이었다. 새 언약이 시작되었을 때, 은혜언약은 세워졌다($\nu\epsilon\nu o\mu o\theta\acute{\epsilon}\tau\eta\tau\alpha\iota$). 성경에서 이 동사는 단지 두 번 사용된다. 한번은 옛 언약(히브리서 7장 11절)을 선포하면서 사용되었고 두 번째는 새 언약(히브리서 8장 6절)을 선포할 때와 관련된다. 이 두 언약은 완전히 다른 두 근거 위에 세워졌다($\nu\epsilon\nu o\mu o\theta\acute{\epsilon}\tau\eta\tau\alpha\iota$). 첫 번째 언약은 숫양과 송아지의 피와 관련된 레위 지파의 제사장 직분에 근거하여 세워진($\nu\epsilon\nu o\mu o\theta\acute{\epsilon}\tau\eta\tau\alpha\iota$) (히브리서 9장 18-19절) 반면, 두 번째 언약은 멜기세덱의 반차를 따르고 그리스도의 그 피로(히브리서 9장 12절) 영원한 제사장 위에 근거하여 세워졌다. 이렇게 다른 근거 위에서 맺어진 두 언약들이 같은 본질을 가질 수 있는가? 만약 옛 언약과 새 언약이 다른 약속 위에 세워졌다면(히브리서 9장 12절), 어떻게 이 두 언약이 같은 본질을 가질 수 있는가? 옛 언약은 단지 앞으로 다가올 언약의 그림자였고 예표적인 언약이고 일시적이고 땅에 속한 언약인 반면, 실체는 예수 그리스도 안에 있는 새 언약에서 발견된다는 사실을 입증하는 것이 히브리서 저자의 목적이 아닌가? 적어도, 이것이 침례교목사 에드워드 허친슨이 히브리서 말씀을 이해한 방식이다. "옛 집 즉 유대교회는 영원히 머물 곳으로 의도된 것이 아니라 단지 개혁의 시대

---

55) Thomas Patient, *The Doctrine of Baptism, And the Distinction of The Covenants*, London, Printed by Henry Hills, 1654. 이 확신은 쪽 번호가 매겨져 있지 않은 9장 첫 부분에 있다.

까지 계획된 것이었기에, 율법과 제사장직 그리고 특권들과 명령들 그리고 자손은 마땅히 변하도록 의도된 것이다. 그렇다. 이 언약(옛 언약)도 변하도록 계획된 것이다."[56] 느헤미야 콕스는 은혜언약과 옛 언약의 관계를 다음과 같이 요약한다. "그러나 옛 언약과 은혜언약은 관계가 있어야만 하지만 그럼에도 불구하고, 옛 언약과 은혜언약이 구분된다는 사실이 진리다."[57]

침례교주의자는 구약성도의 구원이 신약성도의 구원과 다를 수 있다는 소시니안의 경향을 가진 신학을 지지하지 않았다. 행위를 통한 구원이 있었고 믿음을 통한 다른 구원이 있는 것처럼 말이다. 침례교주의자는 이런 주장들을 하지 않도록 항상 주의하였다. 침례교주의자들은 옛 언약이 은혜를 통하여 구원을 준다는 개념을 비난했던 반면, 옛 언약 아래서 구원받은 모든 사람은 예수 그리스도 안에서 구원하는 은혜로 인해 구원을 받았다고 진술했다. 이 교리는 1689 신앙고백서 안에 분명히 드러난다.

비록 그리스도께서 성육신 하신 후 그 효력, 효과, 유익이 세상 시작부터 계속된 모든 시대의 택자들에게 나눠지기 전까지, 구속의 값이 그리스도로 인해 실제로 치러지지 않았다. 그리스도께서는 이러한 약속들, 모양들, 희생 제물들의 모양과 이러한 것들로 성육신하시기 전까지 계시되셨고 뱀의 머리를 짓밟으실 바로 그 씨로 드러나셨다. 그리고 세상의 기초가 놓일 때부터 죽임당한 어린 양은 어제나 오늘 그리고 영원히 동일하다.[58]

---

56) Edward Hutchinson, *A Treatise Concerning the Covenant and Baptism*, p. 40

57) Nehemiah Coxe, *A Discourse of the Covenants*, p. 93.

58) 이 말은 제2차 런던 신앙고백서 제8장 6항에 있다. 6항은 웨스트민스터 신앙고백서 제8장 6항과 일치한다. 이 사실은 장로교 언약사상과 침례교 언약사상의 차이가 이와 같이 은혜언약의 동일성에 관한 것이 아니었고 옛 언약과 새 언약 간의 관계에 관한 것이라는 사실을 보여준다.

은혜언약에 관한 침례교 형태는 자신들의 언약교리가 논리적으로 탄탄하도록 한다. 이 침례교 형태를 따르면, 은혜언약이 세워지기 이전에 은혜언약은 점진적으로 계시된다고 생각한다. 이 점진적인 계시는 아담에게서 시작했고 노아와 아브라함 그리고 아브라함의 자손들에게 계속되었다. 그러므로 침례교주의자는 옛 언약이 구원을 줄 수 없었지만, 옛 언약 아래서 구원은 주어진다고 단언할 수 있었다. 이러한 이해는 다음과 같이 요약할 수 있다. 구원은 *옛 언약 아래서* 주어졌지만, *옛 언약의 효력으로 인해* 구원이 주어진 것은 아니다. 옛 언약의 *시대* 동안에 구원이 주어졌다. 그러나 옛 언약으로 인해서 구원이 주어진 것은 아니다. 에드워드 허친슨은 다음과 같이 썼다.

> 그러나 할례언약, 율법언약Covenant of the Law이라고 불리는 아브라함과 그 자연적 후손과 맺은 언약은 믿음 위에서 그리스도 안에 있는 모든 택자와 맺은 영원한 생명의 언약, 구원언약이 아니었다 [...] 하나님과 사람과 맺은 모든 언약 안에는 은혜가 있는 것 같이 비록 할례언약이라 불리는 언약 안에도 은혜가 있었지만 말이다. 그렇지만 우리는 이 할례언약이 구분되는 언약이었기에 이 언약을 옛 언약이라고 부르고, 은혜언약을 새 언약이라고 부른다.[59]

아브라함 언약, 시내산 언약, 다윗 언약은 은혜언약이 아니고, 은혜언약의 경륜도 아니다. 그렇지만 은혜언약은 이러한 다양한 언약들 아래서 계시되었다. 특별히 히브리서 9장 15절 말씀은 이러한 이해를 지지하는 것처럼 보인다. "이로 말미암아 그는 새 언약의 중보자시니 이는 첫 언약 때에 범한

---

59) Edward Hutchison, *A Treatise Concerning the Covenant and Baptism*, p. 93.

죄에서 속량하려고 죽으사 부르심을 입은 자로 하여금 영원한 기업의 약속을 얻게 하려 하심이라"

첫 언약은 죄들을 씻어내지 못했다. 결과적으로, 첫 언약은 죄들을 용서해 주지 못했다. 그렇지만, 이 첫 언약 아래의 성도들은 예수 그리스도 안에서 자신들의 죄들을 용서받았고 구원을 유산으로 받았다. 그리고 이 사실은 완료시제로 쓰인 동사 부르다(κεκλημένοι)의 변화를 통해 드러난다. 그리스도께서 부름 받은 사람들의 죄들에 대한 값을 치르기 전에, 부름 받은 사람들은 영원한 유산을 받았고, 그리스도께서 그 값을 치르신 이후에도 계속해서 부르심을 받은 사람은 이와 동일한 약속의 유산을 받았다. 결과적으로 세상이 창조된 이래 구원 받은 사람 모두는 언약이 맺어지기 전에는 약속으로서 효력이 있는 새 언약의 효력으로 인해 구원을 받는다. 오웬은 다음과 같이 기록했다. "나는 당연히 그 어떤 사람도 새 언약의 효력과 그리스도의 중보 없이는 구원을 받지 못한다고 생각한다."[60]

새 언약이 언약으로 맺어지기 전에도 효과적이었다고 생각하는 대신에, 몇몇 유아세례주의자는 그리스도께서 옛 언약의 중보자이셨기에 옛 언약으로도 은혜의 효력이 보증된다고 말하였다. 이것이 토마스 블레이크의 입장이었다. "이 언약들 사이에 완전하게 일치하는 몇 가지가 있다. [......] 중보자 예수 그리스도로서 그리스도께서는 두 언약에서 한분이시고 동일하시다. 비록 모세가 중보자의 이름을 가졌지만 말이다."[61] 튜레틴은 이와 같은 방향으로 나아간다.

---

60) John Owen, *An Exposition of Hebrews* 8:6-13, p. 180.

61) Thomas Black, *Vindiciae Foederis*, p. 158. Italic from the author.

비록 모세는 시내산 언약에서 어느 정도 중보자로 불릴 수 있지만 [......] 모
세가 중보자로 불리는 이 언약은 화해를 일으키는 은혜언약과 그 종류에 있
어서 다르다. 모세는 단지 모형이고 외적인 중보자이고 제1의 참된 중보자
는 아니었다. (하나님께서 보증하시고 인정하시는) 모세는 죄인들을 화해시키
고 그들을 영원한 저주에서 구원하시고 영원한 생명을 받아들이도록 하는
모든 힘과 효력을 오직 이 참된 중보자에게서 가지고 왔다.[62]

존 오웬은 그리스도께서 옛 언약에서도 중보자이셨다는 개념을 반대하
였다.

[......] 주 그리스도께서 중보자이신 이 언약은 "더 나은 언약"이라고 불린다.
이렇게 말하는 목적은 주 그리스도께서 중보자가 아닌 또 다른 언약이 있었
다는 것을 전제하기 위함이다. 그리고 이어지는 말씀에 먼저와 나중, 그리고
옛 언약과 새 언약으로 서로 비교되는 두 개의 언약들이 있다.[63]

장로교주의자와 침례교주의자 모두는 그리스도의 희생제물이 드려지기
이전에도 그리스도의 희생은 효과적이었다고 믿었다. 그렇지만 이들은 이
효과와 옛 언약의 관계는 다르게 보았다. 대부분의 유아세례주의자는 그리
스도께서는 자신의 중보의 유익들을 옛 언약 아래 있는 성도들에게 옛 언약
을 통해서 준다고 생각하였지만, 침례교주의자는 은혜언약의 계시로부터

---

62) Francis Turretin, *Institutes of Elenctic Theology*, vol. 2, p. 268.

63) John Owen, *An Exposition of Hebrews* 8:6-13, p. 168.

그리스도의 죽음의 효력을 주장한다. 그러나 오직 새 언약의 효력에 의해 주어진다고 생각한다.

이 두 개념은 아주 다르다. 유아세례주의자들에 따르면, 그리스도의 사역은 옛 언약과 새 언약으로 성도들에게 주어진 것이었다. 예를 들면, 헤르만 위치우스는 그리스도의 죽음의 유익은 새 언약이 시작되기 이전에도 있었다는 것을 지적하면서, 새 언약만이 이러한 유익들을 독점할 수 있다는 것을 부정하였다. 그는 다음과 같이 기록했다.

> 이러한 기본적인 방식으로, [옛 언약과 새 언약 사이에 불연속성이 있다고 보는 사람들은] 율법을 그 마음에 새기는 것을 신약의 특별한 복으로 만든다. 그 까닭은 히브리서 8장 10절 때문이다. 이 히브리서 말씀은 예레미야 31장 34절로부터 나온 것이다. "또 주께서 이르시되 그 날 후에 내가 이스라엘 집과 맺을 언약은 이것이니 내 법을 그들의 생각에 두고 그들의 마음에 이것을 기록하리라 나는 그들에게 하나님이 되고 그들은 내게 백성이 되리라." […] 만약 이러한 말씀들이 그들의 거짓말로 받아들여지면, 신약시대 이전에 살았던 옛 성도들은 하나님의 법을 받아들이지도 그 법을 기뻐하지 않았고 잃어버렸다는 말로 이어진다. 그러나 이러한 말이 아주 명백히 틀린 것이라는 사실은 다윗의 예에서 드러난다. […] 어찌하여 이 복이 신약성경의 특징이란 말인가! 다윗은 이러한 말들로 이 복을 가지고 있다고 주장한다.[64]

소시니안들과 같은 몇몇 극단적인 그룹을 제외하고, 신약이 그리스도의

---

64) Herman Witsius, *The Economy of the Covenants*, vol. 2, p. 335.

중보를 독점하고 있다는 것을 전제하는 사람들은 그리스도의 죽음의 유익이 신약시대 이전 시대에 존재하지 않는다는 것을 주장하는 것이 아니다. 그리스도의 죽음의 유익은 신약시대의 효과로 인해 존재하는 것이다. 그러므로 비록 옛 성도의 죄들은 여전히 사해지지 않았지만(히브리서 9장 15절), 그리스도 이전에 살았던 성도들도 유산상속자로 불리고 상속을 받았다.[65]

4. 요약

장로교주의자와 침례교주의자의 언약사상에 대한 우리의 비교를 명백하게 하기 위해, 여기 그들 각자가 가지는 이해들을 나타낸 두 도표가 있다. 요약하면서, 우리는 이 도표들을 설명하고 이 두 도표의 몇 가지 중요성들을 연구함으로 이 장을 끝맺겠다.

---

65) 이 점에서, 몇몇 유아세례주의자는 침례교주의자의 이해와 더 가까웠던 칼빈의 생각과 단절했다. 히브리서 8장 10절을 주석하는 데 있어서, 칼빈은 다음과 같이 기록한다. "그러나 율법 아래 구원에 대한 확실하고도 분명한 약속이 있었는가? 선조들은 성령님의 선물을 가지고 있었는가? 그들은 죄들의 용서를 통해 하나님의 부성에 참여하였는가? 라고 묻는다면, 대답은 '그렇다' 이다. 그들이 진실한 마음과 순수한 양심으로 하나님을 예배했고 하나님의 계명을 따랐다는 것은 분명하다. 그리고 이러한 사실은 성령님의 내적인 가르침이 없이는 있을 수 없는 일이라는 것도 분명하다. 그리고 또 그들이 죄에 대해서 생각할 때는 언제든지, 그들은 아무 이유 없이 용서를 받았다는 사실을 확신함으로 인해 소망으로 가득 찼다는 사실도 분명하다." 칼빈은 계속해서 구원은 이미 명백하지만 죄 용서가 마치 앞으로 올 일처럼 선언되는 구약성경의 예언들에 대한 문제를 어렵게 꺼낸다. 그래서 칼빈은 이 질문에 대해서 새 언약이 세워지기 전에 그 효력을 발휘했다고 분명히 말하는 것으로 답한다. "하나님께서는 새 언약의 은혜를 선조들에게 미치지 않게 하실 그 어떤 까닭도 없다. 이것이 이 문제에 대한 올바른 해결책이다."

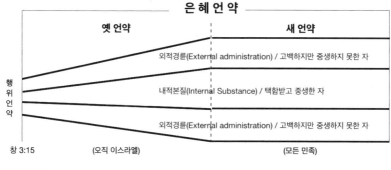

유아세례주의

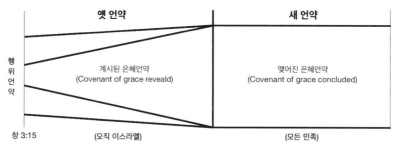

침례교주의

우리는 우선 웨스트민스터 신학과 1689 신앙고백서 신학 사이의 일치에 주목해야 한다. 일치의 첫 번째 증거는 행위언약은 타락 이전에 시작됐고 은혜언약은 타락 이후에 시작되었다는 것과 관련한 것이다. 우리는 이 두 그룹 모두 신구약에서 유일한 한 교회와 한 선택된 백성을 보고 있었다는 것을 강조한다. 그러므로 세대주의자 안에 있었던 것 같이 이스라엘과 교회 사이에 그 어떤 이중성도 없고 교회로 이스라엘을 대체하는 것도 아니다. 교회는 은혜언약이 시작할 때부터 계속 존재해 왔다. 구약과 신약 교회들 사이에 있는 차이의 본질은 은혜언약이 선포된 나라들의 범위에 있지 구약에서부터 신

약에 이르기까지 교회의 일치성의 차이는 없다.[66]

　각각의 이해에 있어서 세 번째 같은 점은 은혜언약의 점진적인 계시에서 발견된다. 이 개념이 창세기 3장 15절에서 출발한다는 것은 각 도표의 선들에 의해 보여진다.[67] 우리는 마지막 일치점에 주목해야 할 것이다. 침례교주

---

66) 개혁주의 신학과 세대주의 신학 간의 대화가 일반적으로 실패로 치닫는 것을 피하려고 이 점의 중요성을 부풀리는 것은 불가능할 것이다. 세대주의자들은 이스라엘의 자리가 반드시 영원히 있어야 하는데도, 교회에게 이스라엘의 자리를 내어 주는 것으로 대체 신학을 만들어 냈다고 개혁주의자들을 비난했다. 실제로, 역사 가운데 개혁주의자는 교회가 이스라엘을 대신한다고 가르치지 않았고, 이방인은 새 언약이 옛 언약을 대신하는 바로 그 순간 은혜언약으로 이스라엘과 하나가 되었다고 가르친다. 그러므로 이것은 한 백성이 다른 백성을 대신하는 경우가 아니라 한 언약이 다른 언약을 대신한 경우이다. 이런 일은 창세기 3장 15절로부터 시작하여 계속해서 은혜언약에 의해 계시된 약속들이 성취된 때, 옛 언약이 끝날 때, 유대인과 유대인이 아닌 사람들로 구성된 큰 무리가 새 언약으로 들어갈 때 일어났다. 어떤 사람들은 이스라엘과 교회 간의 대립을 철저히 거부하고 오히려 (우선 이스라엘과 관계한) 구약 안에 있는 은혜언약의 범위와 (모든 민족의 사람들을 공식적으로 포함하고 있는) 신약 안에 있는 은혜언약의 범위를 강조한다. 신약에서 발견되는 대조는 옛 언약과 새 언약을 대조하는 것이지 이스라엘과 교회를 대조하는 것이 아니다. 오히려 이스라엘과 교회를 대조하는 것은 세대주의로부터 나오는 인위적인 대조이다.

우리는 세대주의가 신구약간의 불연속성이나 대조를 잘못 사용하고 있다는 것을 장로교주의자가 입증해 내기 위해서 어려운 시간을 가졌다고 생각한다. 적어도 세대주의자의 관점에서는 장로교주의자의 신학이 이 불연속성에 대한 성경의 확실한 증언들까지도 비난함으로 이 대조를 흐릿하게 했기 때문이다 (로마서 6장 14절, 고린도후서 3장, 요한복음 1장 17절, 히브리서 10장 9절). 침례교주의 접근방식에서 보면, 은혜언약의 연속성을 단호하게 주장하고 결론적으로 신구약 안에 오직 한 교회의 연속성을 강하게 주장하면서, 동시에 성경을 따라서 세대주의자와 같이 옛 언약과 새 언약 간의 불연속성을 분명히 말한다.

세대주의자들은 자신들의 입장에서 옛 언약(이스라엘의 언약)을 폐기하면서 하나님의 백성의 자격을 이스라엘에게 주고 신구약의 불연속성을 강조하여 이스라엘과 교회를 분리시키는 지점까지 간다. 이때 그들은 자신들이 신학적 궁지에 빠졌다는 사실을 알게 된다. 한편으로 그들은 교회시대에는 구약시대의 체계가 끝났다고 확신한다. 다른 편으로 그들은 반드시 하나님의 백성으로서 이스라엘이 계속해서 존재하는 것을 정당화하기 위해 구약의 체계가 영원히 유효하다는 것을 반드시 유지해야 한다. 이 모순이 세대주의의 가장 큰 모호함이다. 구약시대가 끝남과 동시에 구약시대는 계속 유지되어야 한다. 그들의 근본적인 해결책은 교회에서 이스라엘을 분리시키고 이스라엘의 첫 번째 지위를 유지시키면서 교회시대 동안에 임시로 이스라엘을 제쳐놓는 것이다. 이것은 우리에게 부자연스러운 체계로 보인다. 이 체계는 이스라엘에게 주어진 약속을 폐기하지 않고서는 옛 언약이 최종적으로 폐기되었다고 설명하지 못한다. 이 약속들은 대부분의 유대백성들에게 알려지지 않은 상태에서, 새 언약의 예수님 안에서 성취되었다. 그리고 이 약속은 먼저 이스라엘을 언급하지만, 오로지 유대 백성들에게만 초점을 맞춘 것이 아니라 모든 민족으로 확대했다. 침례교회의 이해만이 성경적 연속성과 불연속성을 설명하는 해결책을 제시할 수 있다고 본다.

67) 두 도표 안에서, 옛 언약도 똑같이 점진적인 방식으로 드러나고 구약의 모든 시대를 포함한다는 것에 주목해야 한다. 몇몇 유아세례주의자들은 옛 언약이 모세에게서 시작했다고 하지만 말이다. 우리는 은혜언약

의자와 장로교주의자는 옛 언약 아래에서 중생한 사람과 그렇지 않은 사람이 있었다는 것을 인식한다. 유아세례주의자의 도표 안에서, 이 개념은 은혜언약의 외적인 경륜 아래 있는 사람들과 내적 본질 아래 있는 사람들 사이의 단절로 나타낸다. 이 침례교주의자의 도표에서, 혼합된 본질의 개념은 옛 언약 그 자체와 옛 언약 아래서 계시된 은혜언약 사이의 단절로 드러난다. 중생한 자는 은혜언약 안에서 옛 언약 아래 있고, 중생하지 못한 자는 단지 옛 언약 아래 있다. 이 혼합된 본질의 개념은 아브라함 안에 두 종류의 후손들이 있다는 것에 관한 성경의 기록과 일치한다(로마서 9장 6-8절, 갈라디아서 4장 22-31절).

두 번째로, 우리는 이 두 도표에서 드러난 언약신학들 간의 차이점들을 살펴보기로 하자. 처음으로 주목해야 할 차이점은 은혜언약의 드러남이다. 유아세례주의자의 측면에서, 은혜언약은 타락 이후 모든 것이다. 은혜언약은 창세기 3장 15절에서 세워졌고 두 언약들로 구체화되었다. 이 두 언약들은 본질적으로 은혜언약이다. 결과적으로, 이 두 언약은 경륜들로 보아야지 그 자체를 언약들로 보면 안 된다. 그 까닭은 도표에서 이 두 언약은 은혜언약 아래 있는 것이지 반대로 두 언약 아래 은혜언약이 있는 것이 아니기 때문이다. 도표에 있는 점선은 옛 언약에서부터 새 언약에 이르기까지 연속성만 있고 불연속성은 없다는 사실을 보여준다. 그러므로 우리는 혼합된 본질의 동일한 범위가 한 언약에서 다른 언약으로 이어지는 것으로 보아, 이 두 경륜들 사이에 긴밀한 연속성을 발견한다.

과, 옛 언약과 새 언약이라고 불리는 두 언약의 관계를 증명하려고 간단한 도표들이 만들어 졌다는 사실을 명심해야 한다. 다음 장에서 우리는 옛 언약을 더 자세히 볼 것이다. 우리는 아브라함 언약과 시내산 언약을 구체적으로 살펴보겠다. 지금까지 우리는 구약의 모든 시대를 포괄하는 표현으로 옛 언약이라는 말을 사용하여 일반적인 범위 안에서 이야기해 왔다.

침례교주의 입장에서, 옛 언약은 은혜언약이 아니고 은혜언약의 경륜도 아니라고 생각했다. 그럼에도 불구하고, 은혜언약은 옛 언약 아래서 점진적으로 계시되었다. 새 언약의 도래는 약속의 상태에서 시작되어 피로 성취되고 인쳐진 언약의 상태에 이르는 은혜언약의 완전한 계시를 나타낸다. 침례교주의자의 도표는 은혜언약과 새 언약 간의 그 어떤 차이점도 없이 은혜언약이 새 언약과 결합되어 있다는 것을 보여준다. 옛 언약과 새 언약 사이의 실선은 이 두 언약 사이에 불연속성과 옛 언약의 끝을 드러낸다. 옛 언약과 함께 그림자들의 특징(골로새서 2장 17절, 히브리서 8장 5절, 10장 1절)으로 특징지어진 하나님의 백성과 미성숙한 시대(갈라디아서 4장 3절) 가운데 혼합된 본질은 실제로 끝났다. 이 단절은 은혜언약의 연속성에 결코 그 어떤 영향도 주지 않는다. 그리고 은혜언약은 단 하나의 언약이다. 은혜언약을 통해 하나님께서는 한 백성을 가지신다. 은혜언약이 바로 새 언약이다.

5. 이 두 형태 간의 몇 가지 비교들

이 다른 체계들 안에 은연중에 포함되어 있는 몇 가지 결론을 간단히 비교해 보자. 이러한 형태들 각각은 은혜언약 안에 있는 하나의 근본적인 차이에 근거를 둔다. 장로교주의자는 은혜언약의 본질과 경륜을 구별하는 반면, 침례교주의자는 은혜언약의 계시와 완성을 구별한다. 이러한 차이들과 형태들은 성경 해석과 신학적 결과들을 가진다.

5.1. 성경 해석에 있어서의 비교들

장로교주의자나 침례교주의자의 은혜언약의 형태들 중 어느 한 편을 따르면, 그 결과로 인한 성경을 해석하는 방식은 아주 달라질 것이다. 우리는 간단하게 각각의 형태가 어떤 식으로 성경 해석에 영향을 주었는지를 살펴보려 한다.

침례교 언약신학자들은 일반적으로 유아세례주의자들이 성경 스스로가 언약을 정의하도록 두는 것이 아니라 미리 정해진 조건들에 따라서 언약을 정의함으로 언약을 변경했다고 비난한다. 침례교주의자는 은혜언약의 전체적인 신학적 체계 안에서 옛 언약과 새 언약을 설명해서는 안 되고 오히려 옛 언약과 새 언약과 관련된 성경의 기록에 그 근거를 두고 은혜언약을 해석해야 한다고 주장하였다. 프레드 말론^{Fred Malone}은 아주 중요한 논쟁을 다음과 같이 요약하였다.

> 각 언약은 동맹, 서약, 맹세나 약속의 기본적인 정의를 넘어서 반드시 계시로 정의되어야만 한다. [......] 요약하자면, 전통적인 유아세례주의 언약신학자들은 은혜언약을 구속사^{Counsel of Redemption}가 역사에서 외적으로 드러난 일이라고 믿는다. 더욱이, 그들은 은혜언약이 보통 구약의 언약들 안에 포함되어 있는 조건적인 저주와 혈통적인 요소를 필수적으로 포함하고 있다고 믿는다. 이 연역적인 전제는 옛 언약의 이러한 요소들을 성경에 명백하게 기록된 것과 반하는 잘못된 추론으로 새 언약에까지 확장시킨다.[68]

---

68) 프레드 멀론Fred Malone, *The Baptism of Disciples Alone*, p. 56. 저자는 유아세례주의자의 언약신학의 기본적인 해석원리, "적절하고 필연적인 추론"을 취한다. 이 추론에 따르면 사람은 반드시 유아세례의 필연성을 구약성경으로부터 이끌어내야 한다. 그 까닭은 유아세례의 필연성은 신약 안에서 분명하지 않기 때문이다. 박사 멀론은 유아세례주의자가 주의하는 해석원리를 준수하지 않는다는 것을 드러내고 이러한 추론

개혁주의 성경 해석에 대한 근본적인 규칙들 중 하나는 성경이 성경을 해석하게 하라는 것이다. 침례교주의자는 유아세례주의자의 언약사상이 계시에 근거를 두기 보다는 신학적인 개념에 근거를 두고 성경의 언약들을 해석하여 이 근본적인 규칙을 어겼다고 생각했다. 느헤미야 콕스는 같은 시대의 장로교주의자를 다음과 같이 완곡하게 비난하였다.

그러므로 하나님께서 사람들과 맺은 모든 언약의 선함과 영광은, 언약을 절대적으로 놓고 생각하든지 다른 언약과 비교해서 생각하든지 간에 언약의 약속들과 조건들로 인하여 최고로 평가받아야만 한다. [......]

지금까지 말해온 모든 것을 보면, 하나님께서 사람과 맺으신 모든 언약의 과정은 하나님의 선한 즐거움과 의지의 계획으로부터 흘러나온 것이라는 것은 명백하다. 이렇듯 바로 이 근거 위에서, 언약에 대한 우리의 지식과 이해는 반드시 하나님의 계시에 전적으로 달려있다는 결론에 이를 수밖에 없다는 것은 당연한 것이다. [......]

그렇다. 훌륭하고 똑똑하고 선한 사람들은 교회의 신앙에 관련하여, 교회를 올바르게 이끄는 것과 관련된 아주 중요한 일들을 판단 할 때 나누어졌다. 비록 (이러한 판단이) 교회가 존재하는 것에 있어서 절대적으로 필요하지 않

이 옳지도 않고 필연적이지도 않다는 것을 드러낸다. 1654년 토마스 페이션트는 유아세례주의자의 이 성경 해석을 비난했다. "아주 엄중한 의식과 본질적으로 반대되는 결과를 강요하는 모든 사람은 하나님께 속한 사람이라고 할 수 없기 때문이다. 하나님께서는 자신과 반대되거나 직접 내리신 명령들과 반대되는 것을 말씀하실 수 없으시다." 토마스 페이션트 Thomas Patient, *The Doctrine of Baptism, And the Distinction of the Covenants*, chapter 5.

지만 말이다. 하나님께서 사람을 언약적으로 다루시는 것의 본질에 허용된 하나의 오류가 신학의 모든 체계와 구조를 이상하게 뒤얽히게 하고 수많은 성경 구절들을 해석하는데 문제를 일으킨다. [......] 이 모든 것은 일반적으로 하나님께서 성경 안에서 우리에게 주신 진리의 계시에 대해 합당하고 겸손한 자세가 부족해서 일어난다. 그렇기에 우리는 선입견 없이 성경에서 하나님의 마음을 알려고 노력해야 하고 주의를 기울여 본질적인 것과 순전히 언약의 본질에만 속한 것들과 자연적인 본질에 속한 것들을 적절치 않게 혼합시키거나 혼동하지 말아야 한다.[69]

유아세례주의자를 향한 이 비난은 정당한 것이었나? 유아세례주의자가 성경의 언약들을 언약들의 약속들과 각 언약의 범위에 근거하여 정의한 것이 아니라 이미 세워놓은 신학적인 원리들에 근거를 두고 정의를 내린 것이 사실인가? 어떤 경우라도, 유아세례주의자가 세례가 존재하지 않았던 언약에 근거하여 유아세례를 집례 했다는 것은 부정하지 못한다.70) 침례교주의자에게는 문제가 되는 이러한 해석을 설명하는 유일한 근거는 은혜언약에 대한 유아세례주의자의 형태일 뿐이다. 이 형태는 해석에 주요한 영향을 끼친다. 그 까닭은 이 형태가 다음과 같은 논리로 이끌어가기 때문이다. 만약 은혜언약이 각각 옛 언약과 새 언약으로 실행된 것이라면, 옛 언약과 새 언약

---

69) Nehemiah Coxe, A Discourse of the Covenants, p. 38, 40-41.

70) 일반적으로 유아세례주의 신학자들이 아래의 내용을 인정하는데 있어서 그 어떤 문제도 되지 않는다. "워필드Warfield는 유아세례를 지지하는 정당한 근거는 신약성경 안에서 찾을 수 없지만 구약성경에서 찾을 수 있다고 말한다." 루이스 벌콥Louis Berkhof도 이 생각이 사실이라고 말한다. "이 모든 진술은 언약의 자녀들에게 할례를 행해야 한다는 하나님의 명령 위에 근거를 두고 있고 이 때문에 결국 이 할례명령이 유아세례의 근거가 된다는 것을 알아야 할 것이다." Quoted by Samuel Waldron, A Modern Exposition of the 1689 Baptist Confession of Faith, p. 350.

은 은혜언약의 본질과 정수를 제한했다. 이 논리는 유아세례주의자의 해석 안에 구약과 신약이 뒤섞여 있다고 설명한다. 결론적으로, 새 언약의 용어들과 명령들을 새 언약에 일치하는 적절한 요소들을 근거로 삼아 정의내릴 그 어떤 이유도 없다. 에드워드 허친슨은 이런 종류의 성경 해석으로부터 신앙이 어린 사람을 지켜내려고 자신의 문답에서 다음과 같은 질문들을 했다.

질문. 세례는 신약의 의식이 아닌가? 그리고 세례는 반드시 신약성경의 의식으로 증명되지 않아도 되는가?
답. 아니다 (신약성경의 의식이고 신약성경의 의식으로 증명되어야 한다).

질문. 그렇다면 성경 어디에서 유아세례에 대한 의식이 제정되었는가?
답. 유아세례는 창세기 17장 7절에 있다고 억지로 설득한다. 나는 너와 너의 자손의 하나님이 될 것이다.

질문. 이 성경구절(창세기 17장 7절)에 세례에 대한 어떤 언급이라도 있는가?
답. 없다. 그러나 우리는 다음과 같은 결론을 이끌어온다. 하나님께서 아브라함과 그의 자손에게 약속하셨던 것처럼, 하나님께서는 모든 성도와 성도의 자손에게도 하나님이 되실 것이라는 것이다.[71]

간단히 말해, 두 *경륜 아래 한 언약의 형태*를 가장 우선에 두고 해석하여 일어난 결과는 구약과 신약을 동일선상에 놓고 이 둘을 혼동하게 되는 것이

---

71) Edward Hutchinson, *Some Short Questions and Answers for the Younger Sort*, London, Printed for Francis Smith, 1676, (without pagination).

다. 유아세례주의자의 접근은 신약을 사용하여 구약을 해석하려 했던 것이 아니라, 정확하게 정반대의 해석을 했다. 데이빗 킹던$^{David Kingdon}$은 다음과 같이 기록했다. "언약신학자들은 잘못된 해석방식을 적용한다. 그리스도 안에서 은혜언약의 약속들이 신약에서 성취 된 것은 구약에서의 모형보다 훨씬 풍성하다는 인식 대신에, 그들은 신구약 둘 모두를 완전히 성취된 것으로 정의한다."[72] 더욱이, 유아세례주의자는 옛 언약과 새 언약을 성경 해석의 기초에 근거하기보다는 미리 정해놓은 신학적 개념들의 기초(예를 들면, 은혜언약의 동일성을 유지하기 위해서 옛 언약과 새 언약은 반드시 같은 본질을 가져야 한다)에 근거하여 정의를 내렸다.

또 은혜언약에 대한 침례교주의자의 이해도 성경 해석에 아주 큰 영향을 끼쳤다. 유아세례주의자의 형태가 두 성경들 사이에 불연속성의 여지를 전혀 주지 않았다면, 침례교주의자의 형태는 이 언약사상 안에서 연속성과 불연속성을 아주 쉽게 끌어올 수 있었다. 한 그룹의 신학적 입장이 연속성이나 불연속성 중 어떤 것을 강조하느냐에 따라 결정된다는 것을 생각해보면, 침례교주의자의 성경 해석의 균형은 특별히 주목할 만하고 숨겨진 많은 함정들을 피할 수 있게 한다.

연속성과 불연속성 사이에 이러한 유연함과 균형을 허용하는 것은 은혜언약의 침례교 형태 안에 있는 계시된/맺어진의 차이였다. 연속성은 있다. 그 까닭은 은혜언약은 창세기 3장 15절부터 계시되기 시작하여 신약에서 그 언약이 완전히 계시될 때까지 계속되었기 때문이다. 그러나 또한 불연속성

---

72) David Kingdon, *Children of Abraham*, Sussex, Carey Publications, 1973, p. 6. 사무엘 왈드론은 올바른 해석방식이 무엇인지를 분명히 말한다. "우리가 은혜언약을 이해하기 위해 기준으로 삼아야 하는 계시는 반드시 새 언약이어야 한다." *A Modern Exposition of the 1689 Baptist Confession of Faith*, p. 110.

도 있다. 그 까닭은 은혜언약은 그리스도의 죽음과 부활 이전에 맺어지지 않았기 때문이다. 이 사건 이전의 공식적인 언약들은 다른 본질을 가지고 있었다. 그러므로 이전의 공식적인 언약들은 새 언약에 의해 폐지되고 대체되었다. 다른 것들 중에서도, 은혜언약으로부터 계시된/맺어진 차이는 신약의 몇몇 본문들이 마치 그리스도를 믿는 믿음을 통한 구원이 존재하지 않는 시대가 있다는 것을 가르친다고 믿고 있는 17세기 그 당시 소시니안(혹은 오늘날에는 세대주의자)에게 답을 준다. 그들이 예를 든 이 본문은 "믿음이 오기 전에 우리는 율법 아래에 매인 바 되고 계시될 믿음의 때까지 갇혔느니라"(갈라디아서 3장 23절)이다. 침례교주의자의 해석은 이 본문이 구원을 얻는 대조되는 두 방식이나 연속되는 방식들을 가르친 성경구절로 이해하지 않았다. "믿음이 오기 전에"라는 말씀은 복음이 약속의 상태에 있었던 시대를 언급하는 것이다. "계시될 믿음의 때까지" 즉 그 약속이 이루어질 때, 약속으로 인도하는 율법(옛 언약)은 멈춰지기에 이른다. 그러므로, 은혜언약의 연속성이 유지되는 동시에 새 언약(믿음)과 옛 언약(율법) 사이의 불연속성도 확증된다.

다른 본문을 읽어보자. "율법은 모세로 말미암아 주어진 것이요 은혜와 진리는 예수 그리스도로 말미암아 온 것이라"(요한복음 1장 17절). 예수 그리스도께서 오시기 전에는 은혜가 없었는가? 만약 그랬다면, 진리가 없었던 적도 있었을 것이다. 다시 한 번, 은혜언약에 대한 침례교의 이해는 모세 시대의 은혜의 영향력을 부인하지 않으면서 모세와 예수 그리스도 사이의 불연속성을 인식하도록 해준다.[73] 이 같은 해석은 다른 비슷한 성경구절들에도 해당된다.

---

73) 또한, 언약으로서 모세 율법과 명령으로서 모세 율법사이의 차이는 굉장히 중요하다. 하나님과 이스라엘의 관계를 위한 법률용어로서 율법의 언약은 폐지되었으나 행동의 규칙으로서 율법의 명령들은 신약에 의해 영원히 계속되게 되었다.

5.2. 신학적 비교들

신학적인 결론 없이, 그 어떤 성경 해석의 결론도 있을 수 없다. 만약 언약사상이 장로교주의자와 침례교주의자가 갈라지는 지점이라면, 우리는 신학적인 결과를 생각하면서, 이 서로간의 차이가 도달한 곳이 어디인지를 살펴보는 데까지 나아가야 한다. 우리는 그들이 설명하는 동안 각자의 체계에 대한 신학적 특징들을 이미 엿보았다. 우리는 이제 세 가지 신학적 질문들에 초점을 맞출 것이다. ⑴ 은혜언약으로 들어가는 길 ⑵ 은혜언약에서의 은혜의 범위 그리고 ⑶ 은혜언약의 무조건적인 본질, 이 세 가지 질문은 그 자체로도 많은 분량을 채울 수 있는 주제보고서의 주제가 될 수도 있다. 우리는 여기서 이 문제만을 요약적으로 다룰 것이다.

5.2.1. 은혜언약으로 들어가는 길

우리는 장로교주의자들의 언약사상이 은혜언약을 두 위치 위에 올려 두고 생각한다는 것을 보아왔다. 이 두 위치는 은혜언약의 영적인 본질과 자연적인 경륜이다. 이 말은 다른 두 언약이 있는 것이 아니라, 한 언약 안에 두 실체가 있다는 것이다. 이 차이는 유아세례주의자에게 은혜언약 안에 중생한 성도들(내적 영적 본질)과 중생 받지 못하였지만 믿음을 고백한 사람(자연적 외적인 경륜)들 둘 모두 포함되어 있다고 말할 여지를 주었다. 유아세례주의는 이 혼합된 본성을 요구하는데 그 까닭은 이 언약 안에 성도들의 자녀를 포함하는 것을 정당화시키기 위함이다. 은혜언약의 외적인 경륜과 내적인 본질을 분리함으로 인해, 그들은 자신들이 같은 언약에 속한 두 부류의 백성, 즉 구원받은 사람과 그렇지 못한 사람이 같이 있다는 것을 발견한다. 결론적으로 장로교주의자들의 입장에서는, 은혜언약으로 들어가는 두 가지 방법이 있다. 두 방법은 태어남으로 들어갈 수 있거나 다시 태어남으로 들어갈 수 있다는 것이다.

유아세례주의자는 은혜언약이 택자와 세워진 것이고 그리스도를 믿는 믿음을 통해 은혜언약으로 들어간다고 말했다. 위치우스는 다음과 같이 기록한다. "은혜언약은 하나님과 죄인인 택자 사이의 협약 또는 계약이다."[74] 튜레틴도 같은 말을 했다. "하나님께서는 사람과 두 측면에서 언약을 맺었다. [......] 하나님께서는 [은혜언약으로] 그리스도 안에서 그리고 그리스도로 인해 성도에게 안전을 약속하셨다. [......] [은혜언약은] 타락 이후에 그리스도 안에 있는 택자와 맺어졌다."[75] 그렇지만 유아세례주의자는 은혜언약을 전적으로 택자에게만 제한시키지 않았다. 또 그들은 성도들의 친자녀들도 포함시킨다. 결론적으로 은혜언약에 들어가기 위해서 회심과 믿음이 절대적으로 필요해 보이지 않는다. 에임즈는 다음과 같이 기록한다.

> 믿음의 조상 아브라함의 시대에도 그랬던 것처럼, 지금도 믿음과 회심이 하나님의 언약을 구성하지 않는다. 그러므로 믿음과 회심이 없는 것이 유아에게 할례를 금하지 않은 것과 같이 이것은 유아들이 세례를 받는 것을 결코 막지 못한다.[76]

침례교주의자 에드워드 허친슨은 장로교 언약사상의 특징을 다음과 같이 드러냈다. 은혜언약에 대한 이러한 이해는 은혜언약으로 들어가는 반대되는 두 길(육체와 영)을 인정하는 쪽으로 나아갈 수밖에 없다.

---

74) Herman Witsius, *The Economy of the Covenants*, vol. 1, p. 165.

75) Francis Turretin, *Intitutes if Elenctic Theology*, vol. 2, p. 174.

76) William Ames, *The Marrow of Theology*, p. 211.

은혜언약에 들어가는 두 길이 있는 것처럼 보인다. 성도의 친자녀로 들어가는 길과 그리고 실제 믿음으로 들어가는 길이 그것이다. 그러나 이것은 말도 안 되는 것이다. 그 까닭은 하나님 입장에서 택함이 없다면, 은혜언약 안에는 결코 그 어떠한 존재도 있을 수 없기 때문이다. 그리고 사람의 입장에서 작용하는 믿음이 없어도 그럴 것이다.[77]

물론, 침례교주의자 입장에서, 은혜언약에 들어가는 방법은 단 한 가지였다. 믿음을 통해서이다. 이 개념은 은혜언약에 대한 침례교주의자의 통찰력에서 비롯된 것이다. 은혜언약은 맺어지기 전에 점진적으로 계시된다. 침례교주의자는 은혜언약이 약속(에베소서 2장 12절)으로 선포되고 나서 성취되었다고 보았기 때문에, 그들은 믿음만이 약속을 받아들이는 유일한 길이라는 것을 믿었다. 존 스필스버리는 다음과 같이 기록한다.

세 번째로, 그들은 이 언약의 대상으로 실제로 승인된 사람들이다. 그리고 그들은 오직 믿는 사람이다. 하나님께서는 그리스도 밖에서 자신의 말씀으로 사람과 언약을 맺었다는 것과 믿음 없이 그리스도 안에 있다는 것도 인정하시지 않으시기 때문이다. 오히려 하나님께서는 믿지 않는 사람과 자기 자신이 좋은 관계를 맺고 교제하는 것을 인정하시지 않으신다[......]

네 번째이자 마지막은 이것이다. 지금 복음 아래 있는 모든 사람은 앞서 말한 언약에 들어가는 단 한 가지, 동일한 방식을 가지지 못했는가?

---

77) Edward Hutchinson, *Animadversions* Upon a Late Book, Intituled, *Infant Baptism From Heaven and not of Man, In Answer to Mr. Henry Danvers his Treatise of Baptism*, p. 28.

이것에 대한 대답으로 거룩한 하나님의 말씀은 반드시 공정해야 한다. 나는 그리스도의 복음이, 믿는 사람을 제외하고 주님의 거룩한 은혜언약 안에 단 한 사람도 없다는 것을 인정한다는 사실을 발견한다. 믿음으로 그리스도 안에 있는 사람을 제외하고 생명의 길에 있는 사람으로 인정받는 사람은 단 한 사람도 없다. 그러므로 (성경에 계시된 것처럼)오직 예수 그리스도로 되는 것을 제외하고 은혜언약과 구원으로 가는 다른 길은 전혀 없다.[78]

침례교주의자 입장에서 오직 믿음만이 은혜언약에 들어가는 유효한 문으로 여겨졌다. 그들은 은혜언약이 단순히 택자와 맺어졌던 것이 아니라 언약된 택자와 맺어진 것이라 생각했다. 존 번연은 율법과 은혜를 주제로 토론하면서, 다음과 같은 질문을 했다. "어떻게 그들이 이 영원한 은혜언약에 들어갈 수 있을까?"[79] 다음 쪽에서, 존 번연은 우리는 회심으로 은혜언약에 들어간다고 설명하고 택함으로 그렇게 되는 것은 아니라고 설명한다. 이 기초 위에, 침례교주의자는 침례를 베풀고 오직 신자만으로 구성된 교회론을 이루었다. 거꾸로, 유아세례주의자가 성도와 그들의 자녀들에게 세례를 베풀고 성도와 그들의 자녀로 구성된 교회론을 이루는 것은 그들이 은혜언약으로 들어가는 두 가지 길을 보았기 때문이다. 이 개념은 웨스트민스터 신앙고백서 안에 명백하게 세워져 있다. 웨스트민스터 신앙고백서 제25장에서, 교회는 보이지 않는 실체와 보이는 실체 이 두 다른 실체들을 통해 보여진다. 이 두 개념은 각각 은혜언약에 들어가는 두 길과 이 언약의 두 자리와 일치한

---

78) John Spilsbury, *A Treatise Concerning the Lawfull Subject of Baptisme*, p. 9.

79) John Bunyan, *The Doctrine of the Law and Grace Unfolded*, p. 541.

다. 예를 들면, 하나는 은혜언약의 영적이고 내적인 본질이고, 다른 하나는 자연적이고 외적인 경륜이다.

I. 보편적이고 우주적인, 보이지 않는 교회는 택자의 모든 수로 구성된다. 이 택자들은 교회의 머리이신 그리스도 아래로 지금까지 교회로 모여왔고 지금도 모여 있고 그리고 앞으로도 모일 것이다. 그리고 교회는 그리스도의 신부이고 몸이고 만물 안에서 만물을 충만하게 하시는 그리스도의 충만함이다.

II. 복음 아래 보편적이고 우주적이기도 한 (한 민족에 제한되어 있지 않고 전과 같이 율법 아래 있지 않는) 보이는 교회는 참 신앙을 고백하는 온 세상의 모든 사람과 그들의 자녀들로 구성된다. 그리고 이 보이는 교회는 주 예수 그리스도의 왕국이고 하나님의 집과 권속이다. 그 교회 밖에는 일반적인 방식으로 인한 구원의 가능성이 전혀 없다.

침례교주의자의 교회론은 다른 언약신학을 의지하고 있기 때문에 성도들과 그들의 자녀들로 구성된 보이는 교회, 즉 유아세례주의자의 교회개념을 거절했다. 침례교주의자는 1항은 그대로 두고, 2항은 거절했다. 달리 말하면, 침례교주의자는 택자로만 구성된 보이지 않는 교회의 개념을 지지하였다. 그러나 침례교주의자의 입장에서 은혜언약은 부르심을 받은 택자만을 포함한다. 즉, 은혜언약은 비택자도 포함하는 외적인 경륜을 가지지 않았다. 이 이유로 인해 침례교주의자는 보이는 교회에 대해 기술한 2항을 아래의 내용으로 대신했다.

복음을 믿는 믿음을 고백하고 그 믿음을 따라서 그리스도로 인하여 하나님께 순종하고, 믿음의 근간을 위태롭게 하는 모든 오류나 거룩하지 못한 대화로 자신의 고백을 파괴하지 않는 세계 각처에 있는 모든 사람들이 보이는 성도이고 그렇게 불릴 것이다. 그리고 이러한 성도들로 모든 지역교회가 구성되어야 한다.

침례교주의자들에 따르면, 오직 진짜 믿음만이 사람을 은혜언약에 들어가도록 허락한다. 그러므로 신뢰할 만하게 믿음을 고백한 사람만이 보이는 교회의 구성원이 될 수 있다. (침례교주의자들 사이에서 보이는 교회는 우주적이거나 국가적인 교회가 아니라, 지역교회이다).

은혜언약에 들어가는 길에 관한 불일치는 또한 침례에도 적용되었다. 유아세례주의자는 새로 태어남과 자연 출생에 근거하여 세례를 베푸는 반면, 침례교주의자는 오직 새로 태어남에만 근거를 두고 침례를 베푼다. 세례가 은혜언약의 내적인 본질과 연결된 것이 아니라 외적인 경륜과 연결되어 있다는 유아세례주의자들의 입장은 자의적인 것이었다고 우리는 생각한다. 그 까닭은 침례는 그리스도의 죽음과 부활 안에서 연합을 상징하기 때문이다 (이것이 은혜언약의 궁극적이고 영적인 본질이다). 헨리 로렌스는 비슷하게 비난했다. "지금 우리는 자연출생이 아닌 믿음으로 아브라함의 자녀가 된다고 주장하기에, 다른 사람들이 그러는 것 같이 자연출생으로 감히 의식을 베풀 수 없다."[80] 유아세례주의자는 아브라함의 자연적인 후손들로서 은혜언약 안에 있다고 주장하지 않고 아브라함의 영적인 자손들로서 속해 있다고 주장한다.

---

80) Henry Lawernce, *Of Baptism*, p. 93.

그렇지만 그들은 자연출생에 근거를 두고 영적인 의식(세례)을 시행한다. 조금 더 보자 로렌스는 심지어 아브라함의 자연적인 후손들이 출생의 특권에 기초하여 이 의식에 대한 권리를 가지고 있지 않았고 오직 그들의 회개에 기초하여야 그 의식에 대한 권리를 가진다는 것을 논증한 후에(참고 마태복음 3장 7-9절), 그는 다음과 같이 결론을 내린다. "[......] 그러므로 만약 아브라함의 친자손도 육체적 자손이라는 자격으로 신약의 의식에 대한 그 어떤 권리도 가질 수 없다면, 더군다나 자연출생으로 양자된 자손은 더더욱 권리가 없다."[81]

요약해 보자. 유아세례주의자는 자녀들이 은혜언약에 참여하고 있다는 믿음 없이는 그들에게 세례를 주지 못할 것이다. 침례교주의자는 신자들이 은혜언약에 참여했다는 확신 없이 믿는 자에 침례를 베풀 수 없을 것이다. 유아세례주의자는 그리스도인들과 그들의 자녀가 은혜언약 안에 있다고 믿는데 그 까닭은 그들이 은혜언약(내적/외적)에 관련해서는 다른 두 차원이 있다고 이해했기에 그렇다. 그리고 이로 인해 다른 차원은 들어가는 각각의 길을 가지고 있다. 하나는 자연적인 길이고 다른 하나는 영적인 길이다. 침례교주의자는 유일하게 중생한 택자만이 이 언약 안에 있다고 믿었는데 그 까닭은 침례교주의자는 은혜언약에는 한 차원만 있다고 보았기 때문이다. 이 차원은 오직 믿음을 통해서만 들어가는 은혜언약이다.

5.2.2 은혜언약 안에서 은혜의 범위와 효과

언약사상에 대한 두 번째 신학적 결론은 은혜언약 안에서 은혜의 범위와 효과와 관계가 있다. 침례교주의자 입장에서, 은혜언약에 속해 있다는 것은

---

81) Idid., p. 107.

은혜로 구원을 얻는 것과 그 은혜가 수반하는 모든 특권의 유익을 뜻한다. 장로교주의자 입장에서, 은혜언약 안에 있다는 것은 은혜로 구원을 얻는 것, 영원한 생명을 가지고 있다는 것을 필연적으로 뜻하는 것은 아니었다. 이 두 그룹 사이에 구원 그 자체와 은혜언약 사이의 관계에 대한 근본적인 분기점이 있다. 침례교주의자는 은혜언약에 있는 모든 구성원이 중생한 택자라고 확증하기 위해서는 구원과 이 언약을 분리시킬 수 없었다. 유아세례주의자는 은혜언약에 구원받은 사람과 그렇지 않은 사람이 포함되는 것을 증명하기 위해서 구원으로부터 은혜언약을 분리시켜야만 했다. 존 스필스버리는 마치 다른 하나가 없어도 다른 하나가 존재하는 것과 같은 이런 분리를 지지하는 유아세례주의자를 비난했다.

> 그리고 어떤 사람이 그리스도께서 말씀하시는 왕국은 영광의 왕국을 의미한 것이지 은혜의 왕국은 아니라고 말한다면, 즉 그리스도께서는 그들을 하나에서는 배제하더라도 다른 하나에서는 배제하지 못하신다. 이에 대한 답은 어떤 사람이 영광의 왕국에서 제외되었지만 여전히 은혜의 왕국에는 들어가는 것이 허용된다는 내용이 복음 그 어디에서도 발견되지 않는다는 것이다. 이런 의미에서 은혜의 문은 하나님께서 약속으로 정해진 영광의 문보다 결코 넓지 않다. 그리고 로마서 8장 30절 같이 무지로 인해 인간이 저지른 일들이 하나님의 진리를 바꿀 수 없다.[82]

스필스버리와 그의 동료 신학자들에 따르면, 은혜언약에 속한 사람은 영

---

82) John Spilsbury, *A Treatise Concerning the Lawfull Subject of Baptisme*, p. 30.

원한 영광에 이르는 데 결코 실패할 수 없다. 은혜언약에 들어가는 것은 영광의 복음, 그리스도의 왕국에 들어가는 것이었다. 물론, 은혜언약에 대한 유아세례주의자의 형태는 이것들을 다르게 이해했다. 은혜언약 안에 있는 것이 *데 팩토*de facto(실제로) 영원한 구원의 상속인이 되었다는 것이 아니었다. 은혜언약의 경륜과 그 본질을 떼어놓음으로써 유아세례주의자는 은혜언약의 모든 참여자가 구원을 받았다고 주장하지 못하였다. 그들은 오직 택자만 구원 받았다고 주장했다. 은혜언약의 참여자가 교회의 회중을 결정했기에, 교회는 택함 받지 못한 자가 어쩔 수 없이 포함 될 수밖에 없었다.[83] 물론, 침례교주의자는 보이는 교회의 모든 구성원이 택자가 아니라는 사실을 알고 있었다(런던 신앙고백서 제26장 3항). 선택 받지 못한 교회의 성도들은 단지 인간의 실수로 교회의 구성원으로 잘못 여겨졌다.[84] 선택 받지 못한 사람들은 은혜언약의 구성원이 아니었다(요한1서 2장 3절). 반면, 은혜언약의 혼합된 본질 때문에 장로교주의자들은 *데 쥬레*de jure(법적으로) 선택 받지 못한 자들에게 보이는 교회의 구성원의 자격을 부여했다. 언약사상의 모든 특징은 존 볼이 은혜언약의 구

---

83) 헤르만 위치우스는 그리스도께서 교회를 위하여 죽으셨던 것이 아니라 택자만을 위하여 죽으셨다고 조심스럽게 말하면서, 그가 확신한 것이 정확히 이것이다. "바울이 사도행전 20장 28절에서 그리스도께서는 자신의 교회를 자신의 피로 사셨다고 말할 때, 그는 에베소서 5장 25절에서 더 자세히 설명한다. 바울이 뜻하는 교회, 즉 그리스도께서 사랑하셨고 자기 자신을 드린 교회, 그리스도의 신부, 그리스도께서 부부의 애정으로 유일하게 사랑한 신부 [...] 그러나 그리스도의 바로 이 사랑은 [...] 오직 택함 받은 신자들에게 속해 있다." *The Economy of the Covenants*, vol. 1, p. 266.

84) 이것이 두 교회가 아니라 (사람과 하나님의) 다른 관점으로 인한, 보이는/보이지 않는 교회의 차이에 대한 단순한 역사적 표현이다. 제임스 어셔James Ussher는 다음과 같이 말한다. "그러나 참된 신자들을 *제외*하고, 단 한 사람도 이(보이는) 교회의 구성원으로 여겨져서는 안 되는가? 참된 신자들을 *제외*하고, 단 한 사람도 교회의 머리이신 그리스도와 깨지지 않는 연합으로 연합되어서는 안 되는가? 이것이 맞고 올바르다. 다른 사람은 없다(요한 1서 2장 19절)." 그러나 몇몇 사람들은 "인간의 판단으로 참 교회의 구성원들로 여겨지고 부르심 받은 성도들로 여겨진다 (고린도전서 1장 1절). (자기 양을 유일하게 아시는) 주님께서 자기 양이 아니라는 것을 드러내시기 전까지......" James Ussher, *Body of Divinity, or the Somme and Substance of Christian Religion*, London, Printed by M.f., 1645, p. 396.

성원, 즉 교회의 구성원을 두 부류의 사람들로 설명하는 장에서 드러난다.

그리고 이것들은 두 종류에 속해 있다. 하나님께서는 몇몇 사람과는 외적으로, 즉 말씀으로 그들을 부르시고 자신의 성례로 인치심으로 언약을 맺으셨다. 그리고 그들은 믿음을 고백하고 그 성례를 받는 것으로써 요구되는 조건에 기쁨으로 순종한다. 그래서 보이는 교회의 모든 구성원은 언약 안에 있는 것이다. 하나님께서는 다른 사람들과 효과적인 언약을 맺으시고 자신의 법을 성령님으로 그들의 마음에 새기신다. 그래서 그들은 주님께서 정하시고 따르라 하시는 모든 것 안에서 자발적으로, 진심으로 자신을 주님께 드린다. 그러므로 하나님께서는 오직 신실한 사람과 언약을 맺으셨다. 첫 번째 부류는 외적이고 드러난 하나님의 백성이다. 그리고 그들은 외적인 모든 것을 가지고 있고 외적인 경륜에 붙어있다. 두 번째 부류는 내적이고 비밀스러운 하나님의 백성이고 주님께서는 그들을 분명히 그리고 구분하여 아신다.[85]

위치우스는 은혜언약과 옛 언약과 새 언약 사이를 구분함으로써 이 교리를 체계화 했다. 구원은 은혜언약의 본질에 속한 것이다. 구원은 은혜언약의 경륜에 속한 것이 아니다. "그리스도 안에서 일반적인 구원의 약속은 공식적으로 족장들과 맺으신 언약이든 오늘날 우리와 맺으신 언약이든지 간에 옛 언약과 새 언약에 속한 것이 아니라 절대적으로 은혜계약 혹은 은혜언약에 속한다."[86] 모든 장로교주의자는 내적인 영적 본질/자연적 외적 경륜의 차이

---

85) John Ball, *A Treatise of the Covenant of Grace*, p. 202-3.

86) Herman Witsius, *The Economy of The covenants*, vol. 1, p. 308.

에 근거하여, 구원과 은혜언약을 나누었다. 이는 오늘날에도 여전히 그렇다.

이러한 이해는 심각한 문제를 일으킨다. 은혜언약 안에 있고 구원으로부터 유익을 얻지 못하는 사람들에게 어떤 유익이 있는가? 일반적으로, 유아세례주의자는 은혜언약 안에 있는 구원받지 못한 구성원들이 누리는 특권들은 보이는 교회에 속해 있는 복을 가리킨다. 예를 들어, 사무엘 페토는 다음과 같이 기록한다. "*다른 사람들의 자리보다 하나님께 밀접하게 붙어있는 자리인 만큼 많은 유익들이 있다.*"[87] 토마스 블레이크는 이러한 자리가 사람에게 어떤 내적인 변화를 일으키지는 않는다고 인정했다. "하나님과 사람 사이의 언약은 단지 보이는 방식으로 맺어진 언약일 뿐이지, 영혼에 어떤 내적인 실제적인 변화를 요구하거나 영혼이 변화된 존재가 되도록 작용하지 않는다."[88] 조금 더 나아가서, 블레이크는 그럼에도 불구하고 이러한 자리는 복의 자리라고 확실히 말한다. "보이는 교회의 자리에 들어간 사람은 믿을 수 없는 빛에 들어가 있는 것이다."[89] 여전히 근본적인 것은 은혜언약의 모든 복은 그리스도의 중보사역에서 직접 온다는 것을 받아들여야 한다는 것이다. 그러므로 구원 없이 그리스도의 중보사역으로부터 나오는 유익을 얻는 것, 즉 부분적으로나마 그리스도의 구속의 영향으로부터 나오는 유익을 얻는 것은 가능하다. 존 볼은 다음과 같이 기록한다.

말씀으로 부름 받은 보이는 교회의 구성원들에게 있는 고유하고 공통된 것

87) Samuel Petto, *Infant Baptism of Christ's Appointment*, London, Printed for Edward Giles, 687, p. 66. The italics are the author's.

88) Thomas Blake, *Vindiciae Foederis*, p. 193.

89) Ibid., p. 203.

들은 은혜의 의식들에 참여하고 그 언약 아래 살며 그리스도로부터 오는 몇몇 은혜들에 참여하는 것이다. 비록 그들이 자신들의 죄를 넘어 구원 받은 상태는 아니지만 말이다. 이러한 뜻으로, 그리스도께서는 언약 아래에 있는 모든 사람들을 위해 죽으셨다.[90]

은혜언약과 관계하여 그리스도의 중보사역을 제한하는 이 방식은 우리에게 아주 심각한 문제를 가져다준다. 장로교주의자가 제한된 방식으로 은혜언약의 범위와 효과를 인정하는 까닭은 자신들 교회론의 본질적 특징을 유지해야만 하기 때문이다. 그들의 교회론의 본질은 언약백성들의 혼합된 본질이다. 그러므로 그들은 그리스도의 백성들 가운데 "중생하지 않은 자"를 포함 할 수 있는 방식으로 그리스도의 중보사역을 이해해야만 한다. 그래서 심지어 그 백성들이 그리스도를 중보자로 받아들였어도, 구원하는 은혜의 효과가 그 언약백성들에게 끊임없이 이르는 것이라 할 수 없다. 유아세례주의자는 교회의 혼합된 본질을 정당화하기 위해서, 그 언약과 관계해서 은혜의 효과를 제한해야만 했다. 그 결과, 두 경륜 아래 한 언약의 형태는 곧바로 속죄의 교리로 이어진다.

침례교주의자는 그리스도의 죽음에 관해 제한된 효과를 일종의 제한된 알미니안주의Arminianism와 비교하였다. 이 제한된 알미니안주의는 그리스도

---

90) John Ball, *A Treatise of the Covenant of Grace*, p. 206. Italics added. 그렇지만 헤르만 위치우스는 일반적으로 그리스도께서 자기 자신을 보이는 교회를 위해 드렸다는 것을 부인하였다. 그는 다음과 같이 기록한다. "그리스도께서는 죄에서 실제로 구원받은 사람들, 오직 그들만을 보증하시고 속죄해오셨다." *The Economy of the Covenants*, vol. 1, p. 225-6(cf. also p. 265, XXII). 위치우스는 그리스도의 중보가 보이는 교회에 속해 있는 구원받지 못한 사람에게까지 미치는 것은 위험하다고 이해했다. 아쉽게도, 그는 구원받지 못한 사람이 어떻게 은혜언약의 은혜로부터 유익을 얻는지 설명하지는 않는다.

의 죽음이 모든 인류에게 미치지만, 그 효력을 성도들에게만 제한한다. 장로교 언약사상은 그리스도의 죽음이 그 언약에 속한 모든 구성원에게 미치지만 그 구원의 효력은 오직 택자에게만 영향력이 있다고 한다. 결과적으로, 은혜언약의 범위에서, 장로교 언약사상은 알미니안주의와 비교되었다. 프레드 멀론은 아래와 같은 글을 쓰는데, 앞에서의 의견과 뜻을 같이 한다.

> 성도들의 모든 어린 친자녀들이 새 언약 안에 있다는 유아세례주의자의 입장이 직면한 다른 문제는 이 입장이 제한속죄교리를 해친다는 것이다. 새 언약의 모든 참여자는 예수 그리스도를 자신의 효과적인 중보자로 가진다(마태복음 1장 21절). 이에 대하여 리덜보스Ridderbos는 다음과 같이 말한다. "하나님의 백성은 그리스도께서 자신의 언약의 피를 쏟으신 백성이다. 그 백성들은 그리스도로 말미암아 일어난 죄 용서에 참여하고 그리스도께서 가능하게 만든 새 언약 안에서 하나님과 깨지지 않는 교제를 나눈다." 중생하지 못한 유아를 "하나님의 백성"이라고 부르는 것과 "그리스도께서 자신의 언약의 피를 쏟아 부으신" 새 언약에 속한 사람이라고 부르는 것은 제한속죄를 파괴하는 것인데 그 까닭은 효과적인 중보자의 희생 없이는 단 한 사람도 모든 택자와 맺은 새 언약 안에 있을 수 없기 때문이다.[91]

박사 멀론 이전에, 박사 오웬은 자신의 유명한 그리스도의 죽음 안에서 죽음의 죽음The Death of Death in the Death of Christ에서 장로교주의자의 언약사상의 오류를 다루었다. 오웬은 그 책에서 알미니안적인 구속개념을 반대하면서 다

---

91) Fred malone, *The Baptism of Disciples Alone*, p. 95-96.

음과 같이 글을 남긴다.

이 첫 번째 논쟁은 그리스도의 죽음 안에서, 그리스도의 죽음으로 인해 세워졌고 비준되었고 승인된 은혜언약의 본질과 관련된 것이었다. 은혜언약은 그리스도께서 유언자이셨던 유언이었다. 그리고 그리스도의 죽음 안에서 승인되었고 그곳에서부터 그리스도의 피는 "새 언약의 피"라고 불린다(마태복음 26장 28절). 이 언약의 효과는 이 언약의 범위를 넘어서 전해질 수 없다. 그러나 지금 이 언약은 모든 사람과 보편적으로 맺어진 것이 아니라 몇몇 사람들과만 특별히 맺어진 것이다. 그러므로 그 몇몇 사람들만이 그리스도의 죽음의 유익 안에 있는 것으로 의도되었다. [......]

그리고 이것이 옛 행위언약과 새 은혜언약 사이의 주된 차이다. 옛 행위언약 안에서 주님께서는 정해진 조건만을 만족시키길 요구하셨지만, 새 은혜언약 안에서 주님께서는 자신과 언약을 맺은 사람들 안에 조건들을 효과 있게 하시겠다고 약속하신다. 그리고 이 영적인 효과가 없다면, 새 언약은 (우리를 하나님께 데려다 놓고 하나님께 묶어두는) 언약의 목적에 있어서 옛 언약만큼이나 약하고 쓸모없는 것이 될 것이다. [......] 그렇기에 이것이 두 언약 사이의 주된 차이다. 주님께서는 옛 언약 안에서 조건을 요구하셨다. 지금 새 언약 안에서 주님께서는 연합된 모든 자들, 이 언약이 미치는 사람들 안에서 이 조건을 효과 있게 하신다. 그리고 만약 주님께서 우리의 언약 안에서 요구되는 순종만 하셨을 뿐, 그 효과를 우리에게 적용시키시거나 영향을 미치시지 않으셨다면, 새 언약은 우리의 비참함을 커지게 하는 허울일 뿐이지, 은혜와 자비를 실제로 나누어주고 베풀지 않는 것이다. 만약 지금까지 기술한 것에 드러나고 충분히 입증된 것처럼, 언약을 맺은 모든 사람들 안에서 언약의 조건이 이루어지고 완성된다는 것이 새 언약의 본질이라면, 새 언약 안에 있다는 것은 다른 것이 아니라 그 언약의 조건들이 그 사람들 안에서 효과적이라는 것이다.[92]

오웬은 히브리서를 주석하는 가운데 이와 동일한 신학을 반복하였다.

새 언약은 효과적, 결과적으로 그 언약의 은혜에 참여한 사람들과만 맺는 언약이다. "이것은 내가 그들과 맺은 언약이다...... 나는 그들의 불의에 자비롭게 대할 것이다." 등등. 옛 언약을 맺은 사람들은 그들 모두가 옛 언약에 실제로 참여한 사람들이었다. 그런데 만약 새 언약을 맺은 사람들이 그렇지 않다면, 새 언약은 효과에서 옛 언약에 미치지 못하고 완전히 좌절된 것이다. 또 언약의 범위를 불명확하게 제시하는 것이 이 언약이 언약의 유익을 누리지 못하는 사람들, 혹은 그들 일부와 맺어진다는 것을 입증하는 것은 아니다. 이것이 이 언약의 탁월함이고 언약 안에 있는 모든 은혜와 자비를 언약을 맺은 모든 사람에게 효과적으로 준다는 것이 여기에서 선포된다. 이 언약을 맺은 사람은 누구든지 자신의 죄는 용서받는다.[93]

이 문장들을 읽으면, 어떤 사람은 오웬이 어린 아이들에게 세례를 베푼 그 근거가 무엇인지를 스스로에게 묻는다. 첫째, 오웬은 옛 언약과 새 언약,

---

92) John Owen, "The Death of Death in the Death of Christ." *The Works of John Owen*, volume 10, Carlisle,, The Banner of Trust, 1968(1647), p. 236-237.

93) John Owen, *An Exposition of Hebrews* 8:6-13, p. 303 (italics added).

그 언약들 각각의 본질들 간의 차이를 극단적으로 벌려놓았다. 오웬은 옛 언약이 그 언약의 구성원 전원에게 효과적이었다고 생각했다. 그 구성원들이 구원을 받은 상태가 아니라도 말이다. 그 까닭은 오웬이 여기저기에서 솔직하게 진술하였던 것과 같이, 이 옛 언약은 구원을 주지 않았기 때문이다. 또한 우리는 청교도들의 황태자가 은혜언약의 혼합된 본질을 거부했다는 것을 본다. 그 까닭은 그는 그리스도께서 구원받지 못하는 언약의 구성원들을 위해 죽으셨다는 것을 받아들일 수 없었기 때문이다. 오웬의 개념에 따르면, 어떤 사람도 그리스도의 죽음으로부터 오는 유익을 부분적으로 얻을 수 없다. 그리스도의 죽음은 언약의 구성원들 모두에게 온전하게 효과적이다. 만약 어떤 사람들이 은혜언약의 구원의 은혜로부터 유익을 얻지 못한다면, 간단히 말해 그 사람들은 은혜언약의 구성원이 아니다.

침례교주의자는 이와 동일한 이해를 가졌다. 은혜언약과 관련하여 은혜가 미치는 범위는 반드시 모든 구성원들에게 미쳐야 한다는 것이다. 느헤미야 콕스는 다음과 같이 기록한다.

복음의 모든 복들의 핵심은 이 약속에 집약되어 있다(이 약속은 하나님께서 아브라함에게 하신 약속이다). 그러므로 아브라함의 복의 합당한 상속자들은 (단지 일부가 아니라) 새 언약의 모든 약속에 대한 권리를 가진다는 사실이 따라 나온다. 이것은 제한된 의미에서 그리고 불확실한 조건들에 달려 있는 사실이 아니라 완전한 의미에서 그리고 하나님의 무한한 은혜, 지혜, 능력, 신실함으로 보장되는 진실이다. 따라서 이 약속의 복들은 결과적으로 그들 모두에게 유익을 준다. 그리고 우리가 이 언약의 모든 유익은 새 언약의 머리이시고 근본이시고 우리가 얻는 모든 언약의 복의 원천이신 주 예수 그리스도와 연합되고 교제함의 방식으로 성도들에게 되돌아간다고 생각한다면, 이 사실은 더 명백해 질 것이다. 유익들은 전적으로 *그리스도로 인해 얻어지기* 때문에 그리스도 안에 있는 모두에게 적용되고 다른 사람들에게는 적용되지 않는다.

그러므로 나는 새 언약을 외적이고 일시적인 특권들에 제한하는 것을 새 언약의 그 본질적인 약속과 절대적으로 일치하지 않는 것으로 받아들인다(예를 들어 히브리서 8장과 중요한 다른 성경구절들과 함께 이사야 54장 13절, 예레미야 31장 33-34절, 에스겔 36절 26-27절을 보시오). 또한 이런 성경구절들은 유아세례주의자들을 지지하기 위한 최근에 주장된 또 다른 개념을 허용하지 않는다.[94]

침례교주의자의 관점에서 보면, 어떤 이들은 구원의 유익을 얻고 어떤 이들은 부분적인 복의 유익만을 얻는 혼합된 본질의 교회는 그리스도와 그리스도의 교회 사이에 있는 은혜언약의 영적 본질을 바꿔놓았고, 그리스도의 사역의 본질과 효과를 불경건하게 만들었다. 스필스버리는 다음과 같이 기록한다. "이것은 그리스도의 거룩한 신부인 교회의 남편이신 그리스도께 세속적인 아내를 강요하는 것만큼이나 그리스도를 극도로 경멸하고 아주 무례하게 대하는 것이다."[95] 배교자에 대해서, 유아세례주의자는 언약의 위반자라고 여기지만, 침례교주의자는 절대 그들을 언약의 참여자였다고 생각하지 않았다(참고: 요한1서 2장 19절).

---

94) Nehemiah Coxe, *A Discourse of the Covenants*, p. 81. Italics added.

95) John Spilsbury, A Treatise Concerning the Lawfull Subject of Baptisme, p. 25.

5.2.3. 은혜언약의 무조건적인 본질

은혜언약의 다른 두 개념은 은혜언약의 본질을 조건적으로 이해하는 원리와 무조건적으로 이해하는 원리에 직접 영향을 미친다.[96] 침례교주의자는 은혜언약을 오직 중생한 택자에게 제한함으로써 마땅히 은혜언약을 절대적으로 무조건이라고 쉽게 확신할 수 있었다.

유아세례주의자 입장에서도, 몇몇 사람들은 은혜언약의 무조건적인 본질을 말했다.[97] 그렇지만, 어떻게 사람이 떨어져 나갈 수 있는 언약이 무조적인 언약일 수 있는가? 이것이 장로교주의자의 언약사상에 있어 아주 중요한 역설이었다. 예를 들면, 피터 버클리는 사람이 은혜언약을 위반하여 그 언약을 무효로 할 정도로 은혜언약에 반하는 죄를 지을 수 있다고 확신하였다.[98] 그렇지만, 그는 이후에 다음과 같이 기록한다. "행위언약 아래 있는 사람은 아마도 그 언약 아래서부터 나와서 은혜언약 아래로 갈 수 있을 것이다. 그러나 한번 은혜언약 아래 있는 사람은 결코 행위언약 아래로 다시 돌아갈 수 없다."[99] 결론적으로, 은혜언약을 절대적으로 무조건이라고 볼 때, 장로교주의자의 언약사상은 근본적으로 어려움에 빠지고, 빠져나올 수 없는 자기모순에 직면했다. 신율법주의, 바울에 관한 새 관점, 페더럴 비전Federal Vision 등등과 같이 값없는 은혜언약을 위태롭게 하는 경향이 조건적 은혜언약의 싹이

---

96) Cf, Keach, *The Display of Glorious Grace*, p. 173; *The Everlasting Covenant*, p. 34. Patient, *The Doctrine of Baptism, And the Distinction of the Covenants*, chapters 7 and 9. Owen, *An Exposition of Hebrews 8:6-13*, p. 259ss. Bunyan, *The Doctrine of the Law and Grace Unfolded*, p. 524, 534.

97) Cf. Francis Turretin, *Institutes of Elenctic Theology*, vol. 2, p. 184ff. 이는 튜레틴의 12번째 주제 (은혜언약)의 세 번째 질문이다. "은혜언약은 조건적인가? 그러면 은혜언약의 조건은 무엇인가?"

98) Peter Bulkeley, *The Gospel Covenant; or The Covenant of Grace Opened*, p. 95.

99) Ibid., p. 99-100.

그 안에 있는 장로주의자의 언약사상에서 자연스럽게 흘러나온다.[100]

6. 결론

이 장에서 우리는 은혜언약에 대한 다른 두 이해들과 옛 언약과 새 언약의 관계에 대한 다른 두 이해들을 살펴보았다. 유아세례주의자의 형태는 은혜언약이 타락 직후 곧바로 시작되었고 옛 언약들과 새 언약들이라고 불리는 두 연속되는 경륜 안에 은혜언약이 놓여있다고 했다. 장로교주의자는 언약(본질)과 경륜(상황)사이에 차이를 두는 것으로, 언약과 경륜에 본질적인 기반을 세웠다. 그들은 같은 언약 안에 자연적인 상속자들과 영적인 상속자들을 유지할 수 있었다. 자연적인 상속자들은 단지 경륜의 한 부분이었고 영적인 상속자들은 은혜언약의 경륜과 그 본질 안에 있는 것이었다. 유아세례주의자의 언약사상과 교회론은 이 두 차이에 근거를 두고 있었다.

침례교주의자의 이해는 다른 근본적인 차이에 근거를 두었다. 은혜언약이 계시되었다는 측면과 은혜언약이 맺어졌다는 측면 사이에 있는 차이이다. 계시된 측면은 그리스도의 죽음 이전의 시대와 일치하고, 맺어졌다는 측면은 그 이후의 시대와 일치한다. 그러므로 침례교주의자들은 새 언약 이외

---

100) 우리는 이 문제를 더 연구하지 않고 단순히 문제 제기만 하는 것으로 만족할 것이다. 이 문제는 제프리 존슨에 의해 깊이 다루어졌기 때문이다. 존슨은 The Fatal Flaw of the Theology Behind Infant Baptism의 제7-9장을 이 주제에 할애했다. 존슨은 이 문제와 관련하여 유아세례주의자들에게 남겨진 여섯 가지 대안들을 검토한다. 그는 성경의 전통이 장로교 언약신학과는 일치하지 않는다는 것을 입증한다. 그리고 그는 만약 장로교 언약신학에 모순이 없으려면, 장로교 언약신학은 반드시 은혜언약의 무조건적인 본질을 제거함으로 전통을 희생시켜야만 한다는 것을 드러낸다.

에 다른 어떤 언약도 은혜언약은 아니라고 생각하였다. 그들은 여전히 타락 이후 계속해서 은혜언약이 모든 언약들 아래 계시되어왔다고 인식했다. 그러나 그 언약들의 실제적 본질과 은혜언약 그 본질 사이에 차이를 두었다.

이 두 언약사상들은 17세기 장로교주의자와 침례교주의자 사이의 모든 분기점에 그 뿌리를 두고 있었다. 은혜언약에 대한 그들의 이해는 그들을 다른 성경 해석과 신학적인 개념으로 이끌었다. 이 책 마지막에, 우리는 은혜언약에 대해 그들 각자의 이해가 그들의 나머지 언약사상을 어떻게 결정했는지를 살펴 볼 것이다. 다시 말하면, 우리는 장로교주의자와 침례교주의자의 형태가 그 교단들 각자의 옛 언약과 새 언약의 개념을 어떻게 결정했는지 살펴볼 것이다.

THE DISTINCTIVENESS
OF BAPTIST COVENANT
THEOLOGY

제3장

옛 언약

제3장
옛 언약

1. "옛 언약"이라는 표현은 무엇을 뜻하는가?

여기까지 오면서, 우리는 옛 언약이 가리키는 것을 명시하지 않고 "옛 언약"이라는 표현을 자주 사용하여왔다. 성경은 하나님과 출애굽한 이스라엘 사이에 맺어진 언약, 즉 모세가 중보자였던 언약을 가리키는 것으로 이 표현을 사용하였다(예레미야 31장 31-32절과 히브리서 8장 8-13절 비교).[1] 대부분 17세기 언약주의자의 입장에서 "옛 언약"이라는 표현은 모세 언약을 언급한 것이었다.[2] 그렇지만, 또한 옛 언약을 모세 언약보다 더 많은 언약들과 연관 짓기도 하였다. 그 당시 언약주의자들에 따르면, 옛 언약은 구약의 모든 시대, 즉 타락부터 새 언약이 세워지기 전까지를 포함했다. 언약신학은 옛 언약을 점증적인 것으로 이해했다.

---

1) 신약은 또 이 언약을 옛 언약이라고 부르지 않고 언급한다. 고린도후서 3장, 갈라디아서 3-4장.

2) 몇몇 사람들은 "시내산 언약"이라는 표현을 쓴다. 우리는 이 둘 모두를 서로 번갈아가면서 쓸 것이다.

1.1. 옛 언약의 점증하는 측면

옛 언약의 마지막을 결정하는 것은 쉽다. 그 까닭은 새 언약으로 대체되었을 때 옛 언약은 폐지되었기 때문이다(참고, 히브리서 7장 11-19절). 그렇지만, 이에 비해 옛 언약의 시작을 결정하는 것은 어렵다. 시내광야에서 맺은 언약이 옛 언약이라는 결정에는 그 어떤 의심도 없지만, 그 광야의 언약이 옛 언약의 시작이었을까? 시내산 언약 이전에 옛 언약이 존재했을까?

우리는 시내산 언약이 시작되기 이전에 옛 언약이 맺어지기 시작했다고 믿는다. 이 시내산 언약은 아브라함과 하나님께서 맺으신 언약 위에 근거를 두고 맺어졌다(참고, 출애굽기 2장 24절, 3장 15-16절, 6장 4-8절). 여러 차례 신약은 하나님과 이스라엘 사이의 언약(옛 언약)이 족장들과 맺은 언약과 모세 언약 안에 그 뿌리를 두고 있다는 것을 드러낸다. 예수님과 바울은 아브라함에게 주신 할례와 모세에게 주신 율법을 뗄 수 없는 방식으로 연결시킨다(요한복음 7장 22-23절, 갈라디아서 5장 3절). 스데반은 아브라함과 맺은 옛 언약을 개관하면서 모세와 다윗의 언약도 포함시킨다(사도행전 7장). 사도들은 할례를 모세 율법의 멍에와 연관시킨다(사도행전 15장 5절, 10-11절). 히브리서는 그리스도께서 이 첫 언약 아래에서 범해진 죄, 즉 타락 이후부터 그리스도께서 죽으시기 전까지 지은 모든 죄에 대해 값을 치루셨다고 확신한다(히브리서 9장 15절). 그러므로 이 첫 번째 언약은 타락부터 시작하여 새 언약이 맺어지기까지 흐르는 모든 시대를 포괄했다.[3]

---

3) 이것은 이 첫 언약(옛 언약)이 시작부터 동일한 체계를 가지고 있었다는 뜻은 아니다. 개혁주의자는 옛 언약이 완전하게 세워지는 쪽으로 발전되어가는 몇 단계를 인식했다. 이는 아담으로부터 노아까지, 노아로부터 아브라함까지, 아브라함에서 모세까지, 출애굽에서 가나안까지등등 이다. 참고, Herman Witsius, *The Economy of The Covenant*, vol. 1, p. 313ff. 옛 언약의 기초인 동물희생제사는 레위지파의 제사장제도 이전에 시작되었다. 희생제물들은 창세기에 드러난다(창세기 3장 21절, 4장 4절, 8장 20절, 22장 13절, 46장 1

개혁주의 신학자들은 "약속의 언약들"을 서로 독립된 언약들이라고 보지 않고 점증적인 언약들로 이해했다. 장로교주의자와 침례교주의자는 이점에서는 일치했다.[4] 헤르만 위치우스는 다음과 같이 기록한다. "우리는 타락 이후 곧바로 구약의 시대와 은혜의 첫 번째 약속을 시작하고 그리스도 안에서 이를 끝냈다."[5] 침례교주의자 입장에서 느헤미야 콕스는 이 주제들에 대해 다음과 같이 기록한다.

[우리는] 반드시 이 할례언약이 혈통을 따라 이스라엘의 교회국가가 세워지는 근거라는 것을 더 잘 알아야 한다.

나는 이스라엘의 교회국가가 이 의식만으로 체계적이고, 완전하게 형성되었다고 말하지 않는다. 그러나 나는 광야에서 교회국가를 시작하는 기본 원칙들이 할례언약 안에 포함되어 있었다는 것을 뜻하고, 할례언약이 교회국가를 가득 채우고 완성하였다는 것을 뜻한다. 할례는 교회국가를 세워가는 가운데 그들과 맺어졌고 이제는 아브라함과 약속한 약속들을 완전히 성취하기 위해서 그들과 맺어졌다.[6]

절). 그리고 레위지파의 제사장제도는 그것들의 연속성을 나타낸다.

4) 이러한 이해는 그 당시 칼빈주의의 명제였던 것 같아 보인다. 이 개념은 칼빈 그 자신에게까지 올라간다. 피터 릴백Peter Lillback은 다음과 같이 기록한다. "칼빈은 구속사의 과정에서 하나님의 단 하나의 언약이라는 관점으로 아브라함과 모세의 관계를 설명한다." Cf. "Calvins's Interpretation of the History of Salvation," *Theological Guide to Calvin's Institutes*, Phillipsburg, P&R, 2008, p. 187.

5) Herman Witsius, *The Economy of the Covenants*, vol. 1, p. 308. See also John Ball, *A Treatise of the Covenant of Grace*, p. 36.

6) Nehemiah Coxe, *A Discourse of the Covenants*, p. 99

토마스 페이션트는 더 명백하다. "그러나 본질에 있어서, 백성들이 출애굽 했을 때 모세에게 주신 의식을 지켜야 하는 언약은 아담의 후손들에게 주어진 언약과 동일하다는 것은 나에게 있어서 분명하다."[7]

1.2. 유아세례주의자 입장의 어려움

옛 언약이 점증적이라는 개념은 은혜언약에 대한 장로교주의자와 침례교주의자의 이해와 일치했다. 그렇지만 만약 한 사람이 시내산 언약을 행위언약(조건적인 언약)으로 본다면, 옛 언약을 은혜언약의 점증적인 경륜으로 생각하기는 불가능하게 된다. 그 까닭은 은혜언약의 무조건적인 본질과 시내산 언약의 조건적 본질은 양립할 수 없기 때문이다. 물론, 대부분의 장로교주의자는 이러한 어려움을 당하지 않았다. 그 까닭은 시내산 언약을 행위언약이라고 보지 않고 은혜언약으로 이해했기 때문이다. 반면, 침례교주의자와 같은 입장에 있는 몇몇 유아세례주의자는 시내산 언약을 조건적인 언약으로 이해했다. 두 가지 대안이 유아세례주의자에게 가능했다. 이는 은혜언약과 이 모세 언약을 연결하기 위해 모세 언약의 조건적인 측면을 부인하든지, 모세 언약을 은혜언약에서 떼어놓고 고립시켜 놓는 것이다.[8]

이러한 접근들 모두 두 경륜 아래 한 은혜언약이라는 생각의 틀을 유지하는 것에 목적이 있었다. 1689 신앙고백서의 언약사상(은혜언약이 계시되었고 그 후에 맺어졌다)은 이 어려움을 피했다. 실제적으로, 침례교주의자는 시내산 언

---

7) Thomas Patient, *The Doctrine of Baptism, And the Distinction of the Covenants*, beginning of Chapter 10.
8) 세 번째 대안은 단순히 은혜언약을 조건언약(또는 부분적으로 조건적인 언약)으로 여길 것이라고 예측되었고 이것이 이 대안의 본질이었다. 이런 의도는 결국에 유아세례주의자를 새 관점NPP과 페더럴 비전 Federal Vision논쟁으로 이끌어갔다. 참고. Jeffrey D. Johnson, *The Fatal Flaw of Theology Behind Infant Baptism*, chapters 8 and 9.

약을 위태롭게 하지 않으면서 시내산 언약을 은혜언약과 나란히 존재할 수 있고 동시에 존재 할 수 있는 행위언약으로 여겼다.

장로교주의자의 입장에서 제시된 제안들 중 그 어느 하나도 어려움을 해결해 주는 것은 없었다. 은혜언약과 모세 언약을 결합시키기 위해 모세 언약의 조건을 부인한 경우에는, 적어도 모세 언약이 조건적이고 은혜언약은 아니라는 것을 제시하고 있는 몇몇 성경구절들을 반드시 설명해야 했다. 모세 언약이 조건적이라는 사실을 용인한 경우에는, 은혜언약의 무조건적인 본성을 파괴하지 않고 구약 안에서 은혜언약과의 동일성을 확증하는 방법을 필수적으로 찾아내야 했다. 이 방식의 본질은 해석에 있어서 아브라함 언약과 모세 언약을 분리시켜 생각하는 것이었다. 첫 번째는 은혜언약이고 둘째는 행위언약이다. 그렇지만, 아브라함과 모세 사이의 유기적인 연속성을 어떻게 설명해야 하나? 우리 모두는 이 유기적인 연속성을 살펴보았다. 차례대로, 이 각각의 해결책들을 살펴보자.

1.2.1. 해결책1 : 모세 언약은 무조건적이었다

성경은 하나님의 복을 얻는 두 가지 방식을 소개한다. 이 두 가지 방식은 조건적인 방식과 무조건적인 방식이다. 첫 번째 방식(조건적 방식)은 율법에 순종하는 것과 연결되고 두 번째(무조건적인 방식)는 믿음과 연결된다. 우리는 율법의 순종을 통하여 획득한 조건적 복에 관하여 읽어서 알고 있다. "너희는 내 규례와 법도를 지키라 사람이 이를 행하면 그로 말미암아 살리라 나는 여호와니라"(레위기 18장 5절). 우리는 믿음을 통하여 얻는 무조건적인 복에 관하여 안다. "의인은 그 믿음으로 말미암아 살리라"(하박국2장 4절). 사람은 율법(로마서 10장 5절)으로나 믿음(로마서 1장 17절)으로 살 수 있다(생명을 얻을 수 있다). 이 두 방식들은 서로 반대되고, 서로 양립할 수 없다. 사도 바울은 다음과 같이 기록한다.

> [10]무릇 율법 행위에 속한 자들은 저주 아래에 있나니 기록된 바 "누구든지 율법 책에 기록된 대로 모든 일을 항상 행하지 아니하는 자는 저주 아래에 있는 자라 하였음이라" [11]또 하나님 앞에서 아무도 율법으로 말미암아 의롭게 되지 못할 것이 분명하니 이는 "의인은 믿음으로 살리라" 하였음이라 [12]율법은 믿음에서 난 것이 아니니 율법을 행하는 자는 그 가운데서 살리라 하였느니라 (갈라디아서 3장 10-12절).

언약신학에서, 언약의 참여자의 순종 위에 있는 조건적 언약 혹은 조건적 약속의 유산은 행위언약이라고 여겨졌다. 언약의 모든 참여자에게 무조건적으로 주어진 약속된 유산 안에 있는 언약은 은혜언약으로 여겨졌다. 그래서 언약의 참여자의 순종은 언약을 통해 얻은 복의 원인 혹은 결과로 이해했다. 존 오웬은 순종이 은혜언약과 행위언약의 관계 안에서 어떻게 작동하는지 설명한다.

> 은혜언약의 약속은 다른 어떤 언약의 약속보다 더 좋다. 다른 많은 이유들보다, 특히 그 약속들의 은혜가 우리 입장에서 해야 하는 어떤 조건이나 자격을 앞서 만족시키기 때문이다. 만약 우리가 조건들을 하나님께서 요구하시는 우리의 순종의 의무, 이에 더하여 그 언약의 효력 안에서 그리고 그 효력으로 이루어지는 의무로 의도한 것이라면, 나는 은혜언약이 조건들 없이 절대적으로 존재한다고 말하지 않는다. 그러나 우리가 말하는 것은 이것이

다. 우선 은혜언약의 기본적인 약속들은 언약 안에서 우리의 순종에 대한 보상이 아니라, 효과적으로 우리를 언약에 속하게 하고 그 언약 안에 우리를 세우고 확정하는 것이다. 행위언약은 행위언약의 약속들을 가지고 있었다. 그러나 그 약속들은 모두 보상적인 성격, 우리의 선행적인 순종과 관련된 것이었다. (이 모든 것이 시내산 언약의 독특성이었다). 이러한 약속들도 은혜에 속했다. 이는 그 보상이 우리 순종의 공로를 무한히 뛰어넘기에 그렇다. 그러나 여전히 그 모든 약속은 보상을 확증하고 그 약속들을 따르는 사람만이 공식적으로 보상을 받았다. 은혜언약 안에서는 이렇지 않다. 은혜언약의 몇 가지 약속들은 우리가 하나님과 언약을 맺는, 언약에 들어가는 수단들이기 때문이다. 첫 번째 언약은 절대적으로 약속 위에 세워졌다. 그리고 첫 번째 언약으로 사람들이 실제로 언약을 맺었을 때, 앞으로 받을 보상에 대한 약속들로 인하여 순종할 용기를 얻었다. 그러나 그 사도가 죄의 용서와 율법을 우리 마음에 새겨주시는 것이 이 언약의 독특한 약속들이라고 분명하게 주장하는 것을 볼 때, 죄의 용서와 율법을 우리 마음에 새겨주심과 같은 약속들은 우리의 언약적 순종보다 이전에 성취되고 작용된다. 비록 우리가 실제적으로 죄 용서를 받기 이전에 자연적인 순서로 믿음이 요구되지만, 약속의 은혜로 인해 믿음 그 자체가 우리 안에 생성되는 것이고, 죄의 용서보다 믿음의 선행하는 것은 은혜언약의 유익을 나누어 줌에 있어서 하나님께서 정하신 유일한 순서를 고려한 것이지 죄의 용서가 우리 믿음의 보상이라는 것을 의도한 것이 아니다.[9]

---

9) John Owen, *An Exposition of Hebrews* 8:6-13, p. 178-79.

17세기의 대부분의 언약 신학자는 이러한 이해를 지지하였다. 그렇지만, 많은 사람은 은혜언약의 순종의 개념을 모세 언약에 적용시켰다. 결론적으로, 모세 율법에 의해 요구되는 순종은 복을 상속받는 조건으로 보여지지 않았고, 이 언약이 주는 무조건적인 복의 열매로 보여졌다. 예를 들어, 존 볼은 신명기 9장 4-5절 말씀을 인용하여 이스라엘에게 약속된 유산은 순종에 근거한 조건적인 것이 아니라고 결론을 내렸고[10] 조건적인 성경구절은 다음과 같은 방식으로 설명한다.

> 이 약속들은 만약 너희가 나의 말에 순종하고 내 명령을 행하면 이라는 조건
> 위에서 이루어지는 것은 사실이다. 그러나 조건들은 두 종류를 가진다. 이는
> 선행적인 것과 결과적인 것이다. 선행하는 조건은 조건이 약속되고 주어진
> 것에 대한 원인일 경우이다 [......] 그 조건이 대상의 자격으로, 또는 부가적
> 인 것으로 약속에 붙어 있을 때, 결과적인 조건은 반드시 약속된 것을 수반한
> 다. 그리고 이 후자의 의미로, 십계명에 순종하는 것은 약속의 조건이었다.
> 이 순종은 약속된 복을 허락하는 원인이 아니라 소유할 법적인 권리를 가진
> 순종하는 사람의 자격이었다. 즉, 값없이 주어진 큰 자비의 결과이다.[11]

볼의 입장에서, 예수 그리스도로 인해 요구되는 순종의 목적과 모세로 인해 요구되는 순종의 목적 사이에는 그 어떤 차이도 없었다. 볼은 그 어떤 경

---

10) 시내산 언약을 행위언약으로 본 사람들은 신명기 9장 4-5절과 같은 성경말씀들을 하나님의 은혜가 특별히 드러난 것으로 이해했다. 하나님의 은혜는 심지어 행위언약 아래서 자비로웠다. 그러므로 하나님의 은혜는 은혜언약 아래에서 무한히 자비롭다.

11) John Ball, *A Treatise of the Covenant of Grace*, p. 132-33

우도 순종을 약속의 조건적 원인으로 여기지 않았고, 순종을 오로지 이 약속의 결과로만 보았다. 토마스 블레이크는 옛 언약과 새 언약은 정확하게 같은 것을 주고 요구한다고 확신하였다. "이러한 언약들은 하나님 입장에서 하나이고 같은 조건, 즉 죄들의 씻음과 영원한 행복을 가진다 [......] 이러한 언약들은 사람의 입장에서도 같다. 즉 믿음과 회개이다."[12] 더 나아가, 블레이크는 믿음의 조건이 믿음이 없는 사람들에게 행위언약으로 기능을 했고 믿는 사람에게는 은혜언약으로 작용했다고 설명한다.[13] 블레이크는 시내산 언약 안에 담겨 있는 십계명이 정확히 새 언약 아래 마음에 새겨진 율법과 동일하다고 인식하였다. 그 까닭은 그는 시내산 언약을 은혜언약으로 보았기 때문이다. 그는 다음과 같이 기록한다.

모세에 의해 이스라엘 백성들에게 전달된 이 언약은 은혜언약이었다. 그렇기에 이 언약은 복음의 시대에 살고 있는 우리에게 속한 은혜언약과 그 본질에 있어서 동일하다. 이것은 언약에 대한 볼의 논문 102, 103, 104쪽에서 그에 의해 거의 대부분 증명된다. 나도 도왔다.[14]

블레이크는 존 볼을 전적으로 신뢰하여 모세 언약은 무조건적이었다고 확신한다. 그가 제시한 세 가지 증거들을 살펴보자.[15] 그 첫 번째 증거의 본

---

12) Thomas Blake, *Vindiciae Foederis*, p. 158-59.

13) Ibid., p. 172.

14) Ibid., p. 166.

15) John Ball, *A Treatese of the Covenant of Grace*, p. 102-110. 볼은 모두 합쳐서 여덟 개의 증거를 제시한다. 그러나 이 증거들은 세 가지 요점 안에 뒤얽혀 있고 요약된다. 우리는 볼의 증거에 결함이 있다고 판단하는 이유를 간략하게 설명하고 이 논문 마지막에서 그 이유를 입증할 것이다.

질은 이스라엘과 언약을 맺으실 때, 하나님께서는 은혜를 확장하고 계셨다는 것이다. 결과적으로, 이 언약은 조건적이 아니라 무조건적이었다. 이 언약은 받을 자격이 있어 주어진 것이 아니라 값없이 주어진 것이었다. 그렇지만 "하나님과 피조물 사이의 차이는 하나님 입장에서 어떤 자발적인 낮아지심이 없이는 그들이 결코 생명의 보상을 취할 수 없을 만큼 크다. 그리고 하나님께서는 언약의 방식으로 자신의 자발적 낮아짐이 표현되는 것을 기뻐하신다"라는 것을 모든 신앙고백서들은 인정한다.[16] 이것은 첫 행위언약도 포함한다. 하나님과 사람 사이의 조건적 언약을 포함해서 모든 언약들은 하나님의 은혜로부터 나온다. 그럼에도 불구하고, 특정한 언약이 조건적인지 무조건적인지를 결정하기 위해서 언약의 복들이 주어진 방식을 결정하는 것이 필수이다. 믿음으로 값없이 주어지는가? 순종으로 인해 조건적으로 주어지는가?

두 번째로, 볼은 출애굽기 19장에 기록된 십계명에 대한 서문을 살피고 이스라엘에게 법을 주시기 이전에 하나님께서는 이스라엘을 구원하셨기 때문에, 은혜가 명령보다 앞선다고 결론을 내렸다. 그러므로 명령으로 요구된 순종은 이 언약에서 주어지는 복보다 앞서거나 조건적이지 않을 수 있다. 오히려 이 순종은 이 주어진 복 이후에 일어나는 것이고 결과적인 것일 수 있다. 애굽으로부터 구원이 무조건적이라는 사실에는 그 어떤 의심도 없다. 그러나 하나님께서 이스라엘과 언약을 맺으신 것은 출애굽으로 인해 맺어진 것도 아니고 출애굽 하는 동안에 맺으신 것도 아니었다. 하나님께서는 미리 이스라엘을 은혜로 구원하셨지만, 이 후에 조건적인 언약을 그들과 맺으셨다.

---

16) *제2차 런던 침례교 신앙고백서 제7장 1항*

동시에, 모세 언약에 대한 서론에서 볼은 특별이 은혜언약을 "나는 너희의 하나님이 될 것이고 너는 나의 백성이 될 것이다"라는 약속 안에서 본다. 그는 다음과 같이 쓴다.

> 은혜언약은 나는 너희의 하나님이 될 것이고 너희는 나의 백성이 될 것이다라는 말씀에서 드러난다. 이 말씀에서 하나님께서는 자신의 종들의 사악함을 좋게 대해 줄 것이고 더 이상 그들의 죄들을 기억하지 않으시겠다고 약속하셨다. 그리고 하나님께서는 그들에게 천국의 것들에 속한 모든 영적인 복을 주실 것이라고 약속하셨다.[17]

하나님을 자신의 하나님으로 가지는 것은 반드시 은혜언약 안에 포함되어 있다는 뜻이라고 이해한 유일한 사람은 볼만이 아니었다. 헤르만 위치우스는 다음과 같이 기록한다. "어떤 사람들에게 하나님이 되신다는 표현이 가지는 그 함축된 뜻은 영원한 생명을 포함하는 것이다. 그 까닭은 하나님께서 죄인의 하나님이 되셨을 때, 하나님께서는 죄인과 밀접한 관계를 맺게 되시고 하나님께서는 자기 자신에게 그러한 하나님이 되시기 때문이다."[18] 우리는 이 연역법이 두 가지 이유에 있어서 잘못이 있다고 믿는다. 첫 번째 이유

---

17) John Ball, *A Treatise of the Covenant of Grace*, p. 104.

18) Herman Witsius, *The Economy of the Covenants*, vol. 1, p. 293. 존 칼빈은 같은 이해를 가졌다. "하나님께서 항상 자신의 종들과 맺으셨던 언약은 이것이었다. '나는 너희 중에 행하여 너희의 하나님이 되고 너희는 내 백성이 될 것이니라'(레위기 26장 12절). 선지자도 이 말씀을 늘 자세히 설명한 것처럼 이 말씀은 생명과 구원 그리고 모든 복을 포함한다. 다윗은 반복해서 그리고 타당한 이유를 가지고 다음과 같이 선언한다. '이러한 백성은 복이 있나니 여호와를 자기 하나님으로 삼는 백성은 복이 있도다(시편 114편 15절).' '여호와를 자기 하나님으로 삼은 나라 곧 하나님의 기업으로 선택된 백성은 복이 있도다(시편 33편 12절).' 그리고 이 복은 단지 이 땅의 행복에 관한 것이 아니라 하나님께서 죽음으로부터 구원하셨기 때문에, 하나님께서 계속해서 지키시고 영원한 자비하심으로 자기 백성으로 양자 삼으신 사람들을 찾아가신다." *Institution*, II, X, 8.

는 성경이 하나님께서 너희의 하나님이 되시는 길을 은혜를 통한 구원으로 되는 것 이외에 다른 길을 드러내기 때문이다. 이것에 관하여, 느헤미야 콕스는 다음과 같이 기록한다.

> 분명히 "나는 너희의 하나님이 될 것이다"라는 약속과 창세기 17장 7절에 발견된 초기의 약속은 선한 것을 주실 것이라는 일반적인 확신을 언약 안에 있는 백성들에게 준다. 그러나 이 약속들은 아마도 그 언약의 다른 약속들에 있는 선보다 더 초자연적인 특별한 선이나 복으로 생각되어지지 않는다. 그 까닭은 이 일반적인 약속이 함축하고 있는 참 뜻은 "하나님께서는 자기 자신과 자신의 본성의 모든 속성들을 쏟아 부으셔서 지금 그들과 맺으신 그 언약의 모든 약속을, 언급하신 언약의 참 특성과 조건들에 따라서 정확하게 이루시기" 때문이다. 필수적으로 요구되는 하나님의 모든 속성이 완전히 발휘되기 때문에, 하나님의 입장에서 하나님의 모든 속성들은 이 약속들이 실패하지 않는다는 서약으로서 놓여진다. 이는 주어진 약속이 성취될 때, 이 백성들의 선과 유익을 위한 것이다. 그러나 여전히 하나님께서 그들에게 주시고 그들을 위해 행하시는 것을 하나님께서 베푸시는 복과 그 복이 나눠지는 범위와 조건들과 관련시켜 보면, 하나님의 주심과 행위는 그들과 맺은 언약으로 그리고 그 언약의 약속의 본질과 정도에 따라 제한된다.[19]

다시 말해, 하나님께서 누구의 하나님이시라는 말의 함의는 하나님께서 자신의 백성을 위해 하나님이 되시겠다고 약속하신 그 언약의 범위에 기초하

---

19) Nehemiah Coxe, *A Discourse of the Covenants*, p. 111. Italics added.

여 반드시 결정되어야 한다. 창조주로서 하나님께서는 모든 인류의 하나님
이 아니신가(시편 24편 1절, 말라기 2장 10절, 마태복음 5장 45절, 디모데전서 4장 10절,
베드로후서 2장 1절)? 이스라엘의 구원자로서 하나님께서는 모든 이스라엘 백
성의 하나님이셨다. 모든 이스라엘 백성이 필수적으로 구원의 은혜의 유익
을 얻는 것은 아니었지만 말이다(로마서 9장 5-8절). 그럼에도 불구하고, 이 동
일한 백성은 보통 하나님의 백성이라고 불린다(신명기 27장 9절, 로마서 9장 6절,
시편 50편 7절). 이스라엘의 하나님이 되신다고 약속하심으로써 주님께서는 다
른 나라들 보다 이스라엘을 특별하게 여길 것을 약속하셨다. 이는 보호하시
고 가나안을 소유하게 하시고 그들의 땅에 복주신다...는 것이다(참고, 신명기
28장 1-14절). 시내 광야에서 맺은 이 언약의 범위는 이스라엘의 하나님이 되시
겠다는 약속으로 하나님께서 맺으신 언약이라는 사실을 우리에게 말해준다.

둘째로, 콕스가 지적하는 것처럼, 약속이 옛 언약과 새 언약 안에서 발견
된다면, 이 약속의 본질이 조건적인지 혹은 무조건적인지를 반드시 설명해
야 한다. 시내산 언약과 새 언약의 문맥 안에서 이 같은 약속에 대한 간단한
비교는 정확히 계시되고 있다. 옛 언약 아래서 하나님께서는 말씀하신다.
"세계가 다 내게 속하였나니 *만일 너희가 내 말을 잘 듣고 내 언약을 지키면*
너희는 모든 민족 중에서 내 소유가 되겠고 너희가 내게 대하여 제사장 나라
가 되며 거룩한 백성이 되리라 너는 이 말을 이스라엘 자손에게 전할지니라"
(출애굽기 19장 5-6절, 이탤릭체는 더해진 것이다). 옛 언약의 제한된 범위에 따르
면, 이스라엘이 하나님을 소유하는 것은 이스라엘의 순종에 근거를 둔 조건
적이다.[20] 새 언약 아래서도 하나님께서 자신의 백성의 하나님이 되신다고

---

20) 이것은 가장 중요한 한 가지 의문을 들게 한다. 하나님께서 자신의 약속을 계속 지키시기 위해서 옛 언
약은 어떤 순종을 요구하는가? 도덕법을 완벽하게 순종하는 것인가? 또는 완벽하지는 않지만 계속 지키는

약속하시고, 그 내용은 "택하신 족속이요 왕 같은 제사장들이요 거룩한 나라요"(베드로전서 2장 9절)이다. 그러나 옛 언약과 반대로, 새 언약 아래의 이 약속은 무조건적이다. "나는 그들의 하나님이 되고 그들은 내 백성이 될 것이라[......] 내가 그들의 악행을 사하고 다시는 그 죄를 기억하지 아니하리라"(예레미야31장 33-34절). 새 언약 아래서 하나님의 백성이 된다는 것은 이 언약의 중보자가 얻은 죄 용서로 인해 보증된다는 것이다. 그 까닭은 그리스도께서 언약의 보증인으로 드러나셨기 때문이다(히브리서 7장 22절). 옛 언약 아래서 하나님의 백성이 된다는 것은 이 백성의 순종을 근거로 하는 조건적인 것이다. 더욱이, 옛 언약 아래서 주님께서 누구의 하나님이 되신다는 것은 새 언약 아래서와 같이 동일한 복을 주는 것은 아니었다. 첫 번째 언약은 땅의 복을 보증했고 두 번째는 하늘의 복들, 영원한 생명을 보증한다.

볼에 의해 제시된 세 번째 증거는 신명기 6장 4-5절의 다른 형식에서 발견된 십계명 제1계명으로부터 연역적으로 추론해서 나온 것이다. "이스라엘아 들으라 우리 하나님 여호와는 오직 유일한 여호와이시니 너는 마음을 다하고 뜻을 다하고 힘을 다하여 네 하나님 여호와를 사랑하라." 볼은 이 명령이 하나님을 믿는 것이 생명을 얻는 것과 동일한 것이었다고 가리킨다. 정확하게 은혜언약 아래 있는 것과 동일하다는 의미이다. 우리는 이 명령이 궁극적으로 새 언약 아래서와 동일하게 하나님을 믿는 믿음을 요구한다는(히브리서 11장 6절) 것에서 볼과 같은 입장이다. 그렇지만 볼은 이 명령이 하나님께로

_____

것인가? 이 질문에 대한 답은 우리가 이해한 행위언약과 옛 언약의 관계로 인해 거의 모든 것이 결정된다. 행위언약은 도덕법에 대한 완벽한 순종을 요구했다. 단 하나의 명령이라도 어기는 것은 그 언약을 어기는 것이었고 영원한 저주를 가져왔다. 이것이 옛 언약의 경우와도 같았을까? 우리는 바로 이 질문을 3.2 옛 언약의 본질에서 자세히 살펴볼 것이다.

회심을 요구하기 때문에, 옛 언약은 무조건적으로 이 명령이 요구하는 모든 것을 준다는 잘못된 결론에 이르렀다. 신약이 율법을 약하고 부족한 것으로 나타내는 까닭은 율법이 그들에게 요구하는 모든 것은 죄인들 안에서 작용할 수 없기 때문이다(히브리서 8장 7절, 로마서 8장 3절). 또한 새 언약이 옛 언약과 근본적으로 완전히 다른 것은 바로 정확히 이 지점이다. 이는 새 언약이 하나님께서 명령하신 모든 것을 주기 때문이라는 관점에 근거한다. 토마스 페이션트는 다음과 같이 기록한다. "잘 생각해보자, 이 언약 [새 언약]안에 하나님께서 요구하시는 것이 하나도 없는 것이 아니라, 하나님께서 관여하셔서 우리가 성취할 수 있게 해주신다."[21] 하지만, 토마스 페이션트 이전에 사도 바울도 다음과 같이 기록했다. "......이는 그리스도 예수 안에 있는 생명의 성령의 법이 죄와 사망의 법에서 너를 해방하였음이라 율법이 육신으로 말미암아 연약하여 할 수 없는 그것을 하나님은 하시나니 곧 죄로 말미암아 자기 아들을 죄 있는 육신의 모양으로 보내어 육신에 죄를 정하사......"(로마서 8장 2-3절). 새 언약은 성공적으로 언약의 모든 구성원들에게 구원을 준다. 그 까닭은 새 언약이 무조건적이기 때문이다.[22]

이러한 어려운 문제에 부딪힌 몇몇 유아세례주의자들은 모세 언약을 무조건적인 것으로 생각할 수 없었다. 사무엘 페토의 경우가 바로 이 경우였다. 그는 다음과 같은 글을 남겼다.

---

21) Thomas Patient, *The Doctrine of Baptism, And the Distinction of the Covenants*, chapter 7 (around two-thirds of the way through the chapter).

22) 네 번째 증거는 살펴볼 가치가 있다. 볼은 이것이 옛 언약은 은혜언약이었다는 증거라고 확언한다. 그 까닭은 옛 언약이 구속의 언약이었기 때문이다. 그리고 어떤 사람은 이 구속의 언약 안에서 속죄와 죄 용서의 대속교리와 같이 희생제물들의 대속교리를 이해했기 때문이다. 우리가 3.2에서 옛 언약의 본질을 살펴볼 때, 이 점이 초점이 맞춰진 지점일 것이다. 그러나 이제는, 그 자체로 구원의 은혜를 제공하지 못하는 옛 언약이 구원으로 이끄는 바로 이 은혜를 예표적으로 가리킨다는 것을 기억하는 것에 만족하자(갈라디아서 3장 24절).

이 언약은 조건적으로 주어진 것이고, 순종의 조건에 근거하지 않고는 그 어떤 것도 약속하지 않는다. 출애굽기 19장 5절 만약 너희가 내 말을 잘 듣고 내 언약을 지키면 너희는 모든 민족 중에 내 소유가 되겠고. 모든 것이 만약에 근거를 둔다. 그리고 레위기 26장 3-4절 그렇기에, 너희가 내 규례와 계명을 준행하면 내가 너희에게 철따라 비를 주리니 라는 말씀은 다른 많은 구절들과 비슷하다. 모든 약속들이 하나님의 명령들을 지키는 조건들 위에 그 근거를 둔다.[23]

분명하게, 만약 시내산 언약이 조건적이었고 만약 그 약속들이 그 언약의 구성원들의 순종에 달려있었다면, 이것은 두 경륜 아래 한 은혜언약이라는 개념에 문제를 드러내는 것이었다. 모세의 율법이 행위언약이었다고 생각하면서 어떻게 이스라엘이 은혜언약 아래 있었다고 주장할 수 있을까? 이 문제에 대한 답이 두 번째 해결책이었다.

1.2.2. 해결책 2 : 모세 언약은 아브라함과 맺은 은혜언약과는 차이가 있었다

은혜언약에 대한 유아세례주의자의 형태를 유지하기 위해, 몇몇 유아세례주의자는 모세 언약이 조건적인 언약이라는 것을 인정하면서, 아브라함 언약과 시내산 언약을 완전히 떼어놓았다. 그들은 우선 장로교주의자들이 은혜언약(두 혼합된 언약들 아래서 실행된 언약)을 이해한 것과 동일한 방식으로 은혜언약을 이해하였고 그 다음으로 그들은 침례교주의자가 옛 언약(영원한 생명을 주지 못하는 조건적이고 일시적이고 모형적인 한 언약)을 이해했던 것과 같은

---

23) Samuel Petto, *The Great Mystery of the Covenant of Grace*, Stoke-on-Trent, Tentmaker Publications, 2007 (1820), p. 94.

방식으로 옛 언약을 바라보았다. 이 해결책은 특별히 사무엘 페토에 의해 발전되었다.[24] 두 경륜 아래 한 은혜언약을 주장하는데 반해서, 페토의 해결책은 모세 언약을 조건적인 언약으로 인식하는 오늘날 유아세례주의자 신학자들의 이해와 상당 부분 일치한다.[25] 페토는 다음과 같이 글을 쓴다.

아브라함과 맺은 언약은 *폐지된 상태*라고 결코 말하지 못한다. 폐지되지 않았다고 말한다. (아브라함 언약으로부터) 430년 이후에 주어진 율법이 아브라함 언약을 취소할 수 없다고 분명히 말하고 있기 때문이다. 또한 복음의 시대에서도, 그들은 언약의 자손들로 불린다. 사도행전 3장 25절을 보라. 아브라함과 맺은 언약이 행위언약이었고, 법적으로 일시적인 언약이었고, 아브라함의 혈육의 자손이 섞여있는 언약이면서, 이 언약으로 인해 *가나안* 땅의 일시적인 약속들만 가졌고 모형적 언약이었다는 이러한 모든 개념들은 내가 말한 것처럼 사실이 아니고 사라지고 아무것도 아닌 것이 될 것이다. 그리고 *아브라함과 맺은* 바로 이 언약 안에서, 주님께서 아브라함과 그의 후손

---

24) 마이클 브라운Michael Brown은 자신의 책의 모든 장에서 모세 언약에 대한 페토의 사상을 다루었다. 참고, *Christ and Condition*, pp. 87-104.

25) The collective work edited by Bryan D. Estelle, J. V. Fesko and David VandDrunen, The *Law Is Not Of Faith*는 아주 좋은 예이다. 이 작품에서, 유아세례주의자 저자들은 재공표교리republication(이 교리는 모세 언약은 행위언약의 재공표된 것을 포함하고 있다는 것이다)가 개혁주의 전통과 조화된다는 사실을 확립하려고 노력한다. 또 다른 예는 마이클 호튼이다. 호튼은 아담과 아브라함과 모세와 맺은 언약에 관하여 조건적 본질과 무조건적 본질에 대해 다음과 같은 방식으로 자신의 이해를 정리한다. "만약 시내산 언약이 아브라함의 은혜언약과 동일하다고 단순하게 말하는 것이 잘못이라면, 시내산 언약(일반적으로 신정체계)이 단지 타락 이전에 아담과 맺은 첫 번째 행위언약을 재공표한 것뿐이라고 말하는 것은 정당하지 않다." *God of Promise, Introducing Covenant Theology*, Grand Rapids, Baker, 2006, p. 54. 존 머레이는 자신의 입장에서 아브라함 언약과 새 언약 사이에 동일한 본질이 있다는 것을 확실히 말한다. "새 언약은 그 본질에 있어서 은혜의 주권적 집행이라는 측면에서 아브라함 언약과 다르지 않다." *The Covenant of Grace*, Phillipsburg, P&R, 1953, p. 27.

의 하나님이 되신다는 약속을(창세기 17장 7절) 아주 깊이 생각해야 한다. 그리고 그런 후 그 다음으로 가나안 땅의 일시적인 약속을 그의 후손들에게 주신다는 것과 17장 8절 *나는 그들의 하나님이 되리라* 라는 말씀을 꼬아 두셨다. 그래서 하나님께서는 외적으로 이 같은 후손의 하나님이시고 가나안 땅 역시 약속하신다. 그리고 하나님 입장에서 어떤 사람의 하나님이 되신다는 것은 일시적인 선이 무엇이든 간에 그것보다는 훨씬 더 대단한 것이다.[26]

(적어도 암묵적으로) 아브라함 언약과 시내산 언약을 떼어놓음으로써, 페토는 의롭게 하지 못하고 정죄하는 그리고 일시적이고 새 언약으로 대체되는 옛 언약을 신약이 드러냈다는 사실을 어려움 없이 생각했다. 이런 취지에서, 페토의 이해는 침례교주의자의 이해와 일치했었다. 그렇지만, 앞 장에서 살펴본 것 같이 페토는 은혜언약에 관하여서 장로교주의자의 체계를 전적으로 지지하는 유아세례주의자였다. 페토의 생각에서 이렇게 큰 차이가 드러나는 본질은 은혜언약인 아브라함 언약을 완전히 격리시킨 것이다. 페토에 따르면, 아브라함과 맺은 언약은 구원의 은혜(갈라디아서 3장 18절)를 제공했고, 명백하게 그 언약의 구성원에 자연적인 후손을 포함한다. 그러므로 페토에 의하면, 이것은 혼합된 언약이었다. 몇몇은 이 언약의 내적 본질을 받아들였고 다른 몇몇은 이 언약의 외적인 경륜 아래 있었다는 것이다. 페토의 입장에서 아브라함과 그의 후손들과 맺은 이 은혜언약은 새 언약과 동일하다는 것은 말할 필요도 없다. 단지 외적인 경륜만 변했다.

페토가 옛 언약과 새 언약을 동일한 언약의 두 경륜으로 생각하지 않고

---

26) Samuel Petto, *Infant Baptism of Christ's Appointment*, p. 31-32.

두 구별된 언약들이라고 말하는 것은 중요하다. 그는 다음과 같이 기록한다. "새로운 혹은 더 나은 언약은 시내 산에서 맺어진 언약과 구별된다. 그 언약들은 동일한 언약의 두 경륜들 혹은 집행으로 일반적으로 이야기된다. 내가 생각하기에는, 그것들이 단지 각각의 경륜으로 드러나는 하나이고 동일한 언약이 아니라 두 언약들이다."[27] 그렇지만, 그는 아브라함 언약이 은혜언약이었다고 확실히 말하고 우리는 신약에서 동일한 것을 발견한다. 페토는 이 관점을 반대하는 토마스 그랜섬에 답하여, 다음과 같은 글을 기록한다.

반면 그랜담은 창세기 17장의 언약이 복음언약, 즉 은혜언약이라는 것을 부인한다.

이것이 그의 치명적인 잘못이다. 그 까닭은 사도 바울이 아브라함과 맺은 이 언약의 은혜로 복음시대에 의롭게 됨을 증명하기 때문이다(로마서 4장 1절, 2절, 3절, 4절, 16절, 17절).

이것이 바로 그의 논지를 세운 근거이다. 곧, 아브라함이 의롭게 되었던 것과 동일한 방식으로 복음 아래 있는 우리는 의롭게 된다. 그러므로 은혜로 인해 의롭게 되는 것이다. 약속으로 그렇게 되는 것이지, 율법으로가 아니다. [......]

그랜담은 사도 바울이 폐지된 율법으로 우리가 의롭게 되었다는 것을 증명하려고 노력했다고 생각하였을까? 그리고 법적인 언약으로도 그렇게 생각

---

27) Samuel Petto, *The Great Mystery of the Covenant of Grace*, p. 103. 그렇지만, 페토가 모세 언약을 정확하게 명시하고 있는 것을 주목하라. 그가 말한 모든 내용은 아브라함 언약과 일치하지 않는다.

하였을까? 마치 자신이 이것은 그렇게 되길 바란 것처럼 말이다.[28]

만약 아브라함에게 주어진 할례언약이 무조건적인 언약이어서 마땅히 시내산 언약과 근본적인 차원에서 구별된다면, 페토Petto는 사도 바울의 확신을 어떻게 설명했을까? "내가 할례를 받는 각 사람에게 다시 증언하노니 그는 율법 전체를 행할 의무를 가진 자라"(갈라디아서 5장 3절). 바울은 할례(아브라함 언약)와 율법(모세 언약)사이를 강하게 연결시키는 듯 보였다. 페토는 바울이 이 논리를 지지하지 않고 유대주의자Judaizers의 논리를 따르고 있었다고 주장함으로 이 어려운 문제를 피했다.

이 말씀은 칭의와 구원을 위해 할례를 강요하는 거짓 선지자들의 의미로 할례에 대해서 말하지 않는다. 그래서 만약 사람들이 모든 의무, 심지어 세례를 이러한 법적인 근거 위에서 강요하면, 이는 사람들을 모든 법에 빚진 자로 만드는 것일 수도 있다. 또는 모든 것을 행하지 않는 한 할례도 그리고 율법의 그 어떤 행위로도 유익을 주지 못한다는 사실이 중요하다. 그 까닭은 율법은 완벽한 순종 없이 아무것도 약속하지 않기 때문이다. 갈라디아서 3장 10절과 로마서 10장 5절을 보라.[29]

아브라함 언약과 모세 언약을 떼어놓음으로, 페토와 같은 유아세례주의자는 새 언약 아래 아브라함 언약의 연속성과 모세 언약의 폐지를 확실하게

---

28) Samuel Petto, *Infant-Baptism Vindicated from the Exceptions of Mr. Thomase Grantham*, London, Printed by T.S. for Ed. giles, 1691, p. 17.

29) Ibid., p. 18.

말한다. 아브라함 언약은 자녀들을 포함하고 있고 신약은 이 언약을 성경의 근거로 사용하기 때문에, 유아세례주의자의 입장은 더욱 탄탄해 지지 않았겠는가? 벤자민 워필드는 다음과 같이 글을 쓴다. "하나님께서는 자신의 교회를 아브라함의 시대에 세우셨고 그 자녀들을 그 교회에 포함시키셨다. 하나님께서 그들을 제외시킬 때까지 그들은 반드시 교회 안에 있어야 한다. 하나님께서는 그 어느 곳에서도 그들을 밖으로 쫓아내지 않으셨다. 그 자녀들은 여전히 하나님의 교회의 구성원이고 교회의 의식에 참여할 권한을 가진다."[30]

침례교주의자는 간단하게라도 은혜언약에 대한 장로교주의자의 형태가 잘못되었다는 것을 증명해야만 할 뿐만 아니라 좀 더 구체적으로, 아브라함 언약에 대한 장로교주의자의 이해와 또한 아브라함 언약과 다른 언약들과의 관계가 잘못되었다는 것을 증명해야만 한다. 이것은 정확하게 느헤미야 콕스가 *율법 이전에 하나님과 사람이 맺은 언약에 대한 논의*A Discourse of the Covenants that God made with men before the Law에서 이해한 모든 것이다. 이 논문에서, 콕스는 장로교주의자는 아브라함 언약에 대한 잘못된 이해를 가지고 있다는 것을 논증해 나간다. 그들의 이해를 비교해 보자.

2. 아브라함 언약

갈라디아서 3장을 대충 읽어 내려가면, 사무엘 페토의 이해가 정확하다는 느낌을 받을 수도 있다. 이는 바울이 갈라디아서 3장에서 아브라함 언약

---

30) B.B. Warfield, *Studies in Theology*, (vol. 9 of The Works of B.B. Warfield; 1923; repr., Grand Rapids: Baker, 1981), 9: 408. Quoted by Richard L. Pratt, Baptism as a Sacrament of the Covenant, p. 71.

과 모세 언약을 대조시키고, 은혜는 아브라함에게 그리고 행위와 율법은 모세 언약으로 돌리기 때문이다.

> 내가 이것을 말하노니 하나님께서 미리 정하신 언약을 사백삼십 년 후에 생
> 긴 율법이 폐기하지 못하고 그 약속을 헛되게 하지 못하리라 만일 그 유업이
> 율법에서 난 것이면 약속에서 난 것이 아니리라 그러나 하나님이 약속으로
> 말미암아 아브라함에게 주신 것이라.(갈라디아서 3장 17-18절)

바울은 분명하게 하나님께서 자신의 은혜를 약속하신 것은 아브라함 언약을 통한 것이라고 단언한다. 그리고 그는 430년 이후에 생긴 모세 언약은 아브라함 언약의 유산을 가져오지 못했고 그 언약을 대신하지도 못했다는 것도 확실히 말한다. 유아세례주의자는 갈라디아서 3장에서 아브라함 언약은 은혜언약, 즉 하나님께서 이 언약을 통하여 자신의 은혜를 아브라함과 그의 자손에게 주셨다고 이해하였다. 그리고 그들은 유대주의자들이 아브라함 언약의 유산을 얻으려고 조건적인 모세 율법에 순종을 요구한 것이 잘못이었다고 이해했다.[31] 은혜언약에 대한 장로교주의자의 형태는 바로 이러한

---

31) 유아세례주의자들은 이 성경말씀에서 사도 바울은 결단코 옛 언약의 본질을 자세히 설명한 것이 아니라 옛 언약에 대해 유대주의자들이 가지고 있었던 잘못된 개념에 대해서 설명하고 있는 것이라고 말하면서 더 나아갔다. 헤르만 위치우스는 다음과 같이 선언한다. "그러므로 바로 여기에서 사도 바울의 목적은 시내산 언약이 행위언약이 아니면 아무것도 아니라는 것을 우리에게 가르치는 것이 아니다. 비록 복음-언약과 상반되지만 말이다. 바울의 목적은 모든 이스라엘 백성이 하나님의 마음을 잘못 이해했고 기본적으로 하나님의 언약을 오용하였다고 가르친다. 이들과 같이 그들은 율법으로 의를 구한다." *The Economy of the Covenant*, vol. 2, p. 185. 믿음 보다 율법을 통해서 의를 얻으려고 부단히 시도한 것이 유대주의자의 실수라는 것은 사실이다(로마서 9장 31-32절). 그러나 그들은 율법의 본질에 대해서 잘못 알고 있지 않았다. 그 어디에서도 사도 바울은 율법에 대하여 유대주의자들의 이해에 이의를 제기하지 않는다. 반대로 사도 바울은 그들의 이해를 인정한다(갈라디아서 5장 1-4절, 로마서 10장 5절). 바울은 그들이 율법을 부당하게 사용하는 것과 의를 얻기 위해 믿음을 거절하고 행위를 지지하는 그들을 지적한다. 유대주의자들의 이러한 잘못된

설명으로 확실해졌다. 하나님께서 아브라함과 맺은 은혜언약은 아브라함의 육적인 자손을 포함하였다. 그러므로 이 은혜언약은 출생한 그 때 들어가게 되는 혼합된 본질의 언약이다.

　침례교주의자는 이 말씀의 해석에 있어서 부분적으로 장로교주의자와 같이하였다. 침례교주의자는 바울이 자신의 주장을, 약속된 유산은 오직 하나님의 은혜로만 주어진다는 사실과 하나님께서 아브라함과 언약을 맺으셨을 때 이 은혜가 그에게 주어졌다는 사실 위에 세워 두는 것으로 유대주의자의 율법주의의 오류를 드러냈다는 것을 인식했다. 430년 이후에 나온 율법이 이 유산을 얻는 방법인 은혜를 대신하지 못했다. 그렇지만, 침례교주의자는 아브라함과 성도들의 육적 자손이 은혜언약에 포함되길 바라는 장로교주의자의 생각의 틀을 지지하지 않았다. 대신, 침례교주의자는 은혜언약(계시된/맺어진)에 대한 자신들만의 생각의 틀을 이 말씀에 적용시켰다. 은혜언약은 아브라함에게 계시되었지만 아브라함과 맺으신 공식적인 언약은 은혜언약이 아니었다. 더욱이, 이 말씀(갈라디아서 3장 17-18절)은 하나님께서 이 언약을 통해서 자신의 은혜를 아브라함에게 주신 것이 아니라 약속을 통해서 주셨다고 확실히 말했다. 다시 말하면, 아브라함 언약은 한 약속을 포함하고 있었다. 이 약속은 은혜언약의 계시였다. 아브라함 언약은 육체적인 자손을 포함했다. 그러나 심지어 아브라함 언약이 약속의 방식으로 하나님의 은혜를 계시한 언약에 속해 있었을지라도, 아브라함 언약은 은혜언약이 아니었다.

이해의 본질은 그들이 죄인은 율법으로 의롭게 될 수 있다고 믿고 율법이 의롭게 할 수 있다 (율법이 의인을 의롭게 할 수 있다)는 것을 믿지 않는데 있다. 유대교로 개종한 사람이 율법의 저주를 직면하였을 때, 그들은 의로우신 분, 예수 그리스도를 믿는 믿음으로 인해 주어지는 하나님의 자비에서 희망을 발견해야 마땅하다. 더 정확한 답변은 Jeffrey Johnson, *The Fatal Flaw of the Theology Behind Infant Baptism*, p. 90ff.를 참고하십시오.

유아세례주의자는 은혜언약의 본질과 경륜 사이의 차이를 적용함으로써 아브라함 언약의 구성원이 모두 은혜언약의 유익을 받는다고 생각하지 않는다. 심지어 그들 모두가 같은 은혜언약 아래 있었는데도 말이다. 침례교주의자는 은혜언약의 계시와 맺음 사이의 차이를 적용하여, 아브라함 언약의 구성원이 모두 하나님의 은혜의 유익을 받는다고 여기지 않았다. 그 까닭은 아브라함 언약의 구성원과 은혜언약이 맺어지지 않았기 때문이다. 은혜언약은 계시되었고 아브라함과 같이 믿는 자, 은혜언약에 참여한 자들은 아브라함 언약 안에서 나타났다. 결론적으로 침례교주의자는 아브라함 언약에 대해 장로교주의자의 이해와 근본적으로 달랐다. 이 차이점을 살펴보자.

2.1. 아브라함 언약의 이중성

성경은 몇 가지 이중적인 원리들에 대해 말한다. 아브라함과 맺은 언약에 관하여서도 성경은 이중성을 드러낸다. 아브라함은 영적 자손과 같이 육적인 자손을 포함한다(로마서 9장 6-8절, 갈라디아서 4장 22-31절). 외적인 육체의 할례와 내적인 마음의 할례가 있다(로마서 2장 28-29절). 이 땅 위에 약속된 땅과 하늘의 왕국이 있다(히브리서 11장 8-10절). 침례교 목사인 허큘러스 콜린스 Hercules Collins는 자신의 신앙문답서에서 이 진리를 논하였다. "우리는 아브라함과 맺은 언약이 두 부분을 가지고 있다는 사실을 반드시 알아야 한다. 첫째, 영적인 것은 하나님께서 아브라함과 특별한 방식으로 그의 모든 영적인 자손의 하나님이 되시기로 약속하신 것에 있다[......]."[32]

---

32) 콜린스는 아브라함 언약의 육적, 자연적 측면을 드러내면서 계속해 나간다. James Renihan (ed.) "An Orthodox Catechism: Being the Sum of Christian Religion, Contained in the Law and Gospel," *True Confessions: Baptist Documents in the Reformed Family*, Owensboro, Reformed Baptist Academic Press,

유아세례주의자와 침례교주의자는 서로 이 이중성을 인정했지만, 완전히 다른 방식으로 인식했다. 유아세례주의자는 한 언약과의 관계 안에서 이 이중성을 이해했다. 그들에 따르면, 아브라함 언약은 육체적 실체, 즉 외적이고 세속적인 것을 포함했고 영적인 실체, 곧 내적이고 하늘의 것과도 결합되어 있었다. 정확하게 말해서, 그들은 은혜언약 안에 내적인 본질과 외적인 경륜이 있다고 이해했다. 유아세례주의자는 이 외적 실체와 내적 실체 간의 차이를 만들어 놓았지만, 그들은 이 두 실체들을 다른 두 언약으로 구별하는 것을 거절하였다. 존 볼은 이 생각의 틀을 적용시켜서 아브라함 언약이 가지는 육체적 그리고 영적인 측면들을 통합시켰다. "그리고 그 안에서 아브라함 언약의 내적인 효력과 효과는 그 언약의 외적인 경륜과 구별되어야만 한다."[33] 비록 유아세례주의자는 아브라함의 자손이 육적 자손인 동시에 영적인 자손이라는 사실 모두를 인정했지만, 그들은 그들을 두 후손으로 보는 것을 거절하였다. 그 까닭은 유아세례주의자에 따르면, 아브라함은 은혜언약에 속한 혼합된 백성으로 구성된 오직 한 자손만 가졌기 때문이다. 이점이 아주 중요했다. 그 까닭은 만약 아브라함에게 두 구별되는 자손들이 있었다면, 아브라함의 혈통적(중생하지 않은)자손과 영적인(중생한)자손을 섞지 않는 침례교주의자가 옳았기 때문이다. 반대로, 만약 아브라함에게 오직 한 혼합된 후손만 있었다면, 은혜언약 안에 구원받은 자와 그렇지 못한 자를 포함시킨 유아세례주의자가 옳았다. 사무엘 페토는 이러한 관계를 굉장히 중요하게 이해해왔다.

2004, p. 257.

33) John Ball, *A Treatise of the Covenant of Grace*, p. 48.

여기에서 갈라디아서 3장 16절의 참 의미를 살펴보자. 아브라함과 그 자손 *에게 약속하신 것이었다. 여럿을 가리켜 그 자손들이라 하지 아니하시고 오 직 한 사람을 가리켜 네 자손이라 하셨으니 곧 그리스도라.* 항상 아브라함은 오직 한 자손, 그리스도만을 가졌고 그리스도께 속한 사람들은 믿음, 칭의에 이른 믿음을 가진다. 아브라함은 이 목적을 위해 절대 두 자손을 가지지 않 았다. 구약성경 시대에 오직 한 자손만 있었지 두 자손이 있었던 것이 아니 었다. 율법에 의한 자손과 약속에 의한 다른 자손이 있었다. 그러나 약속으 로 인해 그리스도 안에 있는 오직 한 자손만 있었다 [......]

그리고 이것이 적어도 교회의 자손에서 육적 자손인 유아를 제외시켜야 하 고, 또 어떤 특권을 폐지해야 하고, 그리스도께서 오시기 이전에 그들이 가진 모든 것으로부터 그들을 제하여 잘라내야 한다고 말하는 것은 아니다 [......][34]

유아세례주의자는 이중적인 것들을 포함하고 있는 은혜언약에 대한 자 신들의 체계를 지켜내기 위해, 아브라함 언약의 이중적인 것들을 분리하는 것을 거절하였다. 어린자녀들을 포함하기 위해, 은혜언약은 세상과 하늘의 실체 모두를 동시에 포함하고 있는 것이었다. 침례교주의 신학자는 만약 그 들이 같은 언약 안에 결합되어 있는 이러한 이중적인 것들을 유지한다면, 은 혜언약에 대한 장로교주의자의 형태를 거부할 그 이상의 이유가 없다고 이 해하였다. 사실, 만약 아브라함에게 계시된 은혜언약이 그의 육적 자손과 영 적 자손을 동시에 포함하고 있었다면, 왜 새 언약 아래서 다르게 존재해 왔

34) Samuel Petto, *Infant Baptism of Christ's Appointment*, p. 37-38.

는가? 그러므로, 침례교주의 신학은 아브라함의 육적인 자손들과 영적인 자손들 사이의 차이를 만들 뿐 아니라 또한 이것을 구별되는 두 개의 범위들로 정확하게 구분시킨다. 침례교주의자는 아브라함 안에 두 자녀들, 두 유산상속자들을 보았고 결론적으로 두 언약들을 보았다.

2.1.1. 아브라함 안에 두 자손들과 두 언약들

갈라디아서 4장 22-31절은 침례교주의 언약사상의 핵심구절에 해당한다. 이 말씀을 읽어보자.

[22]기록된 바 아브라함에게 두 아들이 있으니 하나는 여종에게서, 하나는 자유 있는 여자에게서 났다 하였으며 [23]여종에게서는 육체를 따라 났고 자유 있는 여자에게서는 약속으로 말미암았느니라 [24]이것은 비유니 이 여자들은 두 언약이라 하나는 시내 산으로부터 종을 낳은 자니 곧 하갈이라 [25]이 하갈은 아라비아에 있는 시내 산으로서 지금 있는 예루살렘과 같은 곳이니 그가 그 자녀들과 더불어 종 노릇 하고 [26]오직 위에 있는 예루살렘은 자유자니 곧 우리 어머니라 [27]기록된 바 잉태하지 못한 자여 즐거워하라 산고를 모르는 자여 소리 질러 외치라 이는 홀로 사는 자의 자녀가 남편 있는 자의 자녀보다 많음이라 하였으니 [28]형제들아 너희는 이삭과 같이 약속의 자녀라 [29]그러나 그 때에 육체를 따라 난 자가 성령을 따라 난 자를 박해한 것 같이 이제도 그러하도다 [30]그러나 성경이 무엇을 말하느냐 여종과 그 아들을 내쫓으라 여종의 아들이 자유 있는 여자의 아들과 더불어 유업을 얻지 못하리라 하였느니라 [31]그런즉 형제들아 우리는 여종의 자녀가 아니요 자유 있는 여자의 자녀니라

이 말씀에서, 느헤미야 콕스는 아브라함의 자손이 혼합된 본질로 구성된 것이 아니라, 아브라함에게는 구별되는 두 자손들이 있었다고 이해했다. 그리고 그는 각 자손들의 유산은 반드시 구별되는 각 자손들의 약속 위에서 결정되어야 한다고 이해하였다. 그는 다음과 같이 기록한다.

> 아브라함은 이중적 지위에 있다고 생각해야만 한다. 그는 모든 참 성도의 조상이고 이스라엘 나라의 선조이자 시조이다. 하나님께서는 이 두 자손 모두를 위해 아브라함과 언약을 맺으셨다. 그리고 그들은 공식적으로 서로가 구별되기 때문에, 그들의 언약관계는 당연히 다르고 반드시 구별되는 보상 아래에 있어야 한다. 각자에게 적합한 복은 반드시 그들의 각자의 특별한 언약관계에 따라서 전달된다. 그리고 이러한 것들은 기독교의 가장 중요한 교리들을 드러내놓고 위협하는 요소와 혼동되기도 한다.[35]

우리는 여기서 유아세례주의자들이 아브라함 언약을 이해한 것과 근본적인 차이를 가진다. 유아세례주의자는 아브라함의 자연적 자손과 영적인 자손을 같은 은혜언약 안에 두었다. 첫 번째 자손은 그 언약의 육적인 복만을 유산으로 받고 두 번째 자손은 영적인 특권으로부터 유익을 얻는다. 콕스는 그런 것이 아니라고 단언한다. 그리고 그는 성경이 공식적으로 이 두 자녀들 사이를 나누기 때문에, 중요한 교리들을 손상시키지 않으면서, 단 한 사람도 같은 언약 아래 이 둘을 섞을 수 없을 것이라고 밝힌다.

이 이해는 거의 모든 침례교주의 신학자들 사이에서 당연하게 확정된 것

---

35) Nehemiah Coxe, A Discourse of the Covenants, p. 72-73

이었고 첫 시작부터 그들의 언약사상을 특징지웠던 것이었다. 스필스버리는 다음과 같이 기록한다. "그 당시 *아브라함*에게는 영적인 자손과 육적인 자손이 있었다. 이 자손들 사이를 하나님께서 그들의 모든 세대에 걸쳐 구별하셨다."[36] 헨리 로렌스는 갈라디아서 4장을 비유 풀이로 주석한다. "갈라디아서 4장에서 여러분은 두 *아브라함*, 즉 육적 *아브라함*과 영적 *아브라함*이 가졌던 차이와 같은 차이를 가진다. 그리고 또 두 자손, 즉 오직 자연출생으로 인한 육적 자손과 약속의 자손에게 있었던 차이와 동일한 차이를 갖는다."[37] 조금 더 나아가, 로렌스는 이삭과 같이 약속으로 인해 태어난 사람들, 즉 성도들만이 은혜언약 안에 있고 하나님의 자녀로 여겨진다고 구체적으로 말했다. "이제, 그는 이삭이 모형이었다는 것을 따라서 약속으로 태어난 그들만이 자녀의 씨로 헤아림을 받는다고 말했다(로마서 9장 8절)."[38] 침례교주의자는 이러한 성경의 핵심구절들을 이해하기 위해서 기본적으로 아브라함 자손들을 이러한 방식으로 구분해야 한다고 생각하였다. 로마서 9장 6-8절, 2장 28-29절, 예레미야 8장 39절, 마태복음 3장 9절, 갈라디아서 3장 29절, 4장 22-31절, 데살로니가전서 2장 15-16절을 보십시오.

만약 아브라함이 구별되고 섞이지 않는 두 자손을 가졌고, 만약 그들 모두가 언약의 방식으로 하나님과 관계를 맺고 태어났다면, 이 두 자손들은 자기 자신이 구별되는 두 언약 안에 속해 있다는 것을 알게 될 것이다. 결론적으로, 몇몇 침례교주의자는 하나님께서는 아브라함 안에서 두 언약을 맺으셨다고 생각했다. 아브라함과 그의 영적 자손(성도들)과 맺은 은혜언약이 있

---

36) John Spilsbury, *A Treatise Concerning the Lawfull Subject of Baptisme*, p. 6.

37) Henry Lawrence, *Of Baptism*, p. 90.

38) Ibid., P. 91.

고 아브라함과 그의 자연적 자손(할례 받은 자)과 맺은 할례언약이 있다.[39] 이것은 침례교주의자가 두 공식적인 아브라함 언약들을 보았다는 것을 뜻하지 않는다. 우리가 지금까지 보아왔던 것 같이 침례교주의자는 은혜언약은 새 언약이 맺어지기 전까지는 공식적인 언약으로 그 자체를 명시하지 않았다고 여겼다. 침례교주의자는 창세기 12장에서 은혜언약이 공식적으로 아브라함과 맺어진 것이 아니라 은혜언약은 단지 아브라함에게 계시되었고 약속되었다고만 여겼다. 침례교주의자는 오직 하나의 공식적인 아브라함 언약만을 보았다. 창세기 17장에서 맺어진 할례언약은 하나님께서 이전에 해 오신 약속(은혜언약)과는 명료하게 구분된다. 아브라함에게 계시된 약속과 아브라함과 맺은 언약 사이의 차이는 존 스필스버리에게는 애매모호하지 않다.

또, 이것은 약속이라고 불리지 언약이라고 불리지 않는다. 그리고 우리는 모든 약속이 언약은 아니라는 것을 안다. 약속과 언약 사이에는 아주 큰 차이

---

39) 제프리 존슨Jeffrey Johnson은 The Fatal Flaw에서 아브라함 언약과 관련하여 느헤미야 콕스와 다른 침례교주의자들의 차이가 있다는 것을 거부한다. "콕스와 다르게, 나는 창세기 12장에서 하나님께서 아브라함과 하신 약속과 17장에서 하신 약속을 구별할 수 없다고 주장하였다. 나는 12장과 17장에 기록된 이 약속들은 동일한 언약의 한 부분이라고 판단한다. 그렇지만 아브라함 언약은 본질적으로 하나 안에 두 언약들이다"(p. 216). 그렇지만 다음 면에서 그는 자신이 근본적으로 콕스와 같은 입장이라는 것을 명시한다. "그럼에도 불구하고 비록 내가 콕스와 사소한 점에서 다르다고 할지라도, 나는 콕스의 주요한 전제와 완전히 일치한다. 아브라함 언약은 아브라함에게 주어진 모든 약속에서 나온 두 언약들을 구별하고 서로 다르게 여기지 않으면 올바로 이해될 수 없다." 사무엘 페토는 자신의 입장에서 은혜언약의 혼합된 본질을 놓치지 않는다면 아브라함의 두 자손들을 두 언약으로 구별할 수 없다고 이해해 왔다. 페토는 그 까닭을 다음과 같이 기록한다. "나는 창세기 17장 7-15절을 보아서 할례가 언약의 증표였다는 뜻으로 말한다. 사실, 이것은 본질에 있어서 창세기 12장의 언약과 같은 언약이다. 그러나 새로운 판edition이다." Infant-Baptism Vindicated from the Exceptions of Mr. Thomas Grantham, p. 6. 얼핏 보면, 페토와 존슨은 같은 말을 하고 있는 것처럼 보인다. 두 개의 아브라함 언약이 아니라 단 하나의 아브라함 언약이 있다. 그렇지만 아브라함 언약과 관련하여 이중성을 적용하는 시점에 페토는 본질과 경륜 사이를 구별하고 같은 은혜언약 안에 이 이중성을 주장하려 한다. 반면, 존슨은 이러한 두 구별되는 실체들(육적인 것과 영적인 것)은 구별되고, 따로 떨어지는 두 언약들로 인해 구체화되는 것이라고 확언한다. 옛 언약과 새 언약이다. 바로 이것이 근본적인 차이이다.

가 있다. 여기에서 약속이 의미하는 것이 무엇인지 깊이 생각해 보자. 그리고 약속은 하나님께서 메시야를 보내주신다는 것이다. 즉, 메시아, 그 씨 안에서 모든 민족들이 복을 받을 것이라는 것이다. 그래서 구원자, 구속자를 이스라엘에게 보내주신다는 것이다.[40]

특수 침례교주의자, 다니엘 킹^{Daniel King}은 은혜언약이 구약성경에서 단지 약속된 것이고 아직 공식적인 언약으로 세워지지 않았다고 생각했다. "약속과 언약 사이에는 차이가 있다. 하나님께서는 나는 새 언약을 맺을 것이라고 약속하셨다 (예레미야 31장 33절). 이제 여기서 하나님께서는 언약을 세우시겠다고 약속하셨다. 그러나 이 언약은 그리스도께서 죽으시기 전까지는 시행 중인 언약이 아니었다."[41]

토마스 페이션트도 약속(은혜언약)을 할례언약으로부터 구별한다. "로마서 4장 3절에서 이 약속은 사도 바울에 의해 은혜언약으로 인용되고, *아브라함의 육체, 혈통에 근거하여 세워진 할례언약과 대조를 이룬다.*"[42] 침례교주

---

40) John Spilsbury, *A Treatise Concerning the Lawfull Subject of Baptisme*, p. 26. 스필스버리는 아브라함 언약이 은혜언약이었다고 여겼지만, 약속을 믿는 믿음이 없다면, 그 어떤 언약도 없다는 의미에서 약속과 언약의 차이를 적용하였다. 조건 없는(믿음 없는) 약속은 언약이 아니다. 목사 사무엘 레니한의 정확함에 감사한다. 특수침례교주의자는 은혜언약이 드러날 때 차이를 상관하지 않고 크레도-언약주의credo-covenantalism에 동의한다. 즉, 은혜언약은 항상 시행하는 믿음을 요구했다. 성령님께서 주시는 믿음 없이 은혜언약의 시작은 없다(요한복음 3장 3-6절).

41) Daniel King, *A Way to Sion Sought Out, and Found, For Believers to Walk in*, London, Printed by Charles Sumptner, 1649, p. 16. 그의 책은 존 스필스버리, 윌리엄 킨펀, 타마스 페이션트, 존 피어슨에 의해 지지받았다.

42) Thomas Patient, *The Doctrine of Baptism, And the Distinction of the Covenants*, beginning of chapter 8. 창세기 18장 18-19절에 따르면, 아브라함의 자손이 약속된 복을 취하는 것은 율법의 성취로 이루어지고, 할례로 인하여 상징화된다(갈라디아서 5장 3절, 사도행전 15장 10절). 다른 말로 하면, 약속은 이스라엘의 순종에 따라 결정되는 조건적이었다. 하나님의 이스라엘, 그리스도께서, 모든 것을 성취하였다(요한복음 19장 30절). 참고 Jeffrey D. Johnson, "The Fatal Flaw of Infant Baptism: The Dichotomous Nature of

의자는 이러한 방식으로 아브라함과 맺은 두 개의 언약들이 있었다고 이해했다. 이는 두 공식적인 언약들이 아니라, 할례언약의 뒤를 이어 오는 은혜언약을 계시한 약속이다. 갈라디아서 4장 22-31절의 빛 안에서, 특수 침례교회 신학자들은 아브라함(하갈과 사라)으로부터 나온 두 언약들이 옛 언약과 새 언약이었다고 생각하였다. 할례언약(하갈)은 옛 언약에 해당되었다. 행위언약은 아브라함의 육체적인 후손과 세워졌다. 약속언약(사라)은 새 언약에 해당되었다. 은혜언약은 아브라함에게 계시되었고 그리스도와 아브라함의 영적 자손과 맺어졌다(갈라디아서 3장 29절).

아브라함 언약에 대한 장로교주의자와 침례교주의자 사이의 근본적인 분기점은 여기에 있었다. 장로교주의자는 이스마엘과 이삭, 하갈과 사라, 약속과 할례, 옛 언약과 새 언약을 구별하여 보지 않았다. 그들은 이러한 이중적인 것들을 은혜언약 안에 함께 집어넣었다. 그래서 은혜언약은 육적인 실체와 영적인 실체, 내적인 본질과 외적인 경륜, 땅의 복들과 하늘의 복들을 동시에 소유하였다. 이 형태는 자기 충족적이었으나, 이 형태 자체는 특히 아브라함 언약 안에 한 언약이 아니라 두 언약이 있다는 사실, 즉 성경의 내용과 논리적으로 조화를 이를 수 없었다 (갈라디아서 4장 24절).

침례교주의자는 갈라디아서 4장 22-31절의 주석 위에 근거를 세우고 있다. 그들은 아브라함으로부터 기인하는 두 언약들을 인식하는 방식으로 그 족장 안에 포함하고 있는 이중성을 구별했다. 느헤미야 콕스는 여기에서 다음과 같은 방식으로 이 성경말씀에 대한 침례교주의자의 이해를 요약하였다.

Abrahamic Covenant" in *Recovering a Covenantal Heritage*, pp. 238-242.

성경본문을 읽고 나서, 여러분은 사도 바울에 의해 주장되는 비유가 아브라함이 두 종류의 후손을 가졌다는 역사적 사실에 근거를 두고 있다는 사실을 보게 될 것이다.

1. 한 후손은 일반적인 과정을 따라서 그리고 자연의 힘에 의해서 아브라함으로부터 나왔다. 다른 후손은 약속으로 인해 태어나게 되었다. 한 후손은 여종 하갈이 낳은 이스마엘이었다. 다른 자녀는 자유 있는 여자 사라에게서 난 이삭이었다.

2. 여종과 그 아들은 임신이나 출생의 시간이 자유 있는 여자와 그녀의 아들에 비해 앞섰다.

3. 시간이 흐를수록 육체를 따라 태어난 여종의 아들은 성령을 따라 난, 즉 약속으로 난 자유 있는 여자의 아들을 박해하였다. 이 사건 때문에 여종과 그 아들은 가족에게서 쫓겨났고 이삭이 아버지의 유일한 복의 상속자로 남는다.

사도 바울은 이 사건들이 복음시대와의 모형적인 관계 안에서 하나님에 의해 정해졌다고 확실히 말하고 그는 이런 것들을 다음과 같이 적용한다.

하갈은 시내 산의 모형이고 법적언약은 거기서 맺어졌다. 이스마엘은 바로 그 언약 아래 있는 아브라함의 육적 자손의 모형이었다. 사라는 은혜언약 위에 세워진 새로운 예루살렘, 즉 복음교회의 모형이었다. 이삭은 성령으로 태어난 교회의 참 구성원의 모형이었다. 그리고 이삭은 중보자 예수 그리스도와 약속하신 아버지의 약속을 성취하기 위해 성령의 능력으로 회심되었다. 그리고 하갈과 이스마엘이 내쫓긴 것은 시내산 언약의 폐기와 유대인의 교회국가의 해체를 예기한 것이었다. 그 결과 영적인 복들, 유산은 예수 그리스도를 믿는 믿음으로 인해 하나님의 자녀들에게 분명히 전수된다.[43]

아브라함 언약의 이중성의 작용을 이해하는 것이 모든 신학체계의 핵심이다. 우리는 장로교주의자의 언약사상과 세대주의가 은혜언약의 약속들과 할례언약을 혼동해서 이 문제에 있어서 실패하였다고 생각한다. 이러한 혼동으로 인해, 장로교주의자는 은혜언약을 혼합된 것으로 만들었고 세대주의자는 하나님의 백성으로서 구별되는 영원한 지위를 아브라함의 육체적인 후손들에게 주었다. 두 경우 모두, 영적이고 영원한 복들이 세속적이고 일시적인 할례언약과 혼합된 상태이다.[44]

그렇지만 성경은 아브라함 언약의 육적이고 세속적 측면과 영적이고 하늘의 측면 사이를 항상 구별하고 있지는 않는다. 실제로, 각각의 복들을 가지고 있는 이 두 실체들은 보통 성경 안에 나란히 함께 있어서 이 지점에서 장로교주의자의 이해와 같이 같은 한 언약 안에 두 실체라고 믿을 수도 있다. 침례교주의자는 이러한 어려움을 의식하고 아브라함의 두 후손들을 그들 각자의 유산들과 일치시켜가면서 설명하였다. 비록 그 차이가 옛 언약 전반에 걸쳐 엉켜있지만 말이다. 이런 취지로, 콕스는 다음과 같은 글을 쓴다.

---

43) Nehemia Coxe, *A Discourse of the Covenants*, p. 130-31.

44) 제프리 존슨은 또한 장로교주의자들과 세대주의자들이 일반적으로 가지는 이러한 오류에 집중한다. "유아세례주의자들은 자신들의 생물학적인 자손을 하나님과 특별한 관계에 둔다. 반면 세대주의자들은 여전히 아브라함의 육적인 자손을 하나님과의 특별한 관계에 둔다." *The Fatal Flaw of the Thology Behind Infant Baptism*, p. 79, note 16.

나는 아브라함에게 주신 약속들에 대해 명료하게 논의하려고 노력해왔다. 먼저 아브라함의 영적 자손에 속한 사람들에 대해서 논하였고 그 이후에 아브라함의 육적 후손에 포함된 사람들에 대해서 그렇게 하였다. 다른 본질과 다른 중요성에도 불구하고 이 약속들은 아브라함과의 하나님의 동일한 관계 안에 서로 섞여있는 것이 종종 발견된다. 마치 그 약속들은 신성한 역사 안에서 서로 엉켜있다는 것을 우리에게 보여주는 것 같이 말이다.[45]

이 지점을 살펴보자.

2.1.2. 옛 언약 아래 두 자손들이 뒤섞여있다

콕스는 아브라함의 영적 자손과 맺은 분명한 약속들이 가끔 아브라함의 자연적 후손을 위한 현재의 복을 기대할 수 있는 조건들 안에 나타난다고 인정했다. 이것을 은혜언약의 혼합된 본질을 지지하는 증거로 보는 것과는 아주 다르게, 콕스는 그것을 예표로 보았다. 그는 다음과 기록한다.

영적인 자손과 영적인 복들과 궁극적으로 관련이 있는 약속들 가운데 몇몇은 아브라함의 자연적인 자손과 일시적인 복들과 직접적으로 관련되어 있는 조건들에 덮여서 아브라함에게 주어졌다는 것은 이미 인정되었다. [......] 그러나 이것은 상당 부분 그 말씀(갈라디아서 4장)에서 적절히 추론된다. 사도 바울은 모형인 육적 자손에서 육적인 자손이 예표하는 영적 자손으로 논의를 해나간다.[46]

---

45) Nehemia Coxe, *A Discourse of the Covenants*, p. 122.

46) Ibid., p. 76.

예를 들면, 콕스는 이것이 엉켜있다는 것을 이스라엘의 출애굽에서 보았다.[47] 출애굽은 세속적인 구원을 아브라함의 육적인 자손에게 준 것이었다. 그렇지만, 또한 성경은 이 사건을 교회의 영적 자유의 한 모형으로 나타낸다. 그러나 이것은 같은 언약도 아니고 같은 복도 아니고 같은 후손도 아니다. 육적인 자손, 영적인 자손과 같이 은혜언약과 할례 언약, 세속적인 구원과 하늘의 구원은 이 출애굽사건 안에 서로 엉켜있는 상태이지만, 이 둘을 떼어놓는 것은 절대적으로 필요하다. 그렇지 않으면, 그들 각각의 본질들이 바뀌게 될 것이다.[48] 콕스는 다음과 같이 설명한다.

현재, 아브라함의 자손이 영적이든 육적이든 이 사이의 차이를 우리 눈앞에 두는 것을 제외하고는 이것들에 대한 우리의 개념 안에서 혼동과 얽혀있는 것들을 피할 방법은 전혀 없다는 사실은 여러분에게 상기시키기에 충분하다. 그리고 각 후손들에게 속해 있는 각각의 약속들에 대한 개념도 마찬가지이다. 육적인 자손에게 주어진 할례언약 전부는 더 이상 영적이고 영원한 복들을 육적 자손인 그들에게 전해줄 수 없다. 할례 언약은 (아브라함의 자녀이어야 하지만) 신자에게 여전히 가나안 땅의 일시적이고 모형적인 복들에 대한 권한을 줄 수 있다. 나는 (마치 영적인 복들의 모형이었던 일시적인 복들에 관련된 언약과 같이) 모든 모형적이고 영적인 복들과 관련된 언약이 육적인 자

---

47) Ibid., p. 123.

48) 토마스 페이션트는 여전히 하나님의 진노 아래 있지만, 예표적인 구속 아래 있는 것이 가능하다는 사실에 주목한다. 예수 그리스도의 구속으로부터 나오는 유익 없이, 하나님으로 인해서 애굽으로부터 구원 받은 대부분의 이스라엘 사람들과 같이 말이다. (참고 *The Doctrine of Baptism, And the distinction of the Covenants*, end of chapter 15). 이러한 발언은 아주 적절히 아브라함의 각각의 후손들에게 주어진 유익들을 혼동하는 것을 피하게 한다.

손에게 주어진다고 볼 수 없다. 그리고 나는 여전히 영적인 복들과 관련 있는 언약이 영적인 자손에게 일시적인 복들을 전하는 것을 허용하지 않는다. 내가 이렇게 말하는 까닭은, 몇몇 사람들은 같은 언약에 이 두 복들이 직접적으로 포함되어 있고 이 두 복들에 대한 약속이 동일한 인준을 받았다고 생각하기 때문이다.

그러나 이 언약이 은혜언약과 관계가 있음에도 불구하고 이 언약은 은혜언약과 차이가 있다는 것은 사실이다.[49]

그러므로 일반적으로 아브라함의 자손들은 서로 엉켜있는 상태로 드러났지만, 그 자손들은 그 존재하는 방식에서 항상 차이가 있었다. 이렇게 서로 엉켜있는 다른 이유는 아브라함의 자손들이 그들의 본질에 따라서 구별될 필요가 없기 때문이다. 한 사람이 아브라함의 육적인 자손이기도 하고 영적인 자손일 수 있다. 이 약속들이 그 동일한 은혜언약의 본질이 아니더라도, 이것은 약속의 두 부분이 같은 사람과 관계될 수도 있다고 설명한다. 존오웬은 그들의 존재의 혼동 없이, 이러한 현실이 아브라함의 자손들을 겹쳐놓는 원인이라고 설명한다.

아브라함을 구분하는 이중적인 목적에 대한 책임 있는 답변으로는 두 자손이 아브라함에게 속해 있었다는 것이었다. 육체를 따른 메시아의 나심과 분리 되는 육신의 자손, 육체를 따라 나온 자손과, 약속을 따라 나온 자손, 즉

---

49) Nehemia Coxe, *A Discourse of the Covenants*, p. 93.

믿음으로 약속과 관계를 맺은 사람은 모두 하나님의 택자이다. 이러한 두 자손들이 항상 주관적으로 분리되어 있는 것이 아니다. 육체를 따른 메시아의 나심과 다른 후손은 그들 전체나 그중의 일부도 약속에 따른 자손이 될 수 없다. 또 반대로, 약속에 따른 자손은 단 한 명도 육체를 따르는 자손이 될 수 없을 것이다. [......] 그러나 보통 같은 자손이 육체를 따르는 아브라함의 자손과 약속으로 인한 자손으로 다양하게 고려된다. 그리고 보통 그 자손 자체가 다양했다. 육체를 따른 자녀가 약속에 속하지 않기도 하고 그 반대가 되기도 한다. 그러므로 이삭과 야곱은 육체를 따른 메시아의 출생과는 구별되는 육체를 따르는 아브라함의 자손이었다. 그 까닭은 그들은 아브라함의 육적인 자손이었기 때문이다. 그리고 또한 그들은 약속의 자손이었다. 그 까닭은 그들 자신의 개인의 믿음으로 그들의 아버지인 아브라함의 언약과 관계를 맺고 있었기 때문이다.[50]

1643년에, 존 스필스버리는 이미 이와 동일한 이해를 가졌다. 그는 만약 아브라함의 자손들이 구별된다면, 그로부터 발생한 그 언약도 동일하게 그럴 것이라고 말한다. 그렇지만 그는 어떤 복들과 약속들은 일반적으로 두 자손들에게 속한 것이라고 인식했다.

그리고 할례 받기 이전에 *아브라함* 자손들 안에 하나님께서 만드신 차이가 있었던 것과 같이 [......] 그의 언약 안에서 보여지는 동일한 점도 반드시 있다. 그리고 이 언약은 여러 가지 것들을 포함하고 있기 때문이다. 그리고 할

---

50) John Owen, *An Exposition of the Epistle to the Hebrews*, vol. 1, Carlisle, The Banner of Truth Trust, 1991, p. 121-22.

례는 그들 모두에게 증표였다. 그것들 가운데 몇몇은 이 두 자손에 속한 고유한 것이었고, 몇몇은 그렇지는 않았다.[51]

아브라함의 육적이고 영적인 자손들은 일반적인 약속들을 받아왔는데 이것은 이러한 일반적인 약속들이 각 자손들에게 동일한 가치를 가진다는 것을 의미하는 것은 아니다. 예를 들어, 우리가 앞에서 보았듯이 그들의 하나님이 되신다는 약속은 그 약속으로부터 나온 언약 또 그 자손에 기초를 둔 언약에 따라서 다른 의미를 가진다. 에드워드 허친슨도 동일하게 쓴다. "이 두 자손 모두에게, 하나님께서는 하나님이 되신다고 약속하셨지만 다른 의미와 다른 측면에서 그렇게 하신 것이다."[52]

우리는 은혜언약과 할례언약이 서로 엉켜있는 또 다른 중요한 이유는 하나님께서 자신의 약속을 보호하기 위하여(갈라디아서 3장 23절) 자신의 약속을 옛 언약의 보호 아래 두신 것이라고 생각한다. 이 순간부터, 이 약속(은혜언약)은 할례언약(옛 언약)과 더 이상 떼어놓을 수 없다. 우리는 우리가 모세 언약을 살펴볼 때 이 점을 더 발전시켜 나갈 것이다.

3. 모세 언약

시내 광야에서 하나님과 이스라엘 사이에 맺어진 언약은 할례언약의 과정 속에 있었다. 시내산 언약은 아브라함 언약의 약속들을 성취하기 위해 특

---

51) John Spilsbury, *A Treatise Concerning the Lawfull Subject of Baptisme*, p. 7.

52) Edward Hutchinson, *A Treatise Concerning the Covenant and Baptism*, p. 26.

별히 아브라함의 육적 자손과 맺었다. 아브라함의 자연적 자손은 약속의 땅을 유산으로 받은 것이었고 시내산 언약은 이러한 아브라함 언약의 목적을 위해 맺어졌다. 어떤 사람은 장로교주의자의 접근과 반대되는 침례교주의 언약사상이 아브라함의 육적인 자손들과 관계있는 모든 언약을 쓸데없는 것으로 만든다는 의문을 품을 수도 있을 것이다. 확실하게, 만약 이 옛 언약이 은혜언약이 아니었다면, 만약 이 옛 언약이 이 세상의 열매들만 얻고 오직 아브라함의 육적인 자손과만 관련이 있었다면, 왜 이 언약이 맺어졌는가? 왜 아브라함의 영적인 자손은 중요하지 않은 구석자리를 차지하고 있는데 비해, 이 언약이 더 나은 자리를 차지하고 있었을까(로마서 9장 27절)? 이 언약이 없어도 은혜언약이 작용하는데 이 쓸모없는 언약을 왜 맺으셨는가(히브리서 7장 18절)? 오웬은 같은 의문을 갖는다.

생각해보자. 이 새 은혜언약은 옛 언약 아래서 있었고 그 아래서 작용하였다. 그래서 교회는 은혜언약으로, 바로 그 점에서 그리스도의 중보 아래 구원 받았다. 어떻게 그 은혜언약이 하나님과 그들 사이에 맺은 다른 언약과 동시에 있을 수 있었는가? 이것과 다른 본질을 가졌고 다른 약속들을 수반하고 다른 결과를 가져오는데 말이다.[53]

사도 바울은 같은 의문을 품는다. "그렇다면, 왜 율법이 주어졌는가?"(갈

---

53) John Owen, *An Exposition of Hebrews* 8장 6-13절, p. 180. 존 칼빈도 구약과 신약의 차이를 논하는 자리에서 같은 질문을 던진다. "하나님께서 다양성을 만들어 두시지 않았다면 이 다양성이 있을 수 있는가? 하나님께서는 그리스도께서 오신 이후에 하셨던 것, 즉 영원한 생명을 그 어떤 모형들 없이 분명한 말로 계시하시고, 분명한 몇 가지 성례로 자신의 백성을 가르치시고, 자신의 거룩한 영을 부어주시고, 온 땅에 자신의 은혜를 베푸시는 것을 처음부터 하시기 어려우셨을까?" *Institution*, II, XI, 14.

라디아서 3장 19절). 이는 우리로 하여금 침례교주의자의 신학에 따라 옛 언약의 특별한 목적을 설명하게끔 한다.

3.1. 옛 언약의 목적

[19]그런즉 율법은 무엇이냐 범법하므로 더하여진 것이라 천사들을 통하여 한 중보자의 손으로 베푸신 것인데 약속하신 자손이 오시기까지 있을 것이라 [20] 그 중보자는 한 편만 위한 자가 아니나 하나님은 한 분이시니라 [21]그러면 율법이 하나님의 약속들과 반대되는 것이냐 결코 그럴 수 없느니라 만일 능히 살게 하는 율법을 주셨더라면 의가 반드시 율법으로 말미암았으리라 [22]그러나 성경이 모든 것을 죄 아래에 가두었으니 이는 예수 그리스도를 믿음으로 말미암는 약속을 믿는 자들에게 주려 함이라 [23]믿음이 오기 전에 우리는 율법 아래에 매인 바 되고 계시될 믿음의 때까지 갇혔느니라 [24]이같이 율법이 우리를 그리스도께로 인도하는 초등교사가 되어 우리로 하여금 믿음으로 말미암아 의롭다 함을 얻게 하려 함이라 (갈라디아서 3장 19-24절)

아브라함의 육적 자손과 맺은 언약(옛 언약 혹은 율법)의 목적이 쓸데없는 것은 아니었다. 이는 그 목적의 본질이 그리스도께 인도하는 것이기 때문이었다. 17세기 침례교주의자 저자의 이해에 따르면 이 목적은 적어도 세 가지 방식으로 이루어졌다. (1) 메시야의 가계와 은혜언약을 보존하는 방식이다. (2) 예표로 그리스도를 가르치는 방식이다. (3) 그리스도를 믿는 믿음을 통하여 약속된 유산을 얻는 유일한 수단을 위해 죄 아래 있는 모든 것을 가두는 방식이다.

(1) 하나님께서는 아브라함에게 모든 민족에게 복을 내리실 것이라는 자

신의 약속의 성취는 아브라함의 자손 즉, 그리스도로 인해 이루어질 것이라고 약속하셨다(갈라디아서 3장 16절). 결론적으로, 아브라함의 가계는 메시야 때까지 아브라함의 자연적 자손과 맺은 언약으로 반드시 지켜져야 했다(로마서 9장 4-5절). 로마서 9장 5절을 따라, 존 스필스버리는 이스라엘의 특권은 약속된 메시야의 오심을 예비하는 것이지 아브라함의 친자손인 것으로 은혜언약 안에 있는 것은 아니라고 분명히 말한다.[54] 아브라함의 가계의 연속성은 영원한 원리를 세워 그 언약의 모든 구성원인 자연적 자손을 포함하려는 것이 아니라 단지 아브라함의 궁극적인 자손, 즉 이 해석과 일치하는 그의 유일한 자손에게로 인도하는 것이다. 프레드 멀론는 다음과 같이 기록한다. "그렇지만, 역사적인 옛 언약들의 가계의 기본은 약속된 아브라함의 궁극적인 육적 자손, 예수 그리스도를 오시게 하는 것뿐이다."[55] 일단 이 목적이 이루어졌다면, 목적으로 인도한 그 방식도 끝난다. 알란 코너Alan Conner는 다음과 같이 기록한다.

아브라함 언약의 가계의 원리는 최고의 성취에까지 다다랐다. 언약의 원리로서 그것이 지속할 더 이상 어떤 이유도 없다. 이는 "그 자손"이 세상에 오셨기 때문이다. 그리스도께서는 약속된 아브라함 언약의 가계에 속한 마지막 육적인 자손이다. 그리스도를 제외하고 이 약속들과 직접적 연관된 다른 육적인 자손은 단 한 명도 없다.[56]

---

54) John Spilsbury, *A Treatise Concerning the Lawfull Subject of Baptism*, p. 20-21.

55) Fred Malone, *Baptism of Disciples Alone*, p. 69-70.

56) Alan Conner, *Covenant Children Today*: Physical or Spiritual?, Owensboro, Reformed Baptist Academic Press, 2007, p. 18.

아브라함의 육적 자손은 할례언약(옛 언약)의 효력으로 존재하였기 때문에, 그 언약의 목적이 성취되었을 때(아브라함의 육적인 자손들을 보존함으로 그리스도께 인도한다), 아브라함의 자연적인 자손들과 맺은 언약은 끝을 맺는다. 누가 이러한 기초위에 옛 언약이 끝났는데 가계의 연속성을 주장할 수 있을까? 존 오웬은 다음과 같이 기록한다.

이것의 본질은 이 언약의 목적이 성취되고 메시야가 나타났을 때, 이 구별과 특권(언약이라는 방식으로 이스라엘을 구분시켜 놓고 보존하였다)은 끝나게 되었다는 것을 분명히 말한다. 그것이 목적하는 곳에 완전하게 이르렀을 때 그 목적하는 것이 지속되어야 하는가?[57]

옛 언약의 목적은 아브라함의 가계가 그리스도까지 유지되는 것을 보장할 뿐만 아니라 그 약속(은혜언약)이 옛 언약과 관계 안에서 보존되는 것이었다.[58] 그러므로, 성경은 단언한다. "¹그런즉 유대인의 나음이 무엇이며 할례의 유익이 무엇이냐 ²범사에 많으니 우선은 그들이 하나님의 말씀을 맡았음이니라."(로마서 3장 1-2절). 사도 바울에 따르면, 이 할례언약은 특별히 하나님의 음성*logia*의 보존을 위해 주어졌다. 이 하나님의 음성은 은혜언약을 포함했다. 은혜언약은 아브라함에게만 아니라 옛 언약의 모든 시대 동안 그의 자손

---

57) John Owen, *An Exposition of the Epistle of the Hebrews*, vol. 1, p. 122.

58) 제롬Jerome과 암브로이스Ambroise의 글을 기초하여, Henry Lawrence, *Of Baptism* p. 75ff에서 할례는 다른 민족들에 의해 동화되는 것과 약속이 성취되기 전에 약속을 잃어버리는 것을 피하기 위한 이스라엘의 구별되는 특징이었다고 확인한다. 토마스 페이션트는 할례의 목적에 관한 이와 같은 개념을 공유한다. "이 할례언약은 다른 언약*은혜언약*을 더 확신하게 하기 위해 *아브라함에게 증표로 유익하였고* 그리스도께 인도하는 초등교사 역할을 했다." *The Doctrine of Baptism, And the Distinction of the Covenants*, Chapter 9, second argument.

들에게도 계시되었고 약속되었다. 그러나 예수 그리스도 안에서 새 언약이 세워지기 전에는 은혜언약은 맺어지지 않았다.

(2) 그 옛 언약은 예표로 그리스도를 가리키는 방식으로 그리스도께 인도했다. 침례교주의자와 비슷하게 유아세례주의자도 이 옛 언약에 의해 주어지는 이 땅의 복들(출애굽 그리고 가나안과 성막 등등)은 새 언약의 영적인 복의 모든 모형이었다는 것을 의식했다. 헤르만 위치우스는 다음과 같이 기록한다. "그러나 우리는 이러한 외적인 약속이 영적이고 하늘의 것들의 모형으로 알아야 한다."[59] 그렇지만, 장로교주의자와 침례교주의자는 이 예표를 이와 같은 방식으로 이해하지 않았다. 유아세례주의자 입장에서 모형과 실체는 같은 언약에서 발생하는 반면, 침례교주의자 입장에서 모형과 실체는 구분되는 두 언약에 발생했다. 이것은 우리를 은혜언약에 대한 두 체계와 옛 언약들과 새 언약들과의 관계를 되짚어보도록 이끈다. 옛 언약은 새 언약 아래 있는 그리스도와 약속의 실체를 가리켰다.

(3) 세 번째 방식은 이 옛 언약이 죄를 정죄하는 방식으로 그리스도께로 인도하는 것이다. 이점은 갈라디아서 3장에서 사도 바울에 의해 특별히 강조된다.

[19]그런즉 율법은 무엇이냐 범법하므로 더하여진 것이라 천사들을 통하여 한 중보자의 손으로 베푸신 것인데 약속하신 자손이 오시기까지 있을 것이라 [20] 그 중보자는 한 편만 위한 자가 아니나 하나님은 한 분이시니라 [21]그러면 율법이 하나님의 약속들과 반대되는 것이냐 결코 그럴 수 없느니라 만일 능히

---

59) Herman Witsius, *The Economy of the Covenants*, vol. 2, p. 151.

살게 하는 율법을 주셨더라면 의가 반드시 율법으로 말미암았으리라 [22]그러나 성경이 모든 것을 죄 아래에 가두었으니 이는 예수 그리스도를 믿음으로 말미암는 약속을 믿는 자들에게 주려 함이라

바울서신에서 유사한 성경구절은 옛 언약의 역할이 정죄와 죽음이었다고 설명한다.

[6]그가 또한 우리를 새 언약의 일꾼 되기에 만족하게 하셨으니 율법 조문으로 하지 아니하고 오직 영으로 함이니 율법 조문은 죽이는 것이요 영은 살리는 것이니라 [7]돌에 써서 새긴 죽게 하는 율법 조문의 직분도 영광이 있어 이스라엘 자손들은 모세의 얼굴의 없어질 영광 때문에도 그 얼굴을 주목하지 못하였거든 [8]하물며 영의 직분은 더욱 영광이 있지 아니하겠느냐 [9]정죄의 직분도 영광이 있은즉 의의 직분은 영광이 더욱 넘치리라(고린도후서 3장 6-9절)

장로교주의자의 언약사상은 이러한 주장들로 인하여 약간 복잡하게 되었다. 확실히, 장로교주의는 옛 언약을 은혜언약으로 이해했다. 이 개념은 율법언약의 목적인 죄에 빛을 비추고 정죄한다는 개념과 조화시키기 어렵다. 반대로, 장로교주의자는, 만약 옛 언약이 실제로 조건적이라면 이 언약은 하나님께서 아브라함에게 하신 약속과 하나님의 값없는 은혜와 일치하지 않는다는 사실을 반대해 왔다고 할 수 있다. 바울이 갈라디아서 3장 21절에서 "그러면 율법이 하나님의 약속들과 반대되는 것이냐"라고 썼을 때, 그가 바라는 대답은 이것과 반대되는 답이 아니었을까? 사도 바울에 의하면, 율법은 다른 어떤 피난처가 아닌 믿음을 통한 하나님의 은혜를 죄인에게 제

시험으로 반드시 그리스도께 인도한다. 존 오웬은 약속과 율법은 근본적으로 다르지만 서로가 대조되는 것이 아니라 그리스도께 집중하게 한다고 설명한다.

"비록 율법이 죄를 꾸짖고 깨닫게 하고 합당하게 정죄해서 죄들과 죄인들의 범위를 정해준다 할지라도, 하나님께서는 결코 생명과 의를 주는 수단으로 율법을 의도하지 않으셨기에 율법은 생명과 의를 줄 수 있는 능력이 없었다." 약속의 목적은 오직 그리스도로 인하여 약속을 맺은 사람과 약속과 관계된 사람에게 의와 칭의와 구원이 주어지는 것이다. 그러나 이것이 시내산 언약 안에서 회복된 그 율법의 목적은 아니었다. 비록 율법의 본질은 완벽한 의를 요구하고, 그 완벽한 의 위에 생명의 약속을 준다. 그것들로 인하여 이러한 것들을 정말로 행한 그는 그것들 안에서 살 것이다. 그렇지만 이것이 죄의 상태에 있는 사람에게는 의와 생명을 줄 수 없다. 로마서 8장 3절과 히브리서 10장 4절을 보라. 약속과 율법은 여러 목적을 가지지만, 약속과 율법은 서로 상반되지 않는다... [60]

그리스도께 인도하는 세 번째 방식은 이 옛 언약의 본질에 대한 침례교주의자가 가지는 이해와 일치했다. 침례교주의자는 이 옛 언약을 행위언약이라고 이해했다. 즉, 언약의 복 혹은 저주는 언약의 구성원들의 순종 혹은 불순종으로 인해 결정되었다. 이 장을 마무리하고, 이 옛 언약의 본질을 더 자세히 살펴보자.

---

60) John Owen, *An Exposition of Hebrews* 8:6-13, p. 193.

3.2. 옛 언약의 본질

우리는 제3장 1.2.1에서 다수의 장로교주의자들이 모세 언약을 무조건적인 언약으로 이해한다는 것을 보았다. 그렇지만, 대부분의 침례교주의자와 같이 몇몇 장로교주의자는 이런 관점을 공유하지 않았다. 그것은 그들이 이 옛 언약을 행위언약, 조건언약으로 이해하고 있었기 때문이다. 이 범위에서, 우리는 이 옛 언약과 아담에게 준 행위언약과의 관계를 살펴보도록 하겠다.

창조 때 맺어진 행위언약은 사람의 완벽한 순종을 요구했다. 이 언약의 복이 전적으로 아담의 행위에 달려있었는데, 까닭은 불순종할 경우 이 행위 언약이 자비, 속죄를 주지 못하고 오직 죽음만을 주었기 때문이다. 이것은 옛 언약의 경우와는 달랐다. 성경은 옛 언약을 구속의 언약으로 드러낸다. 옛 언약은 제사장직 위에 기초를 두었다(히브리서 7장 11절). 이런 특정한 방식으로, 옛 언약은 백성들이 죄를 범할 것이지만 그럼에도 불구하고 레위인의 희생제물제도 덕분에 살아갈 것이라고 계획되어져 있었다. 존 볼은 옛 언약은 행위언약이 절대 할 수 없는 일, 즉 죄들을 용서하는 것에 대한 계획을 세웠다는 사실을 믿는다. 이 사실로 옛 언약은 행위의 언약이 아니라 은혜언약에 속했다는 것을 증명한다.[61] 헤르만 위치우스는 이와 동일한 결론에 이른다.

시내 산에서 이스라엘과 맺은 언약은 형식적으로 첫 번째 행위언약이 아니었다. 앞으로 만약 너희들이 순종의 모든 예를 완벽하게 행한다면, 너희들은 행위언약에 따라서 바로 그 순종으로 인해서 의롭게 될 것이라는 의미로, 행위언약이 죄인들과는 재계약될 수 없기 때문이다. 이는 시내 산에서 맺은 언

---

61) John Ball, *A Treatise of the Covenant of Grace*, p. 108.

약을 기준으로 보면 예전의 죄들의 용서가 전제되었기 때문이다. 그렇지만, 행위언약은 죄 용서를 배제한다.[62]

모세 언약을 조건적이라고 생각한 사무엘 페토는 모세 언약은 창조 때 맺어진 행위언약과 정확하게 같을 수 없다는 것을 인식하였다.

첫 아담과 맺은 행위언약은 위반되었기에, 그 언약이 약속한 부분에 대해서는 끝났다. 이 언약은 그 어떤 것도 약속하지 않았다. 그 언약이 한번 파괴된 이후에, 이 언약은 형벌에 관해서만 유효한 상태이었고 이 언약은 언약이 파괴된 후에 아담의 죄된 모든 자손에게 죽음이 주어질 것이라고 위협했고 (......) 그래서 이 행위언약은 결코 이전과 같이 사람들과 다시 계약되지 않았다.[63]

행위언약 아래 있는 그 어떤 것도 의로운 사람, 대리자를 통하여 합당하

---

62) Herman Witsius, *The Economy of the Covenants*, vol. 2, p. 184.

63) Samuel Petto, *The Great Mystery of the Covenant of Grace*, p. 131-32. 존 오웬은 행위언약과 옛 언약 사이를 연결하는 고리가 있다고 하더라도 옛 언약은 아담을 위한 행위언약과 같이 절대 생명의 언약으로 주어진 것이 아니었다고 설명한다(갈라디아서 3장 21절). "이스라엘의 교회는 절대 생명의 언약과 같은 언약의 힘 아래 있지 않았다(갈라디아서 3장 21절). 아브라함의 시대부터 약속은 이스라엘과 그들의 자손들에게 주어졌기 때문이다. 그리고 사도 바울은 이후에 주어진 그 어떤 율법이나 맺어진 언약도 그 약속을 취소하지 못한다고 증명한다(갈라디아서 3장 17절). 그러나 그것들이 옛 행위언약 아래에서 주어졌다면, 율법이 약속을 취소할 수 있었을 것이다. 율법과 약속은 정반대이기 때문이다. 그리고 더욱이 만약 그들이 바로 옛 행위언약 아래에 있다면 그들 모두는 저주 아래 있는 것이어서 영원히 멸망당하게 된다. 솔직히 이 말은 잘 못된 것이다. 그들은 자신들이 믿음으로 하나님을 기쁘시게 해서 구원을 받았다고 증언하기 때문이다." *An Exposition of Hebrews* 8장 6-13절, p. 171. 옛 언약을 행위언약이라고 생각하는 사람들의 대부분은, 하나님께서 이스라엘이 율법에 순종함으로 생명을 얻기 위해 노력하라고 이 언약을 주신 것은 아니라고 생각했다. 옛 언약은 행위언약을 재확인하였다. 그러나 아담에게 주셨을 때와 마음에 완전히 다른 목표를 가지고 주어졌다(참고 각주 31).

게 죄를 보상하지 못한다. 이 방식에서, 옛 언약은 행위언약과 아주 달랐다. 그럼에도 불구하고 옛 언약 아래는 아담과 맺은 언약에 속한 원리가 있었다. "너희는 내 규례와 법도를 지키라 사람이 이를 행하면 그로 말미암아 살리라 나는 여호와이니라"(레위기18장 5절).

어떻게 침례교주의자와 그들과 의견이 일치하는 유아세례주의자는 옛 언약의 본질이 그 행위언약은 아니지만 행위언약이라고 생각했을까? 아담에게 주신 행위언약과 이스라엘과 맺으신 옛 언약사이의 관계는 무엇이었는가? 벤자민 키치는 이 두 언약 사이에는 연속성은 있으나 동일하지는 않다고 확언한다.

참으로, 이스라엘에게 주어진 그것[행위언약]의 다른 판Edition, 다른 경륜이었다. 비록 그것은 행위언약이었지만 말이다. 즉, *이것을 해라 그러면 살 것이다.* 그렇지만 주님에 의하여 주어진 이 언약은 마치 우리 첫 조상에게 주셨던 언약과 동일한 목적과 계획에 따라 주어진 것이 아니다. 즉, 이스라엘에게 주신 행위언약은 그들을 의롭게 여기시려고 주신 것도 영원한 생명을 주시려는 것도 아니었다.[64]

몇 년 뒤에, 키치는 은혜언약을 주제로 설교 모음집을 출판하였다. 거기에서 그는 행위언약은 옛 언약으로 재확인되었지만 이 행위언약이 처음 선언되었을 때와는 다른 목적과 일치한다고 다시 언급하였다.

---

64) Benjamin Keach, *The Everlasting Covenant*, p. 7.

비록 하나님께서 이후에 더 명료하고 공식적으로 행위율법을 이스라엘 백성에게 반복하여 말씀하셨지만 [......] 비록 이전에 아담에게 주셨던 것 같이, 행위율법은 생명을 위한 사역으로 주어진 것은 아니다. 그렇지만, 이렇게 주어졌기에 사도 바울은 행위율법을 종종 옛 언약이라고 부르고, 그 언약 아래 있는 모든 조항에 대한 완벽한 순종을 요구하는 행위언약이라고도 부른다.[65]

이러한 명확한 설명이 침례교주의자의 언약사상의 근본적인 특징을 구성했다. 특히, 행위언약은 타락 후 아담의 자손에게 마치 "능히 살게 하는 율법"(갈라디아서 3장 21절)처럼 다시 사용되지 않는다. 이것은 행위언약이 더 이상 사용되지 않는다는 것을 뜻하는 것도, 하나님께서 자신의 백성과 맺으신 언약들 속에 없다는 것을 뜻하는 것도 아니다. 반대로, 행위언약은 다시 확인되었다. 그리고 이것은 오직 죄에 대한 지식과 구원자의 필요를 알려주는 것으로써 그리스도께로 인도하는 정확한 목적을 가진다(로마서 3장 21절, 갈라디아서 3장 24절). "행하라 살 것이다"라는 행위언약의 원리는 모형적 의미에서 다른 언약으로 인하여 다시 확인되었다. 이 개념에 따라, 비록 옛 언약이 행위언약을 재확인한 것이지만, 옛 언약은 행위언약과 정확하게 일치하지는 않는다. 행위언약과 일치하는 점은, 옛 언약은 하나님의 법에 완벽한 순종을 요구하는 것이다.[66] 그러나 행위언약과 반대되는 점에서, 옛 언약은 그

---

65) Benjamin Keach, *The Display of Glorious Grace*, p. 15.

66) 율법에 대한 아주 조금의 불순종은 죽음에 처해지는 죄가 된다(로마서 6장 23절). 그러나 이 조금의 불순종이 이 옛 언약에 대한 돌이킬 수 없는 위반은 아니었다. 옛 언약 아래서 확인된 행위율법의 요구와 이스라엘을 향한 옛 언약 자체의 요구 사이에는 필수적인 차이가 있다. 옛 언약을 지탱하는 것은 레위족속의 제사장제도에 달려있는 것이지(히브리서 7장 11절), 절대적인 순종에 달려있는 것은 아니다. 하나님께서는 자신의 언약이 유지되고 있는 동안에 자신의 명령들이 지켜지지 않을 것에 대해서 계획하셨다. 윌리엄슨 J.R. Williamson은 다음과 같이 기록한다. "만약 요구되는 순종이 마음, 말, 행동에 있어서 절대적이고 완벽

리스도의 중보를 가리키는 죄인들의 구속을 위한 희생제도 위에 기초를 두었다.[67] 이런 방식에서, 옛 언약은 아담의 행위언약의 모형이었고 동시에 예수 그리스도의 새 언약의 모형이었다. 옛 언약 안에서 다시 확인된 행위언약의 원리로 인해서, 그리스도의 중보의 필수성은 더욱더 분명해지게 되었고 옛 언약의 희생제도로 인하여 예시되었다. 그렇지만 옛 언약의 희생제물들은 율법의 의를 효과적으로 만족시킬 수 없다. 그 까닭은 그 희생제물들은 단지 모형적이고 일시적인 가치만 가졌을 뿐이기 때문이다. 희생제물을 드리는 동안에, 이 희생제물들은 죄가 여전히 있기에 그 법의 요구들을 만족시키지 못했다는 사실과 이 법은 마치 저주처럼 옛 언약의 구성원을 짓누르고 있었다는 사실을 상기시킨다(참고 히브리서 10장 1-14절). 그리스도께서는 자신

해야 했다면, 그 언약은 그 언약이 선포된 날이 끝나기도 전에 파괴되었을 것이었다. 대신, 요구되는 순종의 특징이 일반적이고 민족적인 것이었다. 하나님께서는 은혜롭게도 많은 범죄를 못 본 체해주셨다. 그렇지만 만약 이스라엘이 습관적으로 죄를 범하였고 하나님의 말씀을 무시하고 반역하는 백성과 같이 민족적으로 낙인찍혔다면, 이 언약은 깨진 것일 것이다. *From the Garden of Eden to the Glory of Heaven*, Amityville, Calvary Press, 2008, p. 115. (헤르만 위치우스도 동일하게 확언한다. *The Economy of the Covenants*, vol. 2, p. 184). 그러므로 옛 언약은 이스라엘에게 생명의 언약으로 주어지지 않았다(갈라디아서 3장 21절). 그렇지만 옛 언약은 그리스도께서 영원한 생명을 얻기 위해 성취하셨던 언약의 모형이었다. 이것이 사무엘 페토가 '옛 언약은, 이스라엘을 위해서 특별한 역할을 하면서 그리스도께서 성취하실 사역을 계시했다'고 생각했던 이유였다(로마서 5장 18-20절, 8장 3-4절, 갈라디아서 3장 13절, 4장 4-5절). 페토는 다음과 같이 기록한다. "시내산 율법은 이스라엘에게 행위언약으로 주어지지 않았다. 이후에 드러 난 것같이, 시내산 율법은 예수 그리스도로 인해 성취되어야 하는 행위언약으로 계획된 것이었다. 그러나 주님의 목적은 이렇게 옛 언약이 이스라엘에게 주어진 것은 아니었다." *The Great Mystery of the Covenant of Grace*, p. 113. 이점이 옛 언약의 본질, 옛 언약과 행위 언약의 관계, 언약백성인 이스라엘에게 옛 언약이 요구하는 것, 마지막 아담이신 예수 그리스도 안에서 옛 언약이 성취되는 것을 이해하는 데 있어서 굉장히 중요하다. 우리는 이 점을 더 자세히 설명하기 위해 필요한 지면이 없다. 그러므로 우리는 독자들이 페토의 책 제7장 *of the Nature of the Mount Sinai Covenant*을 읽어보길 바란다.

67) 타락 후에, 행위언약은 더 이상 생명의 언약으로 여겨지지 않았다. 그 까닭은 죄 때문에 죄인들이 행위언약을 통해서 생명을 유지하거나 얻는 것이 불가능했기 때문이다(참고 로마서 8장 3절, 갈라디아서 3장 21절). 행위언약의 저주는 타락 후에도 계속되었고 옛 언약은 그것의 본질과 기능을 분명히 하기 위한 그것의 모형이었다.

의 완벽한 순종으로 이 법을 완성시키시기 위해서(마태복음 5장 17절, 로마서 5장 19-20절, 갈라디아서 3장 13절) 이 법 아래서 태어나셨다(갈라디아서 4장 4절). 그러므로 그리스도께서는 옛 언약 안에서 계시되었던 것과 같은 그 율법을 완벽하게 성취하셨다. 그리스도께서 성취하신 범위는 *그리스도의 행위언약*, 즉 택자의 구속을 위한 아버지와 아들 사이의 구속언약의 범위였다. 존 오웬은 옛 언약과 행위언약 그리고 그리스도 안에서 그 언약의 성취 사이의 연결고리를 간략히 말한다.

> 이러한 목적들과 약속들과 함께 맺어진 이 언약(옛 언약)은 결코 어떤 사람도 영원히 구원하지도 정죄하지도 못했다. 옛 언약의 경륜 아래 살았던 모든 사람은 영원한 생명을 얻었거나 죽었지만 공식적으로 옛 언약의 능력으로 인한 것은 아니었다. 사실상, 옛 언약은 첫 번째 행위언약의 명령권과 형벌을 부활시켰다. 그리고 이 측면에서 사도 바울이 말하는 것처럼, (옛 언약은) "정죄의 직분"이었다(고린도후서 3장 9절). 그 까닭은 "율법의 행위는 그 어떤 육체도 의롭게 할 수 없기 때문이다." 그리고 반면, 옛 언약도 믿었던 모든 사람에게 생명과 구원의 도구였던 약속을 가리킨다. 그러나 옛 언약 그 자체가 가지는 본질에 있어서, 옛 언약은 일시적인 것들로 제한되었다. 성도들은 옛 언약 아래서 구원을 받았지만 옛 언약의 효력으로 받은 것이 아니다. 죄인들은 옛 언약 아래서 영원히 멸망당한다. 그러나 이는 원래 행위율법의 저주로 인해 죽은 것이다.[68]

---

68) John Owen, *An Exposition of Hebrews* 8장 6-13절, p. 197-98.

그러므로 옛 언약은 이스라엘 백성에게 있어서 모형적인 언약이고 조건적이고 이 땅의 언약이었다. 그래서 옛 언약은 행위언약을 상기시켜서 이스라엘 백성을 그리스도께 인도하는 것이었다. 이스라엘의 추방은(신명기 28장 15-68절) 아무래도 에덴 동쪽으로부터의 아담의 추방(창세기 3장 23-24절)과 그와 함께 인류의 추방도(로마서 5장 12절) 상징하고 있었던 것 같다. 이것이 아브라함의 후손, 즉 마지막 아담이 잃어버린 에덴을 회복시키고 자신의 백성에게 영원한 생명을 보장하기 위해 성취한 모든 것을 보여주고 있었다. 옛 언약은 이스라엘이 이 수단으로 생명을 바라보는 것이 아니라 그리스도께서 그 법을 성취해주시기 위해 오신다는 것을 드러내고 있다는 것에서 행위언약과는 다르지만 행위언약을 다시 확인했다. 그러므로 옛 언약은 필수적으로 그리스도께로 인도할 뿐 아니라 우리로 하여금 그리스도께서 이루신 모든 것과 그리스도께서 그것을 이루신 이유를 필수적으로 이해하도록 했다.[69] 사무엘 페토는 이 중요한 점을 다음과 같이 설명한다.

나는 하나님께서 이 시내산 언약 아래 이스라엘 백성들을 두신 큰 목적은 그

---

[69] 하나님께서는 이스라엘을 생명의 율법인 옛 언약 아래 두시지 않으셨다(갈라디아서 3장 17-18절). 그렇지만 생명의 법의 원리는 옛 언약 안에 포함되어 있었다(레위기 18장 5절, 갈라디아서 3장 12절). 그러나 이 원리는 가나안에서의 생명으로 제한되어 있었다. 그럼에도 불구하고 오직 그리스도께서만 자신의 죽음과 생명을 통하여 죽음의 율법을 생명의 율법으로 바꾸심으로써 그 법이 상징하는 것을 성취하실 수 있으셨다(로마서 8장 2-4절). 이스라엘이 옛 언약으로부터 받는 복과 저주는 이 땅의 것이나, 그리스도께서 받으시는 것은 하늘의 것이었다. 옛 언약은 이스라엘에게 있어서 모형적인 것이었으나 그리스도의 실체를 예시했다. 그렇지만 이 다른 두 실체들은 서로 분리되지 않았다. 그 까닭은 옛 언약이 이스라엘을 그리스도께로 인도했기 때문이다. 하나님께서 행위를 통해 의롭게 된다는 관점으로 옛 언약을 이스라엘에게 주신 것은 아니지만(로마서 9장 31-32절) 옛 언약으로 다시 확인된 행위율법은 그럼에도 불구하고 완벽한 순종을 요구했다는 것은 사실이다. 이 불가능을 마주했을 때, 할 수 있는 일 전부는 단지 약속된 메시야를 기다리는 것뿐이었다. 이것이 옛 언약 안에 있는 성도들이 행했던 전부이다. 다른 사람들의 입장에서, 이것은 저주였다(갈라디아서 3장 13절).

리스도께 향하는 길을 만드신 것이었다고 생각한다. 그리스도께서는 우리를 위해 그 법을 성취하시려고 그 법 아래에서 태어나셨다. 만약 시내산 언약이 맺어지지 않았다면, 나는 어떻게(가시적인 제도 안에서) 예수 그리스도께서 실제로 율법 아래 태어나실 수 있었는지 이해하지 못했을 것이다. 첫 아담과 맺은 행위언약은 깨졌기 때문에, 그 언약은 약속과 관련해서도 끝났다. 행위언약은 그 어떤 것도 약속하지 않았다. 그 약속이 한번 깨진 이후에, 행위언약은 단지 그 형벌과 관계해서만 효력을 발생한다. 이 행위언약은 아담의 모든 죄 많은 자손에게 죽을 것이라고 위협했다. 그러나 다른 사람이 아닌 오직 죄 없는 사람만이 행위언약과 관계를 맺게 허락되었고 그 언약의 의로움을 수행하든지 형벌을 받을 뿐이다. 이 언약은 깨진 이후에 죄 없는 사람과 그 어떤 관계도 없었다. 그 까닭은 사람과 맺은 행위언약은 깨지기 이전과 같이 결코 다시 맺어질 수 없기 때문이다. 그러므로 (예수 그리스도와 같이) 죄 없는 사람이 그 언약을 맺었다는 것을 인정하는 것은 일종에 행위언약이 반복되고 새로워졌다는 것이다. 비록 첫 행위언약과는 다른 뜻을 가졌겠지만 말이다. 즉, 죄책이 있는 사람은 그들 스스로를 위해서 이것을 이룰 수 없다. 그래서 다른 사람이 보증자로서 그들을 위해서 그것을 이루어주어야만 한다.[70]

---

70) Samuel Petto, *The Great Mystery of the Covenant of Grace*, p. 131-32. 페토는 옛 언약을 그리스도께서 성취하여야만 하는 행위언약으로 생각하고 있었다. 오히려 우리는 옛 언약이 그리스도께서 성취하신 행위언약의 모형이었다고 믿는다. 본질적으로 옛 언약은 이 땅의 실체들에 제한되어 있었다. 그러나 "그리스도께서는 장래 좋은 일의 대제사장으로 오사"(히브리서 9장 11절). 그리스도께서 성취하셨던 행위언약은 옛 언약이 아니라 오히려 이 세상의 기초가 세워지기 전에 그리스도와 아버지사이에 맺으셨던 영원한 구속언약이 옛 언약의 형태로 예시되었고 새 언약 안에서 가시적으로 성취되었다.

페토의 설명은, 자기 자신과 침례교주의자가 행위언약이 첫 번째 선포되었을 때와 다른 목적을 가지고 다시 확인되었다고 생각했던 방식을 증명한다. 행위언약은 그 의로움을 만족시킬 다른 대체할 만한 것을 주지 않았다. 그 어떤 사람도 아담의 자리에서 순종할 수도 없고 그의 형벌도 감당하지 못한다. 그러므로 하나님께서는 율법의 저주(행위언약)가 또 다른 언약(새 언약)으로 인해 해결되었다는 것을 보여주는 언약(옛 언약)을 세우셨다. 옛 언약은 하나님의 약속과 *대립되지* 않을 뿐만 아니라(갈라디아서 3장 21절), 옛 언약은 이런 약속들을 성취하기 *위해서* 특별히 주어진 것이다(갈라디아서 3장 22-24절). 옛 언약 자체가 은혜언약은 아니지만, 옛 언약은 은혜언약 때문에 주어졌고 그 언약의 성취를 위해 주어졌다. 사도 요한이 다음과 같이 선언하면서 강조하기 원하는 것이 이것인가? "우리가 다 그의 충만한 데서 받으니 은혜 위에 은혜러라 율법은 모세로 말미암아 주어진 것이요 은혜와 진리는 예수 그리스도로 말미암아 온 것이라"(요한복음 1장 16-17절). 모세에 의해 주어진 율법은 예수 그리스도가 성취하신 은혜로 이끄는 하나의 은혜이다.

4. 결론과 요약

이 장을 간략하게 요약해보자. 침례교주의자와 유아세례주의자는 서로 옛 언약의 점증하는 측면은 인정하였다. 특히 타락 후부터 하나님과 민족으로서 아브라함의 자손들 사이에 공식적인 언약이 되기까지 옛 언약은 비공식적으로 시작되었다. 장로교주의자의 언약신학은 구약 전체를 은혜언약으로 보는 관점과 모세 언약의 처벌적이고 조건적인 철저한 법적인 성향와 일치시키기에는 큰 어려움을 가진다. 17세기 장로교주의자는 이 두 해결책을 체계적으로 설명하였다. 첫 번째는 언약의 조건들은 약속들의 결과이지 약속의 조건은 아닌 것으로 설명함으로써 모세 언약을 무조건적인 언약으로 드러낸다. 둘째는 아브라함의 은혜언약에서 모세 언약을 분리시킴으로써 모세 언약을 조건부로 인식한다. (이것으로 인하여, 은혜언약의 구성원에 자연적 자손을 포함시키는 혼합적 본성의 은혜언약의 개념을 유지한다.)

두 번째 해결책은 침례교주의자의 입장과 더 큰 차이를 드러냈다. 그 까닭은 아브라함 언약에 대한 장로교주의자의 설명은 은혜언약에 대한 자신들의 생각체계(본질과 경륜)를 정당화하기 때문이다. 심지어 이 해결책이 더 설득력이 있었다. 그 까닭은 이것이 얼핏 보기에 갈라디아서 3장 15-18절의 전폭적인 지지를 받는 듯 보였기 때문이다. 그러므로 침례교주의자는 갈라디아서 4장 22-31절에 근거를 두고, 즉 이 말씀의 빛으로 갈라디아서 3장 15-18절을 다시 해석하는 방식으로 아브라함 언약을 신중하게 정의하였다.

아브라함 언약의 이해는 침례교주의자와 유아세례주의자의 언약사상 사이의 분기점이 되었다. 만약 아브라함 언약에 대한 그들의 각 이해들이 은혜언약에 대한 그들 자신의 생각체계를 결정했다면 또는 그 이해가 반대의 생각체계를 결정했다면, 아브라함 언약을 정의내리는 것은 어려운 일이다. 그들의 언약사상 사이의 대립은 아브라함 언약에 대한 각각의 길을 정확하고 근본적으로 드러낸다. 두 그룹은 이 땅의 본질의 약속과 하늘의 본질의 약속 사이에 이중성을 드러낸다. 유아세례주의자는 하나의 동일한 은혜언약에 두 본질을 섞어 놓는 반면 침례교주의자는 약속의 두 모형들을 철저하게 분리했다. 침례교주의자는 이 분리가 아브라함이 서로 다른 두 자손들을 가지고 있었고 그들 각자가 다른 약속의 언약을 받았다는 사실 위에서 정당화시켰다. 아브라함의 자연적인 자손은 땅의 유산을 받았고 옛 언약 아래서 유지되었다. 아브라함의 영적 자손은 하늘의 유산을 새 언약을 통하여 받았다. 그리고 새 언약은 그 언약이 맺어지기 전까지 약속(계시된/맺어진)의 형태로 있었다. 그렇지만 아브라함의 두 자손들은 율법의 보호 아래 일시적으로 놓여있었고 그 약속이 성취되기 전까지 엉켜있었다(갈라디아서 3장 23절).

이것이 특별히 우리로 하여금 모세 언약에 집중하게 하였고, 먼저 할례언약의 과정으로 이 장을 시작할 때 처음으로 드러났다. 그런 후에 우리는 옛 언약은 은혜언약이 아니라 행위의 조건적인 언약(침례교주의자의 개념과 소수의 17세기 유아세례주의자들의 개념에 따라)이라는 관점에서 시작해서 지속적으로 옛 언약(모세 언약으로 의해 완성된)의 목적과 본질을 살펴보았다. 우리는 옛 언약의 목적을 세 방식으로 그리스도께로 인도하는 것으로 이해하였다. (1) 메시야의 가계와 은혜언약 모두를 보호하는 것이다. (2) 예표로 그리스도와 그 구속을 가리키는 것이다. (3) 죄 아래 있는 모든 것을 가두는 것으로, 약속된 유산을 얻는 유일한 수단은 그리스도를 믿는 믿음을 통하는 것이었다. 세 번째 방식은 옛 언약의 본질이 조건적 언약이라는 것에 문제를 제기했다. 우리는 침례교주의자가 옛 언약을 행위언약이 다시 확인된 것으로 이해했다는 것을 드러냈다. 이 재확인은 "택자의 구속에 대한 아버지와 아들 사이에 있었던 영원한 언약의 관계에 따라"(제2차 런던 신앙고백서 제7장 3항) 예수 그리스도로 인하여 성취된 구속의 일의 모형적 계시였다. 17세기 개혁주의 유아세례주의자와 신자침례주의자의 언약사상에 대한 우리의 논문을 끝맺기 위해서, 우리가 앞으로 살펴보아야 하는 것으로 남겨져 있는 모든 것은 새 언약이다.

제4장

새 언약

제4장
새 언약

새 언약을 다루는 이 장은 앞선 두 주제보다 눈에 띄게 더 간략하게 다룰 것인데 새 언약에 대한 장로교주의자와 침례교주의자의 개념 사이에 주된 차이점들은 이미 제2장에서 끄집어내었고 제3장에 포함했기 때문이다. 사실상, 새 언약의 정의는 이미 앞 장에서 많이 살펴본 은혜언약과 분리할 수 없다. 그러므로 우리는 제2장에서 신학적으로 비교하면서 이미 다룬 문제들로 되돌아가지 않을 것이다. 제2장에서 새 언약의 두 개념들 사이의 비교는 결론지었다. 이 장에서는 주로 새 언약의 새로운 것들을 다룰 것이다. 정말로 새 언약은 새로운 것일까? 만약 새로운 것이라면, 어떤 점들이 그러한가?

1. 새 언약의 새로움

새로운 언약이라고 불리는 언약을 새로운 것이 아니라고 단언하는 것은 대담한 것이었다. 이러한 진술은 직관적이지 않고 상당히 어려운 논증을 요구했다. 그렇지만, 그 어떤 장로교주의자도 새 언약이 새로운 것이라고 믿지 않았다. 실제로, 은혜언약에 대한 그들의 형태는 옛 언약과 새 언약 사이의 본질을 동일한 것으로 이해하게 했다. 옛 언약과 같은 본질을 가지고 있는 한, 쉽사리 새 언약을 새로운 것이라고 할 수 없다. 성경은 일반적으로 새 언약을 새로운 언약으로 드러내는데 유아세례주의자는 이를 어떻게 했는가?(예레미야 31장 31-32절, 누가복음 22장 20절, 고린도후서 3장 6절, 히브리서 12장 24절) 장로교주의자는 은혜언약의 본질과 경륜 사이를 구별하는 방식으로 새 언약을 다루었다. 그러므로 유아세례주의자는 사실상 새 언약을 새로운 경륜으로 여겼고 본질적으로 다른 언약으로 여기지 않았다. 윌리엄 에임즈는 다음과 같이 기록한다.

4. 이 언약은 모세의 시대에서부터 존재했던 것들과 관련해서 그리고 족장들과 하신 약속과 관련해서 새로운 것이다. 그러나 본질에서 새로운 것이 아니라 형태에서 새로운 것이다. [......] 새 언약과 옛 언약 사이의 명료한 차이는 그리스도께서 오신 이 후의 경륜에서만 나타나기 때문에, 이 경륜은 새로운 계약 그리고 새로운 언약이라고 올바르게 불린다.

5. 또한 새 언약은 질quality과 양에서 옛 언약의 경륜과 다르다.

6. 질에서의 다른 점은 명료성과 자유이다.[1]

---

1) William Ames, *The Marrow of Theology*, p. 206.

이 신학적인 접근방식을 따르면 새 언약의 새로움은 언약의 외적인 면에 제한되어 있고 그것의 내적인 본질과는 상관이 없었다. 이것은 위대한 개혁 신학자 프란시스 튜레틴의 말과 정확하게 일치한다. "이것이 '새로운'이라고 불리는 것은 (두 언약에서 동일한) 언약의 본질에 관한 것이 아니라 (1) 상황과 형태에 관련하여 [......] (2) 이 시대의 탁월함과 영광과 관련하여 [......] (3) 영원한 기간과 관련되어 그러한 것이다."[2] 조금 더 자세히 말하면, 튜레틴은 옛 언약과 새 언약을 대립시키는 예레미야 31장 말씀을 설명한다. "비록 시내산 언약과 법적인 언약이 예레미야 31장에서 새 언약과 대립하더라도, 반드시 본질에 대한 대립으로 여겨지지 않고 경륜의 우연들과 다양성에 관한 대립이라 할 수 있다."[3]

튜레틴이 예레미야 말씀을 읽어 이해한 사실은 아주 불확실하게 보인다. 장로교인인 마이클 호튼은 이러한 해석을 거부한다.

사실, 하나님께서는 예레미야를 통해서 확고하게 말씀하신다. 이 새 언약은 "이 언약은 내가 그들의 조상들의 손을 잡고 애굽 땅에서 인도하여 내던 날 에 맺은 것과 같지 아니할 것은 내가 그들의 남편이 되었어도 그들이 내 언약 을 *깨뜨렸음이라*(예레미야 31장 32절)." 이점을 더 명료하게 할 수 없다. 새 언 약은 시내 산에서 맺어진 옛 언약의 부활이 아니라 완전히 다른 근거와 관계

---

2) Francis Turretin, *Institutes of Elenctic Theology*, vol. 2, p. 232.

3) Ibid., p. 267. 몇몇 유아세례주의자는 31절의 형용사 "새"(חדשׁ)라는 말을 "갱신"의 개념으로 설명했다. 예레미야는 간단히 옛 언약 아래서 이미 세워진 은혜언약의 갱신을 선언해왔다. 칼빈을 포함한 대부분의 주석가들은 이 해석에 반대한다. John Calvin, *Commentaries on the Epistle to the Hebrews*, p. 188. Alan Conner, Covenant Children Today, p. 36. Stephen J. Wellum, "Baptism and the Relationship Between the Covenants," *Believer's Baptism, Sign of the New Covenant in Christ*, Nashville, B&H Publishing Group, 2006, p. 141-42.

하는 완전 다른 언약이다.[4]

　예레미야 31장의 말씀은 옛 언약과 새 언약을 대립시킬 뿐만 아니라 또한 이 말씀은 이 대립하는 범위를 구체적으로 말한다. 옛 언약과 반대로, 새 언약은 깨어질 수 없다.[5] 그러므로 이 말씀은 튜레틴이 생각한 것 같이 단순히 두 언약의 외적인 상황들을 대립시키는 것이 아니라 두 언약의 본질을 대립시킨다. 한 언약은 *위반할 가능성이 있는데* 그 까닭은 그 언약이 조건적이기 때문이다. 반면 다른 언약은 *위반할 가능성이 없는데* 그 까닭은 무조건적이기 때문이다. 침례교신학과 같은 입장인 존 오웬은 이 무조건적인 본질이 새 언약의 새로움을 준다고 설명한다.

　　언약이란 두 명이나 그 이상의 당사자들에 의해 쌍방이 조건으로 규정한 확실한 조항을 근거한 계약 혹은 협정이다. 약속들이 하나님과 사람 사이에 맺어진 언약의 근거이고 시작인 것같이, 언약은 사람에게 주어지고 사람의 입장에서 지켜야하는 순종의 율법과 같은 금지조항들을 포함한다. 그러나 여기서 더해진 언약에 대한 설명[새 언약]안에서, 사람의 측에서 그 어떤 조건과 사람에게 정해진 순종의 모든 조항들에 대한 언급은 없다. 그러나 우리는 앞으로 이 언약에 대한 설명에서 그 모든 조항들은 값없는 약속, 무조건적인

---

4) Michael Horton, *God of Promise*, p. 53. 호튼은 유아세례주의자이지만 이러한 것을 확언할 수 있다. 그 까닭은 호튼은 아브라함 언약과 모세 언약을 구분하기 때문이다. 그러므로 그의 신학에 따라, 새 언약은 모세 언약과 철저히 다르나 아브라함 언약과는 다르지 않다. 우리는 앞 장에서 침례교주의자들이 이 이분법에 대해 어떻게 답하는지 보았고 그들이 장로교주의자의 아브라함 언약에 대한 이해를 거부하는 이유도 보았다.
5) 우리는 호튼이 이 성경구절의 한 부분을 이텔릭체로 제시한 것이라고 추측한다. 바로 앞에서 인용한 것에서 보면, 이러한 뜻에서 새 언약은 옛 언약과 다를 수 있다는 사실을 정확하게 강조한다.

약속들이라는 것을 보게 될 것이다. [6]

그 무조건적인 본질은 근본적으로 새 언약의 새롭고 독특한 요소를 구성한다. 신자침례교주의자 입장에서, 새 언약은 근본적으로 새로운 것인데 그까닭은 새 언약 이전의 다른 모든 형식적인 언약들은 무조건적이지 않았기 때문이다. [7]

1.1. 새 언약의 무조건적인 본질

옛 언약의 약속 앞에는 그 약속을 사람의 순종 위에 올려놓아 조건적으로 만드는 "만약"이 놓여 있었다. 반면, 새 언약의 약속은 신단독설^{monergism}로 특징지어졌다.

> 33"그러나 그 날 후에 내가 이스라엘 집과 맺을 언약은 이러하니 곧 내가 나의 법을 그들의 속에 두며 그들의 마음에 기록하여 나는 그들의 하나님이 되고 그들은 내 백성이 될 것이라 여호와의 말씀이니라 34그들이 다시는 각기 이웃과 형제를 가리켜 이르기를 너는 여호와를 알라 하지 아니하리니 이는 작은 자로부터 큰 자까지 다 나를 알기 때문이라 내가 그들의 악행을 사하고 다시는 그 죄를 기억하지 아니하리라 여호와의 말씀이니라"(예레미야 31장 33-34절)

---

6) John Owen, *A Exposition of Hebrews* 8:6-13, p. 259. Italics added.

7) 유아세례주의자들이 새 언약의 새로움을 인정하는 데 어려움을 겪는 이유들 중 하나는 새 언약의 본질, 예수 그리스도의 은혜로 인한 구원은 타락부터 믿는 자들에게 주어졌다는 사실에서 비롯된 것이었다. 아주 오래 전에 이미 주어진 은혜에 대한 갱신보다 어떻게 (다르다는 뜻으로) 새롭다고 할 수 있을까? 우리는 제2장에서 침례교주의자들이 새 언약(은혜언약)이 약속으로 계시된 것과 언약으로 공식적으로 맺어진 것을 구분하여 이 질문에 대답하는 것을 살펴보아왔다. 우리는 또한 이 개념이 히브리서 9장 15절의 주석에 의해 지지를 받고 있다는 것도 보았다(참고 2장 3.3).

새 언약의 본질을 구성하는 요소는 궁극적으로 하나님으로 인하여 이루어지는 일들이고 조건적 원인들이 아니라 일련의 선언문으로 드러나 있다. 이러한 약속들 가운데 단 한 가지도 먼저 사람에 의해 만족되어야 하는 조건에 매여 있지 않는다. 이 언약의 무조건적인 본질이 이 언약을 근본적으로 새 언약으로 만든 것이다. 토마스 페이션트는 파괴될 수 있는 옛 언약(창세기 17장 14절)과 반대로 새 언약을 파괴할 수 없는 상태로 만든 것은 이 무조건적인 독특함이라고 설명한다.

> 내가 이전에도 설명하였듯이, 새 언약은 파괴될 수 없는데 그 까닭은 피조물들에 의해 만족되어야할 조건이 없는 상태 위에서 맺어진 절대적인 언약이기 때문이다. 그러나 주께서 이 언약에서 "자기의 기쁘신 뜻을 가지고 소원을 두시고 행하시게 하시는" 사역을 하신다. 그러므로 "새 언약은 뜻하는 사람 안에 있는 것도 아니고 경영하는 사람 안에 있는 것도 아니라 자비를 보여주시는 하나님 안에 있다."[8]

그렇지만, 침례교주의자는 새 언약의 무조건적인 본질에 대해서 행위언약이 폐지된 것에서 나오고 있는 것으로 생각하지 않았었다. 반대로 그들에게 있어서 새 언약은 무조건적인데 그 까닭은 행위언약이 성취되었기 때문이다. 그러므로 그 언약의 구성원에게 새 언약은 무조건적이나 그 언약의 중보자인 그리스도에게는 그렇지 않다. 벤자민 키치는 이러한 이해를 다음과 같이 표현한다.

---

8) Thomas Patient, *The Doctrine of Baptism, And the Distinction of the Covenants*, chapter 9, argument 6. 이 이탤릭체는 그 저작의 글이다.

1. 이것은 그리스도, 즉 그 언약에서 그리스도의 역할과 그 일을 언급한다. 그러므로 이 언약이 조건적인 언약이었다. 그래서 그리스도께서는 전적으로 자기 자신의 공적, 공로 위에서 우리를 위해서 모든 것을 받아들이셨다.

2. 그러나 우리가 이 언약의 효력으로 인해 받아들인 것이 무엇이든 간에, 이것은 값없는 은혜, 호의적인 방식으로 있는 것이다. 비록 우리는 그리스도의 공로들, 즉 구속을 통하여 그리스도의 보혈로 인해 받지만 말이다. 그러나 이 효력을 어떤 식으로 취하든지 간에 이는 은혜에 속한 것이다.[9]

만약 새 언약의 복이 그리스도로 인하여 보증되었다면(히브리서 7장 22절), 장로교주의자같이, 옛 언약처럼 새 언약은 "파괴될 수 있는 상태"라는 것을 어떻게 생각할 수 있을까? 이것은 두 가지 방식으로 설명될 수 있다. 장로교주의자는 그리스도께서 홀로 새 언약의 약속을 보증한다고 생각하는 것이 아니라 그 언약의 구성원이 언약의 성취와 관련하여 해야 할 어떤 일이 있다고 생각했거나, 또는 그리스도의 중보가 새 언약의 복이 그 구성원들에게 무조건적으로 보장되는 데 절대적으로 효과적이지 않다고 생각했다는 것이다. 그렇기에 그들은 어떤 사람은 그 언약에서 떨어질 수 있다고 생각하였다. 첫 번째 경우에, 무조건적인 본질을 훼손시켰다. 두 번째 경우, 그 효력을 훼손했다. 이 두 곤란한 상황을 피하기 위해서, 유아세례주의자는 은혜언

---

9) Benjamin Keach, *The Display of Glorious Grace*, p. 173. 비슷하게 존 번연은 "The conditions of the New Covenant"이라는 제목의 장에서 이 언약의 조건적인 측면을 드러낸다. "Christ completely fulfilled the conditions of the New Covenant"라는 제목의 다른 장에서 존 번연은 성도가 아니라 오직 그리스도께서 이 언약의 성취를 보장하시고 언약에 속한 자들에게 주어지는 복들을 책임지신다는 것을 입증한다. *The Doctrine of the Law and Grace Unfolded*, p. 524, 534.

약의 본질과 경륜 사이를 나누는 것에 호소했다. 그들의 논리과정을 연구해 보자. 토마스 블레이크는 새 언약이 파괴될 수 있는 상태라는 것을 증명하기 위한 노력으로 시작한다.

> 이것은 히브리서 10장 29절, 그 사도가 쓴 바로 이 본문에서 더 명료하다. 하물며 하나님의 아들을 짓밟고 자기를 거룩하게 한 언약의 피를 부정한 것으로 여기고 은혜의 성령을 욕되게 하는 자가 당연히 받을 형벌은 얼마나 더 무겁겠느냐 너희는 생각하라(히브리서 10장 29절). 이 말씀에서 우리는 언약의 피로 거룩하게 된 사람들이 하나님의 아들을 짓밟고 그리스도의 피를 부정하게 여기고, 일반적으로 그리스도의 피를 높이 평가하지만 하나님께 결코 헌신하지 않는 것을 본다. 이들이 악하다는 것은 반드시 인정될 필요가 있지만, 그 언약의 피로 거룩하게 되었다는 의미로, 언약 안에 있다는 것을 부정할 수는 없다.[10]

블레이크의 목적은 히브리서 10장 29절을 근거로 새 언약이 옛 언약처럼 파괴될 수 있는 상태라는 것을 증명하려는 의도를 가지고 있었다. 그 까닭은 성도의 자녀를 포함시키기 위해서 파괴될 수 있는 본질을 가진 언약이 그에게는 필수적으로 필요했기 때문이다. 그렇지만 우리는 이 증거의 근거가 말씀해석의 오류 위에 있다고 생각한다. 이는 무엇보다도 말씀을 잘못 해석한 것으로 인해 일어났다. 문법적으로, 이 구절은 블레이크가 읽은 대로 해석될 수도 있다. 그렇지만 이러한 해석은 극단적인 신학적 어려움들을 발생

---

10) Thomas Blake, Vindiciae Foederis, p. 198.

시킨다. 그리스도의 피(언약의 피)로 거룩하게 된 사람이 어떻게 멸망할 수 있는가?

그렇지만 블레이크의 번역만이 가능한 유일한 해석은 아니다. 다른 해석이 더 바람직하고 문법적으로 정확하고 신학적으로 일관성이 있다. "하나님의 아들을 짓밟아온 사람이, 언약을 거룩하게 하는 언약의 피를 거룩하지 않는 것으로 여겨온 사람이 당연히 받아야 하는 형벌이 얼마나 더 무겁겠는지 너희는 생각해 보았는가? 그리고 은혜의 성령님을 모욕해 온 사람들이 받을 형벌이 얼마나 더 무겁겠는지 생각해 보았는가?" 이 말씀에서 동사 거룩하게 하다의 주어는 문법적인 관점에서 "하나님의 아들을 짓밟아 온 [......] 사람"이나 "그 언약"이 될 수 있다. 3인칭 단수 아기아조ἁγιαζω (거룩하다)동사는 성을 나타내지 않았다. 그러므로 이 동사는 남성형도 여성형도 될 수 있다. 모든 해석자가 반드시 묻는 질문은 그리스도의 피로 인해 거룩하게 된 것은 무엇인가? 이다. 정확한 답변은 새 언약[11] (참고, 누가복음 22장 20절), 즉 영원한 지옥에 떨어질 사람이 마치 신성모독 하는 것 같이 짓밟은 언약이다.

그렇지만 블레이크가 만약 자신이 사용하는 킹제임스KJV판의 번역을 따라 이 동사가 자신의 신학에 유리한(옛 언약에서와 같이 새 언약 안에도 중생하지 않은 자가 있다는 것을 증명하는) 역할을 한다면, 이것은 또한 심각한 구원론적인 문제를 그에게 지우는 것이다. 구원을 잃어버리는 것이 가능한가? 그러므로 장로교주의자의 언약사상은 새 언약의 효력과 무조건적인 본질 사이의 이와 같은 딜레마에 여전히 직면하고 있다. 블레이크는 이 어려움을 알고 있었고 다음의 방식으로 해결하였다.

---

11) 폴 엘링워스Paul Ellingworth는 우리의 해석의 문법적 정확성을 확증한다. "문법적으로, 이 주어는 언약일 수 있다". *The Epistle to the Hebrews*, NIGTC, Grand Rapids, Eerdmans, 1993, p. 541.

어떻게 유기된 자를 언약의 피로 거룩하게 되었다고 말할 수 있는가? 답변: 육신의 죄를 깨끗하게 하는 성화와 죽음의 일들에서 양심을 깨끗하게 하여 살아계신 하나님을 섬기게 하는 성화가 있다 (히브리서 9장 13-14절). 육신의 죄를 없애는 외적인 성화는 사람들을 세상과 단절시키고 하나님께 헌신하게 하고 부르심과 언약으로 일반적으로 보이는 교회의 모든 구성원에 속하게 한다. 그리고 외적인 성화는, 한 사람을 다른 사람들 앞에서 한 성도로 신뢰받고 판단받고 교회의 일반적인 특권들에 참여하게 하는 것에 관한 것에서는 효력이 있다. 이 외적인 성화 위에, 사람들과 같이 하나님께서도 자신의 백성의 한 사람과 맺은 관계와 같이 외적인 제도 안에서 그에게 말씀하시고 그에 대하여 말씀하시고 그를 다루신다. 이와 같은 의미에서 이스라엘의 모든 백성과 그들 각자는 거룩하다고 불린다 [......][12]

유아세례주의자의 해결책은 옛 언약의 구성원과 같이 새 언약의 구성원도 중생한 사람과 중생하지 못한 사람 모두라는 개념에 전적으로 의지했다. 이 은혜언약의 혼합된 본질은, 언약의 하나의 실체 없이 다른 실체를 취할 수 있다는 가정 안에서 언약의 외적인 실체와 내적인 실체 사이를 구분함으로 정당해졌다. 그러므로 유아세례주의자는, 새 언약의 무조건적인 본질과 효력이 유지되는 까닭은 새 언약의 본질이 무조건적이고 효과적이기 때문이라고 생각했다. 그러나 보이는 교회의 구성원들만이 실패할 수 있고 그로 인해 "주님의 피로 거룩하게 된 그들이 속해 있는" 새 언약은 파괴된다.

그렇지만, 이 모든 개념은 새 언약과 전혀 관계가 없다. 그리고 성경의 용

---

12) Thomas Blake, *Vindiciae Foederis*, p. 199. 이 이탤릭체는 블레이크가 다른 신학자를 인용하고 있을 때부터 원문에 있는 것이다.

어에 따르면, 새 언약은 정확하게 유아세례주의자의 신학과 반대의 것을 주장한다. 사실 성경은 새 언약의 그 어떤 구성원도 그 본질에서 떨어질 수 없다고 선언한다. 결국 새 언약의 모든 구성원은 그리스도 안에서 구원뿐이다.[13] 성경은 효과적으로 그 본질에 참여함 없이 보이는 형태로 새 언약 안에 속할 가능성을 비치지 않는다. 거짓 성도들은 주님께서 전혀 알지 못하시고 (마태복음 7장 23절) 죽은 나무는 꺾어졌다(요한복음 15장 2절, 로마서 11장 17-24절). 이것이 "우리에게 속하지 아니함을 나타내려 함이니라"(요한1서 2장 19절). 몇몇 죄인들은 심판을 견딜 수도 없으면서(시편 1편 5절) 의로운 자들의 모임에 슬쩍 끼어들어 올 수 있다. 그러나 이것이 새 언약의 혼합을 입증하는 것이 아니라 "하늘 아래 가장 순수한 교회들도 혼합되기도 하고 오류에 빠지기도 한다"는 것이다(제2차 런던 신앙고백서 제26장 3항). 이 혼합은 새 언약의 소위 내적/외적이라는 이중성으로부터 나오는 것이 아니고, 이 혼합이 "전 세계에서 참 신앙을 고백한 모든 사람들과 함께 그들의 자녀들"(웨스트민스터 신앙고백서 제25장 2항)로 구성된 수많은 무리, 민족교회 형태가 올바르다는 것을 정당화하는 데 도움을 줄 수도 없다. 몇몇 사람들이 주장하는 것 같이, 새 언약에 대하여 침례교주의자들이 가졌던 순수한 개념은 과도히 실현된 종말론 over-realized eschatology이 아니라, 성경적 심판이 하나님 자신의 백성을 순수하게

---

13) 새 언약은 옛 언약보다 덜 효과적일 수 없다. 옛 언약은 옛 언약의 모든 복을 옛 언약에 속한 모든 사람들에게 전했다. 만약 그들 모두가 구원받지 못했다면, 구원은 그 언약이 제공해야 하는 복들 가운데 하나가 아니기 때문이다. 같은 방식으로, 새 언약은 새 언약의 모든 복을 새 언약에 속한 모든 사람들에게 제공한다. 이러한 복들은 특별히 예수 그리스도의 영원한 생명과 관련이 있다. 만약 새 언약에 속한 사람이 구원을 받지 못했다면, 새 언약은 옛 언약보다 덜 효과적인 것이다. 그 까닭은 옛 언약과 반대로 새 언약은 새 언약이 그 구성원들에게 제공하는 모든 것을 보증할 수 없기 때문이다. 존 오웬은 다음과 같이 기록한다. "옛 언약에 매인 사람들 모두는 옛 언약이 주는 모든 유익에 실제 참여자였다. 그리고 만약 새 언약을 맺은 사람들이 그렇지 않다면, 새 언약은 효력에 있어서 옛 언약에 미치지 못하고 아마 완전히 헛되게 될 수도 있다." *An Exposition of Hebrews* 8장 6-13절, p. 303.

유지하기 위해 그 위에서 성취되었고 아브라함의 참된 자녀들로 구성되었
다는 것이다(예레미야 9장 25절, 마태복음 3장 7-12절, 갈라디아서 4장 30-31절).

1.2. 새 언약의 본질

새 언약의 새로움은 그 무조건적인 본질에 있을 뿐 아니라 또한 그 언약
에 속한 모든 구성원은 은혜언약의 본질에 참여해야 한다는 것에 있었다.
"그들이 다시는 각기 이웃과 형제를 가리켜 이르기를 너는 **여호와를 알라** 하
지 아니하리니 이는 작은 자로부터 큰 자까지 다 나를 알기 때문이라"라고
주께서는 말씀하신다(예레미야 31장 34절). 이런 경우에, 존 오웬은 다음과 같
이 기록한다. "어느 정도의 구원의 지식도 없는 곳에서, 새 언약과 관계있는
척할 수 없다."[14]

성경은 새 언약의 본질이 세 가지 복으로 요약될 수 있다고 선언한다. 이
세 가지 복은 마음에 기록된 법(중생), 하나님에 대한 인격적이고 구원에 이
르는 지식, 다른 두 복들과 새 언약 전체("כי אסלח לעונם" "나는 너희들의 죄를 용서
할 것이기 때문이다")의 기초로 여겨지는 죄 용서이다. 하나님께서는 이 본질이
자기 백성들 중 단지 몇 명만의 유산이 아니라 하나님의 백성 모두의 유산이
라고 아주 중요하게 말씀하신다. "너는 여호와를 알라 하지 아니하리니 이는
작은 자로부터 큰 자까지 다 나를 알기 때문이라"고 주님께서 말씀하신다.
이런 확실한 말씀에 직면하는데, 어떻게 새 언약의 구성원 일부만이 그 본질
을 물려받을 것이라고 선포하면서 새 언약의 이분법을 주장할 수 있겠는가?
또 다른 부분 그 자체는 성경 그 어디에도 언급이 없는 외적인 복들과 일치하

---

14) Ibid., p. 299.

지만 말이다.

　우리는 신학자 벤자민 키치를 인용함으로 결론을 맺어보자. 그리고 여기서 그는 새 언약이 모든 그 구성원에게 주는 복의 무조건적인 본질과 효력 앞에 두려움을 가지고 서 있다.

　이것은 충분한 언약이다. 그 까닭은 언약의 효력으로 연합한 모든 사람에게 나눠줄 중보자의 충만함이 있기 때문이다. 이는 그리스도 안에 있는 피조물의 충만함이 아니다. 아니다. 하나님의 충만함이다. 그리스도 안에 모든 충만함이 있다는 것은 아버지를 기쁘게 했다. 그리스도 안에 신성의 충만함이 충만하게 거한다. 신성의 충만함은 아버지 안에 있는 것 같이 실제로 그 아들 안에도 있다. 그리고 모든 성도는 아들의 충만함에 참여한다. 우리가 다 그의 충만한 데서 받으니 은혜 위에 은혜러라.

　1. 그러므로 새 언약 안에서 우리는 빛을 받아들일 뿐 아니라 빛의 충만함도 받아들인다.

　2. 생명뿐만 아니라 생명의 충만함을 받아들인다. 그 까닭은 그리스도께서는 우리가 이 언약 안에서 받아들인 우리의 생명이시기 때문이다.

　3. 힘뿐만 아니라 힘의 충만함을 받아들인다. 주님께서는 우리 마음의 힘이시고 나의 영원한 힘이시기 때문이다.

　4. 죄의 용서뿐 아니라 용서의 충만함을 받아들인다. 즉, 완전한 용서, 완벽

한 용서이기 때문이다.

5. 의로움뿐 아니라 의로움의 충만함을 받아들인다. 그리스도께서는 완벽하고 온전한 의로움이시기 때문이다. 그리고 너희들은 그리스도 안에서 온전하게 된다.

6. 평안뿐 아니라 평안의 충만함을 받아들인다. 모든 이해를 초월한 평안이시기 때문이다.

7. 아름다움뿐 아니라 아름다움의 충만함을 받아들인다. 그것이 완벽하기 때문에 나는 너희에게 줄 나의 아름다움이다. 주 하나님께서 이렇게 말씀하셨다.

8. 지식뿐만 아니라 지식의 충만함을 받아들인다. 그리고 너희들은 또한 모든 선함이 충만하고 모든 지식으로 가득 찼다 등등.

그 일부분들이 아마 약해졌을 것이다. 그렇지만 그리스도께서 거하시는 곳, 그 마음을 차지하고 계신 곳, 그곳에서 그리스도의 영혼은 영적인 지식의 충만함을 가진다. 우리의 그릇은 가득할 것이다. 작지만 말이다. 그리고

9. 기쁨뿐 아니라 기쁨의 충만함이기 때문이다.[15]

---

15) Benjamin Keach, The Display of Glorious Grace, p. 197-98.

요약

	장로교주의자 관점	특수침례교주의자 관점
아브라함 언약	육체적 요소와 영적인 요소 모두를 가진 은혜언약은 아브라함과 그의 자손과 맺었고 이 언약으로 아브라함은 구원을 받았다.	아브라함과 맺으신 할례언약은 그의 육적 자손들에게 가나안 땅을 약속하고 있다. 더욱이 메시아께서 아브라함을 통해 오셔서 모든 민족에게 복을 주실 것이라는 약속으로 새 언약이 계시되었고 이 계시된 새 언약으로 인해 아브라함과 그의 영적인 자손들이 구원을 받는다.
모세 언약	그리스도 이전의 은혜언약이다. 이 은혜언약은 다양한 모형적인 의식들을 사용하여 다르게 경륜되었다.	행위언약은 은혜언약과 차이가 있고 은혜언약에 비해 부차적이고 은혜언약의 모형이다.
옛 언약 이스라엘	미성숙한 교회	하나님과 이 땅에서 언약을 맺은 아브라함의 육적인 자손. 교회의 모형이다. 이스라엘 안에 있는 택자는 새 언약으로 인해 교회의 구성원이었다.
새 언약	그리스도 아래서 은혜언약의 경륜이다.	오직 그리스도 안에서 오직 믿음을 통하여 은혜로 주어진 구원하는 방식인 은혜언약이다. 그리고 은혜언약은 본질에 있어서 옛 언약과 다르다.
새 언약 교회	보이지 않는 교회는 모든 중생한 사람으로 구성된다. 반면 보이는 교회는 중생한 사람과 중생하지 않은 사람 모두로 구성된다. 마치 옛 언약과 같다. 보이는 교회는 참 신앙을 고백한 모든 사람들과 함께 그들의 자녀들을 포함한다.	보이지 않는 것과 보이는 것의 차이는 다른 두 공동체들을 언급하는 것이 아니라 한 공동체의 다른 두 관점들을 언급한 것이다. 하나님의 관점과 사람의 관점이다. 보이는 교회는 성도들이 보이지 않는 교회의 구성원이라는 믿을만한 이유가 있는 사람들로만 구성되어 있다(새 언약). 그래서 보이는 교회는 구원하는 믿음을 고백한 사람들로 구성된다.

결론

우리는 이제 이 연구의 마지막에 있다. 우리의 처음 목적은 17세기 유아세례주의자의 언약신학과 동시대의 침례교주의자들의 언약사상 사이의 차이점들을 드러내는 것이었다. 우리는 언약신학이 이 두 그룹들 사이에 가장 근본적인 차이라는 가설과 이 두 그룹 사이의 교리적이고 실천적인 차이들을 이해하는 유일한 방법이 그들 각 언약사상을 이해하는 것이라는 가설을 세웠다. 우리는 이것을 증명해 왔다고 생각한다.

이 연구 후에, 장로교주의자의 언약사상이 16, 17세기 발전된 교회의 정치적 배경 없이 가능했다고 상상하는 것은 우리 입장에서 어렵다. 우리는 이 언약사상이 대체로 좋은 구원론과 나쁜 교회론 사이의 교차점의 결과라고 믿는다. 다른 말로 하면, 개혁주의자들은 성경의 복음을 중세 기독교 세계로부터 물려받은 민족교회의 형태와 조화시키려고 했다. 즉 유아세례주의자의 언약신학은 완벽하게 이 부조화와 일치한다.

유아세례주의자의 관행과 교리 둘 모두를 거절한 사람들을 향한 참을 수 없음과 때때로 폭력은 개혁신학의 근간에 이의를 제기하는 것이 굉장히 어렵다는 것을 가리켰다. 16세기 몇몇 재세례파는 유아세례주의를 공격하였으나 그들은 즉시 처형되었고 후에 그들의 자손들은 개혁주의 모든 생각방식을 거절하였고 그들 대부분은 분파들sectarians이 되었다. 그 당시 17세기 잉글랜드에서 분리주의자들과 침례교주의의 시작은 유아세례주의자의 개혁신학의 근거들에 많은 문제 제기를 했다. 더 적합한 본문에서 많은 도움을 받은 침례교주의자들은 장로교주의자의 언약사상을 깊이 분석을 할 수 있었고, 그들에게 그들의 잘못이 무엇인지 폭로하였다. 침례교주의자는 아주 엄격하게 장로교주의자의 언약신학을 비판하였는데 그 언약신학은 교회와 세례교리의 근간이었다. 침례교주의자는 그 어떤 식으로도 개혁신학을 거절하지 않았다. 침례교주의자는 그 신학의 근간들을 개혁하여서 그 체계에 더 견고한 기초를 주었고 그 체계를 하나님의 은혜교리와 더 조화롭게 하였다.

많은 침례교회들이 20세기에 들어 알미안주의와 세대주의로 빠지기 전까지, 침례교주의자의 신학은 비교적 잘 보존되어왔다. 1세대 침례교주의자 신학자들의 작품들과 사상은 거의 대부분 잊혀졌다. 그러나 지난 10년 동안 침례교주의자는 자신들의 개혁주의 유산과 침례주의의 독특성을 재발견하였다. 언약신학이 다시 침례교주의자와 장로주의자들 사이의 대화의 중심에 있다. 우리가 이렇게 오래된 17세기 논의들을 드러내는 것으로 현재의 대화에 공헌하기를 바란다. 우리는 이런 문제들과 관련된 논쟁뿐만 아니라 언약들에 대한 독특한 차이를 명료하게 드러내는 데에도 도움이 되길 희망한다.

오직 하나님께 영광

참고문헌

1차 자료들

A Confession of Faith, of the Severall Congregations or Churches of Christ in London, which are commonly (though unjustly) called Anabaptists, The second Impression corrected and enlarged, London, Printed by Matth. Simmons, 1646.

Ames, William, *The Marrow of Theology*, Grand Rapids, Baker, 1997 (1629), 353 p.

Ball, John, *A Treatise of the Covenant of Grace*, Dingwall, Peter and Rachel Reynolds, 2006 (1645), 350 p.

Baptist Covenant Theology Collection (17 vols.), Bellingham WA, Logos Bible Software, (1642–1770).

Beddome, Benjamin, *A Scriptural Exposition of the Baptist Catechism*, Birmingham, Solid Ground Christian Books, 2006 (1776), 209 p.

Blake, Thomas, *The Birth Priviledge; or Covenant Holinesse of Beleevers and their Issue in the Time of the Gospel*, London, Printed by G.M. for Tho. Underhill, 1643, 33 p.

_____, *Vindiciae Foederis; or A Treatise of the Covenant of God Entered with Man-Kinde, In the Several Kindes and Degrees of it*, London, Printed for Abel Roper, 1653, 488 p.

Bolton, Samuel, *The True Bounds of Christian Freedom*, Carlisle, The Banner of Truth Trust, 1964 (1645), 224 p.

Boston, Thomas, *A View of the Covenant of Grace from the Sacred Records*, Glasgow, Printed by Robert and Thomas Duncan, 1770 (1742), 407 p.

Bulkeley, Peter, *The Gospel Covenant; or The Covenant of Grace Opened*, London, Printed by M.S. for Benjamin Allen, 1646, 383 p.

Bunyan, John, "The Doctrine of the Law and Grace Unfolded," *The Works of John Bunyan*, Carlisle, Banner of Truth Trust, 1991, volume 1, p. 492–575

Burgess, Anthony, *Vindicie Legis: or, A Vindication of the Morall Law and the Covenants*, London, 1643.

Calvin, Jean, *Institution de la religion chrétienne*, Aix-en-Provence, Kerygma & Excelsis, 2009, 1515 p.

_____, *Commentaries on the Epistle to the Hebrews*, Grand Rapids, Baker, 1999 (1549), 448 p.

Coxe, Nehemiah, "A Discourse of the Covenants that God made with men before the Law," *Covenant Theology: From Adam to Christ*, Palmdale, Reformed Baptist Academic Press, 2005 (1681), pp. 25–140.

Dickson, David, *Truth's Victory Over Error*, Edinburgh, Printed by John Reid, 1684, 131 p.

Ferris, Ebenezer, *A Reply to the General Arguments Brought in Favour of Infant Baptism*, New York, Anderson, 1774, 107 p.

Goodwin, Thomas, "A Discourse of Election" *The Works of Thomas Goodwin*, Volume 9, Grand Rapids, Reformation Heritage Books, 2006 (1682), pp. 426–498.

Grantham, Thomas, *Truth and Peace or the Last and most Friendly Debate Concerning Infant Baptism*, London, Printed for the Author, 1689, 91 p.

Hutchinson, Edward, *A Treatise Concerning the Covenant and Baptism*, London, Printed for Francis Smith, 1676, 108 p.

_____, *Animadversions Upon a Late Book, Intituled, Infant Baptism from Heaven and not of Men, In Answer to Mr. Henry Danvers his Treatise of Baptism*, 56 p.

_____, *Some Short Questions and Answers for the Younger Sort*, London, Printed for Francis Smith, 1676.

Keach, Benjamin, *The Everlasting Covenant*, London, Printed for H. Barnard, 1693, 44 p.

_____, *The Display of Glorious Grace: Or, The Covenant of Peace Opened. In Fourteen Sermons*, London, Printed by S. Bridge, 1698, 304 p.

King, Daniel, *A Way to Sion Sought Out, and Found, For Believers to Walke in*, London, Printed by Charles Sumptner, 1649, 136 p.

La confession de foi baptiste de Londres de 1689, Québec, Association d'Églises réformées baptistes du Québec, 2007, 63 p.

Lawrence, Henry, *Of Baptism*, London, Printed by F. Macock, 1659 (1646), 187 p.

Olevianus, Caspar. *A Firm Foundation: An Aid to Interpreting the Heidelberg Catechism*, Grand Rapids, Baker, 1995, 132 p.

Owen, John, "The Doctrine of Justification by Faith" *The Works of John Owen,* volume 5, Carlisle, The Banner of Truth Trust, 1968 (1677), pp. 1–400.

_____, "The Death of Death in the Death of Christ" *The Works of John Owen,* volume 10, Carlisle, The Banner of Truth Trust, 1968 (1647), pp. 139–428.

_____, "A Review of the True Nature of Schism," *The Works of John Owen,* volume 13, Carlisle, The Banner of Truth Trust, 1967 (1657), pp. 207–275.

_____, "Of Infant Baptism and Dipping" *The Works of John Owen,* volume 16, Carlisle, The Banner of Truth Trust, 1968 (1721), pp. 258–268.

_____, "An Exposition of Hebrews 8:6–13: Wherein, the nature and differences between the Old and New Covenants is discovered," *Covenant Theology: From Adam to Christ*, Palmdale, Reformed Baptist Academic Press, 2005, pp. 151–312.

_____, *An Exposition of the Epistle to the Hebrews*, Carlisle, The Banner of Truth Trust, 1991, 7 volumes.

Patient, Thomas, *The Doctrine of Baptism, And the Distinction of the Covenants*, London, Printed by Henry Hills, 1654.

Petto, Samuel, *The Great Mystery of the Covenant of Grace*, Stoke-on-Trent, Tentmaker Publications, 2007 (1820), 251 p.

_____, *Infant Baptism of Christ's Appointment*, London, Printed for Edward Giles, 1687, 97 p.

_____, *Infant-Baptism Vindicated from the Exceptions of Mr. Thomas Grantham*, London, Printed by T.S. for Ed. Giles, 1691, 18 p.

Renihan, James M. (ed.), *True Confessions: Baptist Documents in the Reformed Family*, Owensboro, Reformed Baptist Academic Press, 2004, 291 p.

Renihan, Mike (ed.), *A Confession of Faith, 1677*, Auburn, B & R Press, 142 p.

Ritor, Andrew, *A Treatise of the Vanity of Childish-Baptisme*, London, 1642, 32 p.

Rollock, Robert, *A Treatise of our Effectual Calling*, Harvard College Library, 1828 (1597), 566 p. Available at:

http://books.google.ca/books?id=LugYAAAAYAAJ&lpg=PA29&ots=baBL shms1E&dq=A%20Treatise%20of%20our%20Effectual%20Callin&hl=fr&p g=PP1.

Spilsbury, John, *A Treatise Concerning the Lawfull Subject of Baptisme*, London, By me J.S., 1643, 44 p.

The Confession of Faith, of those Churches which are commonly (though falsly) called Anabaptists, London, 1644.

Turretin, Francis, *Intitutes of Elenctic Theology,* Phillipsburg, P&R, 1992 (1696), 3 volumes.

Ussher, James, *Body of Divinity, or the Somme and Substance of Christian Religion*, London, Printed by M.F., 1645, 451 p. Available at:

https://books.google.ca/books?id=_JpVAAAAYAAJ&lpg=PA358&ots=9oI-2KxHUP&dq.

Vincent, Thomas, *The Shorter Catechism Explained from Scripture*, Carlisle, The Banner of Truth Trust, 1980 (1674), 282 p.

Witsius, Herman, *The Economy of the Covenants Between God and Man*, Kingsburg CA, den Dulk Christian Foundation, 1990 (reprint), 2 volumes.

2차 자료들

Alumni Cantabrigienses, Cambridge University Press, 10 volumes, 1922–1958.

Asselt, Willem J. van, *The Federal Theology of Johannes Cocceius: (1603–1669)*, Boston, Brill, 2001, 360 p.

Barcellos, Richard C., *In Defense of the Decalogue: A Critique of New Covenant Theology*, Enumclaw, WinePress, 2001, 117 p.

_____, "John Owen and New Covenant Theology," *Covenant Theology: From Adam to Christ*, Palmdale, Reformed Baptist Academic Press, 2005, pp. 317–354.

_____, *The Family Tree of Reformed Biblical Theology: Geerhardus Vos and John Owen, Their Methods of and Contributions to the Articulation of Redemptive History*, Owensboro, Reformed Baptist Academic Press, 2010, 324 p.

_____ (ed.), *Recovering A Covenantal Heritage: Essays in Baptist Covenant Theology*, Palmdale CA, Reformed Baptist Academic Press, 2014, 527 p.

Blackburn, Earl M. (ed.), *Covenant Theology: A Baptist Distinctive*, Birmingham (AL), Solid Ground Christian Books, 2013, 161 p.

Beeke, Joel R. & Pederson, Randall J., *Meet the Puritans*, Grand Rapids, Reformation Heritage Books, 2006, 896 p.

_____, & Jones, Mark, *A Puritan Theology: Doctrine for Life*, Grand Rapids, Reformation Heritage Books, 2012, 1054 p.

Benedict, David, *A General History of the Baptist Denomination in America and Other Parts of the World*, New York, Lewis Colby and Company, 1850, 970 p.

Bierma, Lyle, D., *The Covenant Theology of Caspar Olevianus*, Grand Rapids, Reformation Heritage Books, 2005, 203 p.

Bremer, Francis J., *Puritanism: A Very Short Introduction*, Oxford, Oxford University Press, 2009, 122 p.

Briggs, J.H.Y., "F.A. Cox of Hackney," *Baptist Quarterly*, Vol 38, N° 8, 2000, pp. 392–411.

Bromiley, G.W. (ed.), *Zwingli and Bullinger,* Louisville, WJKP, 1953, 364 p.

Brown, Michael, *Christ and the Condition: The Covenant Theology of Samuel Petto (1624–1711)*, Grand Rapids, Reformation Heritage Books, 2012, 139 p.

Bruce, F. F., *The Epistle to the Hebrews, Revised,* NICNT, Grand Rapids, Eerdmans, 1990, 426 p.

Collins, George Norman MacLeod, "Federal Theology," *Evangelical Dictionary of Theology* (2nd edition), Grand Rapids, Baker, 2001, pp. 444–445

Conner, Alan, *Covenant Children Today: Physical or Spiritual?* Owensboro, Reformed Baptist Academic Press, 2007, 122 p.

Dictionary of National Biography, London, Smith, Elder & Co., 1885–1900, 63 volumes.

Duncan, Ligon (ed.), *The Westminster Confession into the 21st Century*, Ross-shire, Mentor, 2003–2009, 3 volumes.

_____, "Recent Objections to Covenant Theology: A Description, Evaluation and Response," *The Westminster Confession into the 21st Century*, vol. 3, Ross-shire, Mentor, 2009 pp. 467–500.

_____, *Covenant Theology; The Abrahamic Covenant—Covenant Signs, Covenant Sign Implications*, 12 two-hour lectures from the RTS Covenant Theology Course.

Elam, Andrew M., et al., *Merit and Moses: A Critique of the Klinean Doctrine of Republication*, Wipf & Stock, 2014, 172 p.

Ellingworth, Paul, *The Epistle to the Hebrews*, NIGTC, Grand Rapids, Eerdmans, 1993, 764 p.

Estelle, Bryan D., J.V. Fesko and David VanDrunen, eds., *The Law Is Not of Faith: Essays on Works and Grace in the Mosaic Covenant*, Phillipsburg, P&R, 2009, 358 p.

Favre, Olivier, *Le bon fondement*, Pully, Éditions Repères, 2007, 295 p.

Ferguson, Sinclair B., *John Owen on the Christian Life*, Carlisle, The Banner of Truth Trust, 1987, 297 p.

Fiddes, Paul S., *Tracks and Traces, Baptist Identity in Church and Theology*, Eugene OR, Wipf & Stock, 2003, 305 p.

Fisher, James, *Exposition of the Shorter Catechism*, Stoke-on-Trent, Tentmaker Publications, 1998 (1753), 477 p.

Fowler, Stanley K., *More than a Symbol, The British Baptist Recovery of Baptismal Sacramentalism*, Eugene OR, Wipf & Stock, 2002, 276 p.

Gentry, Peter J. & Stephen J. Wellum, *Kingdom Through Covenant: A Biblical-Theological Understanding of the Covenants*, Wheaton, Crossway, 2012, 848 p.

George, Timothy, "Baptists and the Westminster Confession," *The Westminster Confession into the 21st Century*, vol. 1, Ross-shire, Mentor, 2003, pp. 145–159.

Gribben, Crawford, *The early Irish Baptists*, Escondido, The Institute of Reformed Baptist Studies, March 17 2008. Available at: http://www.reformedbaptistinstitute.org/?p=60.

Griffiths, Phillip D.R., *Covenant Theology: A Reformed Baptist Perspective*, Eugene OR, Wipf & Stock, 2016, 204 p.

Hall, David W. & Peter A. Lillback, eds., *Theological Guide to Calvin's Institutes*, Philipsburg, P&R, 2008, 506 p.

Haykin, Michael A.G., *Rediscovering our English Baptist Heritage, Kiffin, Knollys and Keach*, Leeds, Reformation Today Trust, 1996, 125 p.

Hodge, A.A., *The Confession of Faith*, Carlisle, The Banner of Truth Trust, 1958, 404 p.

Horton, Michael, *God of Promise, Introducing Covenant Theology*, Grand Rapids, Baker, 2006, 204 p.

Hughes, Philip E., *A Commentary on the Epistle to the Hebrews*, Grand Rapids, Eerdmans, 1977, 623 p.

Ivimey, Joseph, *A History of the English Baptists*, London, Printed by Burditt and Morris, 1811, 572 p.

Jewett, Paul K., *Infant Baptism & the Covenant of Grace*, Grand Rapids, Eerdmans, 1978, 254 p.

Johnson, Jeffrey D., *The Fatal Flaw of the Theology Behind Infant Baptism*, Free Grace Press, 2010, 268 p.

_____, *The Kingdom of God, A Baptist Expression of Covenant & Biblical Theology*, Conway (AR), Free Grace Press, 2014, 266 p.

Karlberg, Mark W., *Covenant Theology in Reformed Perspective*, Eugene OR, Wipf and Stock Publishers, 2000, 419 p.

Kistemaker, Simon J., *Exposition of the Epistle to the Hebrews*, New Testament Commentary, Grand Rapids, Baker, 1984, 464 p.

Kingdon, David, *Children of Abraham*, Sussex, Carey Publications, 1973, 105 p.

Macleod, Donald, *A Faith to Live by, Christian Teaching That Makes a Difference*, Ross-shire, Mentor, 1998, 309 p.

Malone, Fred, *The Baptism of Disciples Alone*, Cape Coral, Founders Press, 2003, 284 p.

_____, *Covenant Theology for Baptists*, unpublished course notes.

McBeth, H. Leon, *The Baptist Heritage, Four Centuries of Baptist Witness*, Nashville, Broadman Press, 1987, 850 p.

McKim, Donald K., *The Westminster Handbook to Reformed Theology*, Louisville, WJKP, 2001, 243 p.

Muller, Richard A., *Post-Reformation Reformed Dogmatics*, Grand Rapids, Baker, 1993, 4 volumes.

_____, *Dictionary of Latin and Greek Theological Terms*, Grand Rapids, Baker, 1985, 340 p.

Murray, John, *Collected Writings,* Carlisle, The Banner of Truth, 1976, 4 volumes.

_____, *The Covenant of Grace*, Phillipsburg, P&R, 1953, 32 p.

Naylor, Peter, *Calvinism, Communion and the Baptists, A Study of English Calvinistic Baptists from the Late 1600s to the Early 1800s*, Eugene OR, Wipf & Stock, 2003, 265 p.

Nettles, Thomas J., "Baptist View: Baptism as a Symbol of Christ's Saving Work," *Understanding Four Views on Baptism*, Grand Rapids, Zondervan, 2007, pp. 25–41.

Nichols, Greg, *The Solemn Promises of Salvation: God's Covenants and the Covenant of Grace*, Teaching notes (unpublished).

_____, *Covenant Theology: A Reformed and Baptistic Perspective on God's Covenants*, Birmingham, Solid Ground Christian Books, 2011, 365 p.

Osterhaven, M. Eugene, "Covenant Theology," *Evangelical Dictionary of Theology* (2nd edition), Grand Rapids, Baker, 2001, pp. 301–303.

Oxford English Dictionary.

Packer, J.I., *Introduction: On Covenant Theology*. Available at:

http://gospelpedlar.com/articles/Bible/cov_theo.html.

Parker, T.H.L. (ed.), *English Reformers,* Louisville, WJKP, 1966, 360 p.

Pratt Jr., Richard L., "Reformed View: Baptism as a Sacrament of the Covenant," *Understanding Four Views on Baptism*, Grand Rapids, Zondervan, 2007, pp. 59–72.

Renihan, James M., *Edification and Beauty: The Practical Ecclesiology of the English Particular Baptists, 1675–1705*, Eugene OR, Wipf & Stock, 2009, 232 p.

_____, "An Excellent and Judicious Divine: Nehemiah Coxe," *Covenant Theology: From Adam to Christ*, Palmdale, Reformed Baptist Academic Press, 2005, pp. 7–24.

Renihan, Samuel, "Dolphins in the Woods": A Critique of Mark Jones and Ted Van Raalte's Presentation of Particular Baptist Covenant Theology, *Journal of the Institute of Reformed Baptist Studies*, 2015, pp. 63–89.

Rhodes, Jonty, *Covenants Made Simple: Understanding God's Unfolding Promises to His People*, Phillipsburg (NJ) P&R Publishing, 2013, 182 p.

Riker, D.B., *A Catholic Reformed Theologian: Federalism and Baptism in the Thought of Benjamin Keach, 1640–1704*, Eugene OR, Wipf & Stock, 2009, 257 p.

Robertson O. Palmer, *The Christ of the Covenants,* Phillipsburg, R&R, 1980, 308 p.

_____, *The Christ of the Prophets*, Phillipsburg, P&R, 2004, 553 p.

_____, *The Israel of God*, New Jersey, P&R, 2000, 204 p.

Rohr, John Von, *The Covenant of Grace in Puritan Thought*, Atlanta, Scholars Press, 1986, 226 p.

Schreiner, Thomas R. & WRIGHT Shawn D., eds., *Believer's Baptism, Sign of the New Covenant in Christ*, Nashville, B&H Publishing Group, 2006, 364 p.

Schaff, Philip, *The Creeds of Christendom*, 6th edition, Grand Rapids, Baker, 1993, 3 volumes.

Shaw, Robert, *An Exposition of the Westminster Confession of Faith*, Ross-shire, Christian Focus, 1998, 398 p.

Smith, Paul, *The Westminster Confession: Enjoying God Forever*, Chicago, Moody Press, 237 p.

Sproul, R.C., *Truths We Confess, A Layman's Guide to the Westminster Confession of Faith,* Phillipsburg, P&R, 2006, 3 volumes.

Spurgeon, Charles Haddon, *The Sermons of Rev. C.H. Spurgeon of London*, 9th Series, New York, Robert Carter & Brothers, 1883, 510 p.

Verduin, Leonard, *The Anatomy of A Hybrid: A Study in Church-State Relationships*, Grand Rapids, Eerdmans, 1976, 274 p.

Vos, Johannes G., *The Westminster Larger Catechism*, Phillipsburg, P&R, 2002, 614 p.

Waldron, Samuel E., *A Modern Exposition of the 1689 Baptist Confession of Faith*, Webster, Evangelical Press, 1989, 490 p.

_____, *Biblical Baptism, A Reformed Defense of Believers Baptism*, Grand Rapids, Truth for Eternity Ministries, 1998, 80 p.

_____ & Richard C. Barcellos, *A Reformed Baptist Manifesto, The New Covenant Constitution of the Church*, Palmdale, Reformed Baptist Academic Press, 2004, 113 p.

Wellum, Stephen J., "Baptism and the Relationship Between the Covenants," *Believer's Baptism, Sign of the New Covenant in Christ*, Nashville, B&H Publishing Group, 2006, pp. 97–161.

Williamson, G.I., *The Westminster Confession of Faith for Study Classes, 2nd edition*, Phillipsburg, P&R, 2004 (1964), 409 p.

_____, *The Heidelberg Catechism, A Study Guide*, Phillipsburg, P&R, 1993, 241 p.

Williamson, J.R., *From the Garden of Eden to the Glory of Heaven*, Amityville, Calvary Press, 2008, 240 p.

Wright, Shawn D., "Baptism and the Logic of Reformed Paedobaptists," *Believer's Baptism, Sign of the New Covenant in Christ*, Nashville, B&H Publishing Group, 2006, pp. 207–255.

Zepp, Renfred Errol, *Covenant Theology from the Perspective of Two Puritans*, Charlotte, Reformed Theological Seminary, 2009, 81 p.

THE DISTINCTIVENESS OF BAPTIST COVENANT THEOLOGY

언약신학의 정수

초판 인쇄	2019년 8월 26일
초판 발행	2019년 8월 30일

지 은 이	파스칼 드놀트
옮 긴 이	김홍범
편 집	박대일
펴 낸 이	제5열람실
교정교열	고운석

펴 낸 곳	제5열람실(등록 2016. 11. 9. 제 367-2016-000037)

주 소	대전시 유성구 반석서로 71번길 7 302호
전 화	(042) 825-1405
팩 스	(042) 825-1403

페이스북	www. facebook.com/the5threadingroom

인 쇄 소	영진문원

I S B N	979-11-963679-5-4 (03230)

이 도서의 국립중앙도서관 출판예정도서목록(CIP)은 서지정보유통지원시스템 홈페이지
(http://seoji.nl.go.kr)와 국가자료공동목록시스템(http://www.nl.go.kr/kolisnet)에서 이
용하실 수 있습니다.(CIP제어번호: CIP2019027644)